Münzbetrug in der Zweiten Kipperzeit – Das Beispiel Nordthüringen

ZEITSCHRIFT FÜR
THÜRINGISCHE GESCHICHTE

Beiheft 47

PETER KUHLBRODT

Münzbetrug in der Zweiten Kipperzeit – Das Beispiel Nordthüringen

Leipziger Universitätsverlag 2024

Gedruckt mit Unterstützung der Thüringer Staatskanzlei.

Staatskanzlei

Bibliografische Information der Deutschen Nationalbibliothek
Die Deutsche Nationalbibliothek verzeichnet diese Publikation in der Deutschen Nationalbibliografie; detaillierte bibliografische Daten sind im Internet über http://dnb.d-nb.de abrufbar.

Umschlaggestaltung unter Verwendung des Titelblatts der satirischen Flugschrift

Zuruff Des Hoellischen Fürstens Lucifers /
Welches Ermahnungs Weise abgehet / an alle und jede
Kipper / Wipper / Wucherer und Schinder /
Das Sie
wollen beständig / und willig verbleiben in ihren angefangenen Handwerck
Der
Kipper- und Wipperey / Wucher und
Schacherey / Schinder und Schaberey /
Bueber und Diberey ...
Gegeben im Abgrunde der Hoellen ...
Im Jahr / 1689

Abdruck mit freundlich erteilter Genehmigung der Bayerischen Staatsbibliothek München
Signatur: 4 Num.rec.83#Beibd.7Scan 2.

Satz: Dr. Philipp Walter
Umschlaggestaltung: Annett Jana Berndt, Grafikdesign
Druck: docupoint GmbH, Barleben
ISBN 978-3-96023-562-0

Inhalt

Vorwort

Die vorliegende Arbeit will einen Beitrag zur Sozialgeschichte der Frühen Neuzeit leisten. Gleichwohl wünsche ich mir, dass sie auch von Numismatikern mit wohlwollendem Interesse aufgenommen wird.

Studien zur reichsstädtischen Geschichte Nordhausens in der zweiten Hälfte des 17. Jahrhunderts, bei denen ich im Zusammenhang mit der letzten Münzprägung der Reichsstadt 1685 im Staatsarchiv Sachsen-Anhalt Magdeburg auf den bisher unbekannten Münzbetrug von Nordhäuser Kaufleuten stieß, veranlassten mich, in den Beständen des österreichischen Haus-, Hof- und Staatsarchivs die relevanten Aktentitel im Bestand Miscellanea Münzwesen durchzusehen. Zu meiner Überraschung konnte ich feststellen, dass über den Nordthüringer Raum zur oben genannten Münzprägung und Tätigkeit eines Nordhäuser Postmeisters namens Schmid im Vergleich zu anderen Regionen überdurchschnittlich viele Aktensignaturen vorhanden waren. Nach Einblick in diese Akten entstand in mir der Wunsch, die Thematik des Münzbetruges in Nordthüringen auf der Grundlage der Archivalien der in Frage kommenden Archive sowie der einschlägigen numismatischen Literatur an den Beispielen berüchtigter Heckenmünzen in der so genannten Zweiten Kipperzeit zu untersuchen, deren Nachwirkungen bis in das erste Jahrzehnt des 18. Jahrhunderts quellenmäßig belegt werden können. Diese Literatur enthält jedoch fast gar nichts über die Bestrafung der wichtigsten Akteure, der Münzherren, Münzunternehmer, Münzmeister und weiterer am Münzbetrug beteiligter Personen. Ein gewichtiger Grund dafür besteht darin, dass die fürstlichen, gräflichen oder städtischen Münzbetrüger alles belastende Material beiseiteschaffen und schließlich vernichten ließen. Wolfgang Steguweit z. B. fand im Geheimen Archiv der Gothaer Residenz das kaiserliche Absolutorium für Herzog Friedrich I. von Sachsen-Gotha-Altenburg, das ihn von jeder Schuld lossprach. Was mag aber, fragte er, dem kaiserlichen Schulderlass vorausgegangen sein? Darüber schweigen bezeichnenderweise sowohl die Gothaer als auch die Akten der ehemaligen Reichsstadt Nordhausen.

Zu fast allen Schwerpunkten fand ich in der vorhandenen Literatur bereits wichtige Vorarbeiten, auf denen ich aufbauen konnte. Die Studie stellt zunächst die Münzstätten Ellrich/Klettenberg, Nordhausen, Walkenried und Sondershausen vor. Sie bezieht bisher unbekannte Quellen ein und will zu einer vertieften Sicht auf diese berüchtigten Heckenmünzen beitragen. An ihrem Beispiel untersucht sie die Münzpolitik des Kaisers anhand einer der wichtigsten Institutionen des Reiches, des Reichshofrates, und der von ihm gebildeten Münzkommissionen.

Der Nordhäuser Bürger, Kurierpostmeister und Münzkommissar Christian Ernst Schmid gewann eine besondere Bedeutung, als Archivquellen seine Wirksamkeit in drei aufeinander folgenden Münzkommissionen bis zum Jahr 1707 sichtbar machten. Daher ist die Tätigkeit der Münzkommissionen auch noch in ernestinischen Herzogtümern kurz skizziert und der zeitliche Rahmen nicht auf die Zweite Kipperzeit beschränkt worden. Ihre Auswirkungen waren bis in das erste Jahrzehnt des 18. Jahrhunderts spürbar.

Kaiserliche Kommissionen waren seit langem auf vielen Gebieten der Reichspolitik tätig. Wie Eva Ortlieb schrieb, lässt sich angesichts dieser Flexibilität ihr Potential nur anhand einer möglichst großen Zahl von Detailstudien erfassen. Obwohl überwiegend auf eine relativ kleine Region beschränkt, will die vorliegende Arbeit einen Beitrag zur Vertiefung des Gesamtbildes der kaiserlichen Kommissionstätigkeit leisten.

In der Person des Ellricher Juristen Ernst Söldner wird die Tätigkeit auch eines kurbrandenburgischen Münzkommissars beleuchtet. Denn Landesfürsten gingen ebenfalls gewaltsam gegen Heckenmünzen auf ihrem Territorium vor; sie mussten als Landesväter an einer florierenden Wirtschaft interessiert und sich bewusst sein, dass die Praxis der Münzverschlechterung gegen Reichsrecht verstieß. Bisher unbekannt war die Verstrickung von Mitgliedern der hohensteinischen Landesregierung in den Münzbetrug des Grafen Gustav von Sayn-Wittgenstein-Hohenstein und des schwedischen Gouverneurs von Vorpommern, des Grafen Nils Bielke, in der Heckenmünze Stettin.

Für ihre Unterstützung bedanke ich mich bei allen Archivarinnen und Archivaren der für diese Studie benutzen Archive, insbesondere dem Nordhäuser Stadtarchiv und seinem Leiter Dr. Wolfram G. Theilemann. Auch den Bibliothekaren und Bibliothekarinnen der Nordhäuser Hochschulbibliothek sowie Fritz Reinboth, Jürgen Rennebach und Dr. Andreas Scholz danke ich für die mir gewährte Hilfe. Herrn Dr. Konrad Schneider bin ich für beratende Gespräche sehr verbunden.

Mein Dank gilt vor allem der Historischen Kommission für Thüringen – sowohl für fachlichen Rat und hilfreiche Auskünfte als auch für die finanzielle Unterstützung der Drucklegung. Sie war es auch, die gemeinsam mit dem Verein für Thüringische Geschichte die vorliegende Studie in die Reihe der Beihefte der Zeitschrift für Thüringische Geschichte aufnahm.

Nordhausen, im Frühjahr 2024

1. Einführung: Zum Münzwesen im Alten Reich, zum Silberhandel und zur Geldverschlechterung im letzten Drittel des 17. Jahrhunderts[1]

In der zweiten Hälfte des 17. Jahrhunderts setzte sich eine Entwicklung fort, die bereits in den Anfangsjahren des Dreißigjährigen Krieges um 1619–1623 mit der Ersten oder Großen Kipperzeit einen ersten Höhepunkt erreichte. Damals waren sie erstmals in Erscheinung getreten, die Silberkäufer und Geldwechsler. Auf Märkten an Wechselbuden riefen sie mit lauter Stimme die Menschen an ihre Tische, wo neue gültige Münzen verlockend blinkten; sie nutzten die Unwissenheit der Bevölkerung aus und forderten zum Tausch gegen altes Geld auf. Noch wussten die Leute nicht, dass das neue Geld schlechte Münze war mit einem hohen Anteil an Kupfer, Blei oder Zinn. Sie ließen sich zum Tausch verleiten, und die Wechsler wogen altes gegen das neue Geld aus, indem sie beim Auswiegen auf einer Schnellwaage den Balken wippten und dann die alte gute Münze in ihren Kasten kippten. So entstand für die betrügerischen Einwechsler die Bezeichnung „Kipper und Wipper".[2]

Mitunter bestand die schlechte Münze nur noch aus versilberten oder verzinnten Kupferstücken, deren Annahme schließlich verweigert wurde. Handel und Wandel stockten oder kamen ganz zum Erliegen. Bauern, Bäcker, Fleischer, Töpfer und andere hielten ihre Waren zurück, wollten sie nicht für wertloses Kupfergeld abgeben. Die Preise fürs tägliche Brot kletterten in die Höhe. Diese Auswirkungen auf den Alltag veranschaulichen z. B. Berichte schwarzburgischer Städte, wie des Rates von Clingen am 29. April 1622 oder des Rates von

---

1 Über das Münzwesen in Deutschland im 17. und 18. Jahrhundert, über Münzordnung, Münzfälschung, die Technik des Münzprägens usw. informieren recht ausführlich die Online-Ausgaben von Johann Christoph HIRSCHS Reichs-Münz-Archiv, Teil 5, Nürnberg 1759, S. 81 bis 94 (siehe Online-Quellenverzeichnis); ZEDLERS Großem vollständigem Universal-Lexicon; der Oekonomischen Encyklopädie von J. G. KRÜNITZ; und SCHRÖTTER, Münzwesen (Acta Borussica). Zur Entwicklung der Münztechnik im 17. und 18. Jahrhundert vgl. SCHNEIDER, Falschgeld und DERS., Hanauer Münze, mit Abbildungen und weiterführender Literatur.

2 Zur Bedeutung und Geschichte des Begriffspaares „Kipper und Wipper" vgl. REDLICH, Inflation, S. 17–21. Der Begriff „Zweite Kipper- und Wipperzeit" wird nicht von allen Numismatikern akzeptiert: vgl. GEHRHARD, Leipziger Fuß, S. 251, und RITTMANN, Geldgeschichte, S. 259 f. Sie sei der „Ersten" Kipperzeit zwar ähnlich gewesen, habe aber deren katastrophale Ausmaße nicht erreicht. Sie „erschöpfte sich in einem krisenhaften Zustand, der sich ohne dramatischen Höhepunkt jahrzehntelang hinzog" (RITTMANN).

Abb. 1:
Grafschaft Hohenstein, Herrschaften Lohra und Klettenberg
Kupferstich mit Grenz- und Flurkolorit; Ausschnitt

Greußen vom 3. Mai 1622.[3] Eine Flut von zornigen Streitschriften prangerte die Kipper und Wipper als „Geld-, Land- und Leuteverderber" an. In Halberstadt stand 1621/22 das empörte Stadtvolk auf, verjagte die „Kipper und Wipper" und plünderte ihre Häuser.[4] Ähnliche Unruhen, Tumulte, verbunden mit Plünderung, ja sogar Totschlag, ereigneten sich in Bayreuth, Halle, Magdeburg, Mansfeld, Goslar und anderen Städten. Auch in der Reichsstadt Nordhausen richtete das „Pläzergeld" großen Schaden an, doch kam es hier nicht zu gewaltsamen Aktionen.[5]

Die Reichsreform Kaiser Maximilians I. am Ausgang des 15. Jahrhunderts, die z. B. eine allgemeine Reichssteuer, den Gemeinen Pfennig, oder die Schaffung von Reichskreisen bewirkte, bot auch günstigere Voraussetzungen für eine

---

3 Vgl. LATh-StA Rudolstadt, 5-14-1120, Nr. 1325.

4 Vgl. LASA Magdeburg, Abteilung Magdeburg, A13, Nr. 768 und 769. (Die Standortbezeichnung Abteilung Magdeburg wird in den folgenden Fußnoten weggelassen.)

5 Vgl. zu den sozialen Auswirkungen allgemein REDLICH, Inflation, S. 29–40; zu Nordhausen: KUHLBRODT (Bearb.), Reichsstadt Nordhausen, S. 23–29.

allmähliche Besserung im Münzwesen des Reiches, d. h. seine Vereinheitlichung und die Schaffung großer Währungsräume. Um seine bisherige Zersplitterung zu beseitigen, sollten die Reichsmünzordnungen von 1524 – diese erklärte die kölnische Mark zum allgemeinen deutschen Münzgewicht –, 1551 und 1559 sowie der Reichsabschied von 1566 Münzprägung und Geldumlauf im Reich in geordnete Bahnen lenken und das Münzwesen vereinheitlichen. 1566 setzte sich der Taler als Reichsmünze durch und übernahm bald die Funktion einer Leitwährung. Als Reichsmünzfuß wurde festgelegt, dass aus einer kölnischen Mark Feinsilber (233,85 g Silber) 9 Taler geprägt werden durften. Dieser gute alte Reichstaler enthielt 25,984 g Feinsilber und wog 29,23 g. Obwohl sie wichtige Grundlagen schufen, blieb den Reichsmünzordnungen ein nachhaltiger Erfolg versagt.[6] Die folgenden Reichsabschiede seit 1571 hoben die Bedeutung der Reichskreise für die Aufsicht über das Münzwesen hervor. Sie bestellten u. a. zu diesem Zweck Kreiswardeine und beriefen regelmäßig Probationstage ein.

Es waren die Mängel der alten Reichsmünzordnung, die nur die Prägung der Dukaten und Reichstaler einheitlich geregelt hatte, während der Münzfuß der Klein- und Scheidemünzen und die Zuteilung dieser zu prägenden Mengen den Reichskreisen überlassen waren, die ohnehin immer mehr die Münzpolitik im Reich dominierten.[7] „Die Vorschriften der Kreisprobationstage über Münzfuß und Menge der auszuprägenden Kleinmünzen wurden jedoch von den Münzständen immer weniger beachtet. Sie lösten den nach 1600 immer gravierender werdenden Mangel an Scheidemünzen durch eine Reduktion des Silbergehaltes und die Einschmelzung und massenhafte Umprägung der guten Reichstaler in schlechtes Kleingeld."[8] Immer häufiger wurde nun schlechtes Geld in so genannten Heckenmünzen geprägt. Darunter verstand man Münzstätten derjenigen „Herren oder Städte, welche ohne eigene Bergwerke zu besitzen außerhalb der Kreismünzstätten Geld herstellten, aber auch die nur um des Gewinnes willen nach einem schlechten Fuß arbeitenden".[9] Die Heckenmünzen waren also reichsgesetzlich nicht erlaubt; und im 17. und 18. Jahrhundert verstand

---

6 Vgl. CHRISTMANN, Reichsmünzordnungen, S. 201–212.

7 Ich folge hier vor allem ARNOLD, Währungsunionen, S. 226 f. und GERHARD, Leipziger Fuß, S. 252 f. Der Münzfuß regelt das Verhältnis von Gewicht (Raugewicht) und Edelmetallgehalt (Feingehalt) einer Münze (früher: Schrot und Korn). Die Bezeichnung 9-Taler-Fuß nennt die Anzahl der Taler, die auf die kölnische Mark Feinsilber gingen. Scheidemünzen sind Kleingeld aus wenig wertvollem Material, überwiegend aus Kupfer, oder anders gesagt: Münzen „mit geringem Edelmetall-Gehalt und vom Gesetzgeber eingeschränkter Zahlkraft" (SCHNEIDER). Gegensatz: Kurantmünze. Hilfreich für die Begriffsklärungen der Numismatik sind vor allem das transpress Lexikon Numismatik 1976 und das Wörterbuch der Münzkunde 1930.

8 ARNOLD, Währungsunionen, S. 223.

9 SCHRÖTTER, Münzwesen, S. 78 und DERS. (Hg.), Wörterbuch der Münzkunde 1930, S. 256 f.

man darunter „die nur um des Gewinnes willen nach einem schlechteren als dem Reichs-, Zinnaer und Leipziger Fuß arbeitenden Münzen, wenn sie auch das Reichsmünzrecht besaßen".[10] Laut einer alten Akte prägten im Niedersächsischen Reichskreis, zu dem auch Nordhausen gehörte, sechs „ordentliche" Kreismünzstätten: Magdeburg, Braunschweig, Rostock, Lübeck, Hamburg und Bremen. Dazu als so genannte „Berg-Münzstätten" Zellerfeld, Clausthal und Wilde Mann. Und „gemeine" Münzstätten wie Goslar, Mühlhausen, Nordhausen, Hildesheim usw., insgesamt 27.[11] Nach obigen Definitionen waren auch die Sondershäuser und die Nordhäuser Münze von 1685 Heckenmünzen, auch wenn die Reichsstadt seit alten Zeiten das Münzregal besaß, ebenso die Münzstätten der ernestinischen Duodezherzogtümer in Meiningen, Römhild oder Eisenach.

Die völlige Zerrüttung des Geldwesens in den 1620er-Jahren und die Erfordernisse des Krieges zwangen die Territorialherren zu rigorosen Maßnahmen, um wieder zu einer gewissen Währungsstabilität zu gelangen, die jedoch bald nach Friedensschluss wieder in Gefahr geriet. Deutlich fühlbar seit 1660 begannen wieder die Klagen über die sich verschlechternde Münze, das *Malum Monetarium.*

Denn das Problem war das Silber bzw. der Silberpreis, der für eine kölnische Mark Feinsilber von 9 auf 9 ½ bis 10, der Preis für einen Zentner Kupfer, das erforderliche Legierungsmetall, von 8 Reichstalern im 16. Jahrhundert auf inzwischen 25 Reichstaler anstiegen. Der 9-Talerfuß konnte von den münzenden Reichsständen nicht mehr eingehalten werden. Dennoch waren die Reichsmünzordnungen des 16. Jahrhunderts immer noch geltendes Reichsrecht. Um dieser Entwicklung zu begegnen, vereinbarten die Kurfürsten von Sachsen und Brandenburg im ehemaligen Kloster Zinna bei Jüterbog am 27. August 1667 einen 10 ½ -Taler-Fuß, den so genannten Zinnaer Fuß, dem sich im April 1668 auch die Herzöge von Braunschweig-Lüneburg anschlossen, einen vorläufigen Münzfuß, der dem derzeitigen Silberpreis entsprach.

Die Vertragspartner legten fest, den bisherigen Reichstaler im 9-Talerfuß beizubehalten. Als nunmehriger Speciestaler (Speciesreichstaler) galt er nicht mehr 24, sondern 28 Groschen oder 105 Kreuzer, später 32 Groschen oder 120 Kreuzer. Er wurde jedoch wesentlich seltener und z. B. zu besonderen Anlässen geprägt. Als Zahlungsmittel spielte er keine Rolle.

---

10 DERS., Heckenmünzen, S. 121; BAHRFELDT, Ellrich und Clettenberg, S. 360. Den Begriff „Heckenmünzen" las ich zum ersten Mal in dem Artikel über das gemeine Münzwesen des Reichstages zu Speyer 1570, in: EXTRACT 1597, Bl. 45b. Vgl. Verzeichnis der Online-Quellen.

11 LASA Magdeburg, A 13, Nr. 776, Bl. 74.

Zweitens schuf man einen so genannten Rechnungs- oder Zähltaler im 10 ½ Taler-Fuß, auch Kuranttaler genannt, im Wert von 24 Groschen und jeweils 22,27 g Feinsilber, der jedoch als solcher nicht geprägt wurde.[12] Geprägt wurden aber seine Drittel, also vor allem die ⅔-Kuranttaler im Wert von 16 Groschen, von denen, bezogen auf eine kölnische Mark Feinsilber, 15 ¾ Stück je 14,85 g Feinsilber (14 Lot 4 Grän Feingehalt) trugen. Weiterhin der ⅓-Kuranttaler im Wert von 8 Groschen, von denen 31 ½ Stück je 7,42 g Feinsilber (12 Lot 3 Grän Feingehalt) trugen und der 1/6-Kuranttaler im Wert von 4 Groschen. Die Dreier und Pfennige sollten wegen der höheren Prägekosten zu einem geringeren Münzfuß ausgebracht werden.

Die ⅔-Kuranttaler, im Folgenden nur noch ⅔-Taler, ⅔-Stücke, Gulden oder Guldiner genannt, hießen an der Ostsee Kronen oder 2-Mark-Lübisch-Stücke, 32-Schilling-Stücke, in Norddeutschland auch 16Gutegroschen, in Niedersachsen 24Mariengroschen und 48-Grote, im Süden (Oberdeutschland) 60-Kreuzer-Stücke.

Die Prägung von Gulden wurde in den folgenden Jahren immer beliebter, denn unterhalb des unantastbaren Reichstalers war er das größte Nominal und wegen der relativ geringen Prägekosten der Gewinn entsprechend höher (SCHNEIDER). Doch der Silberpreis gewährte nur wenig Spielraum. Schon 1676 war der Preis des Silbers so hoch, dass die Gulden nicht mehr zu 10 ½ Talern auf die feine Mark ausgebracht werden konnten, zumal, wenn Kaufsilber verwendet werden musste. 1680 kostete die feine Mark mit Dritteln bezahlt 11 Taler, so dass ein 10 ½ Taler-Fuß nur mit Verlust befolgt werden konnte. Um ihren Schlagschatz, das heißt ihren Reingewinn, zu maximieren, begannen gewissenlose Münzherren, zumeist kleinere weltliche und geistliche Fürsten, Grafen und Städte, wie oben angedeutet, ihr Münzregal zu missbrauchen und unterwertige Gulden zu prägen. Es war kein Falschgeld, sondern „nur“ schlechtes Geld!

Der Prozess der Geldentwertung vollzog sich langsam; es war eine schleichende Münzverschlechterung, die sich fast über 20 Jahre hinzog.[13]

Besonders viele schlechte Gulden wurden in den Reichskreisen Nieder- und Obersachsen und Oberrhein geprägt. v. SCHRÖTTER unterschied vier Gebiete des Reichs, in denen die Guldenprägung besonders verbreitet war:

---

12 Der Begriff Kuranttaler könnte zu Missverständnissen führen. Er war lediglich eine Rechnungsmünze, existierte also nicht als tatsächliche Münze. Die Kurantmünze hingegen bezeichnet „vollwertige und bei Zahlungen der Höhe nach unbeschränkt anzunehmende Münzen, deren Metallwert dem staatlich verbürgten Nennwert entspricht“ (Vgl. transpress Lexikon Numismatik 1976, S. 191).

13 Vgl. BUCHHOLZ, Barby, S. 54.

1. das norddeutsche Küstengebiet von Emden bis Stettin (Herzöge von Holstein als Bischöfe von Lübeck, Herzöge von Mecklenburg und Sachsen-Lauenburg, Grafen von Oldenburg, Ostfriesland und Rantzau, Schwedisch-Pommern);
2. die Landschaften um den Harz mit seinen damals noch ertragreichen Silbervorkommen (Herzöge von Braunschweig-Lüneburg, Fürsten von Anhalt, Grafen von Schwarzburg, Stolberg und Sayn-Wittgenstein-Hohenstein, Damenstift Quedlinburg, Erzstift Magdeburg, Reichsstädte Nordhausen und Goslar, Northeim);
3. Thüringen mit seinen Silbervorkommen (ernestinische Wettiner, Grafen Reuß, Grafen von Schwarzburg);
4. das Gebiet um Frankfurt am Main, hauptsächlich nördlich der Stadt (beide Linien des Hauses Nassau, Solms-Hohensolms, Solms-Rödelheim, Solms-Greifenstein, Sayn-Wittgenstein, Leiningen-Westerburg, Hessen-Homburg, Isenburg, Hanau, die Burg Friedberg und Kurmainz).

„Es entwickelten sich Unternehmer von überregionaler Bedeutung, die ihre Sorten bald in eigenen, bald in gepachteten Münzstätten prägten. Für den nord- und mitteldeutschen Raum war Graf Gustav von Sayn-Wittgenstein-Hohenstein führend, der neben seinen Harzer und Wittgensteiner Heckenmünzen auch zahlreiche Pacht- und Vertragsmünzstätten unterhielt.“[14]

1668 hatte die Mark Feinsilber noch 10 Taler gekostet, 1677 bereits 10 Taler 16 Groschen, in Berlin 1682 10 Taler 14 Groschen, 1688 10 Taler, 17–22 Groschen. Die jetzt überall entstehenden Heckenmünzen vernichteten den Zinnaer Fuß und trieben den Silberpreis weiter in die Höhe. 1680 wurde die feine Mark Silber mit 11 Talern bezahlt. Eine Prägung nach Zinnaer 10 ½ Taler-Fuß im Jahr 1685 von der Reichsstadt Nordhausen beabsichtigt, die keine eigenen Silbergruben besaß, musste also von vornherein ein Verlustgeschäft werden, wenn man nicht verbotene Wege beschreiten wollte. Vor allem die ⅔-Taler (Gulden) verloren an Wert, was sich am Beispiel der Prägungen aus den Heckenmünzen des Grafen Gustav von Sayn-Wittgenstein-Hohenstein gut veranschaulichen lässt. 1675 entstanden dort aus der kölnischen Mark fein 14 ½ Stück ⅔-Taler mit einem Feingewicht von je 10,640 g. 1676 verließen die Klettenberger Münze ⅔-Stücke, von denen 16 und mehr als 17 auf eine kölnischen Mark kamen und ein Feingewicht von nur 8,678 g bzw. 7,668 g hatten.[15] Außer den Münzherren verdienten auch die Silberlieferanten am Münzbetrug. In der Praxis sah das so

[14] SCHNEIDER, Münzwesen, S. 137.

[15] Alle Beispiele aus SCHRÖTTER, Heckenmünzen, vor allem S. 122 f. und Beilage 1, S. 182, Nr. 44–48.

aus, dass laut eidlicher Aussage eines gräflichen Beamten ein Nordhäuser Kaufmann, der zur reichsstädtischen Oberschicht gehörte, in 5- bis 6-maligen Lieferungen 16- bis 17.000 Taler in die gräflich wittgensteinische Münze in Klettenberg schaffte, *die Mark fein ihme mit Zwolff Thaler 18 ggr. bezahlet*, er, der gräfliche Beamte, es ihm *auff gn. Befehl außgewechselt* habe und der Kaufmann *Zeit wehrender solcher Handelung etzl. tausendt thaler profitiret.*[16] REICHHARDT konnte 1899 in seinem noch heute gern gelesenen Werk behaupten, dass „vorzugsweise" umherziehende Juden das vollwichtige Harzgeld aufgekauft und in großen Säcken nach Klettenberg geschafft hätten.[17] Andere Lieferanten nannte er nicht.

Auf die Beteiligung der jüdischen Händler, Kaufleute und Bankiers am Silberhandel und am Münzgeschäft soll daher besonders eingegangen werden, da sie, wie hier gezeigt wurde, oft in antisemitischem Sinne missdeutet worden ist.

Im Unterschied zur christlichen Bevölkerung war es Juden erlaubt, Geld gegen Zinsen zu verleihen. Juden wandten sich allgemein den Geldgeschäften zu, weil sie weder den Boden bearbeiten noch in die Zünfte der Handwerker eintreten durften. So wurden sie auf die Zinsleihe, das Kreditwesen, den Geldhandel abgedrängt. Besonders befassten sie sich mit dem Wechselgeschäft, zum einen mit Geldwechseln im eigentlichen Sinn, zum andern mit dem bargeldlosen Geschäft durch Wechsel. Im Edelmetallhandel besaßen im 16. Jahrhundert Frankfurter Juden ein Monopol. Auch noch bis Mitte des 17. Jahrhunderts lag der Silberhandel fast ausschließlich in der Hand jüdischer Kaufleute, die ihre Geschäfte von Frankfurt am Main oder den Hafenstädten Amsterdam und Hamburg aus führten.

Die besondere Stellung der Juden im Geldhandel hatte zur Folge, dass man ihnen die zunehmende Geldverschlechterung anlastete und übersah, dass sie dabei nur die Helfer der Schuldigen waren, die Schuld aber bei den Landesherren hätte gesucht werden müssen. „Besonders in Kriegszeiten war die Versuchung für den Landesherrn groß, die hohe Quantität der für den Sold benötigten Münzen durch eine Minderung der Qualität zu erkaufen [...] In solchen Fällen wurden Juden als Lieferanten des auszumünzenden Materials zur Verschlechterung gezwungen, was ihnen bei der unwissenden Bevölkerung oft den schlechten Ruf von ‚Wippern und Kippern' einbrachte. Sie wurden von den Landesherren auch gern dazu benutzt, derart ‚schlimmes Geld', das ja letzten Endes zur Inflation führte, wieder los zu werden."[18] Auch in den zahlreich erschienenen zeitgenössischen Flugschriften hatten Juden oft als Sündenböcke herzuhalten.

---

16 LASA Magdeburg, A 13, Nr 1414, Bl. 221. Siehe Anhang, Nr. 1.

17 Vgl. REICHHARDT, Grafschaft Hohenstein, S. 87.

18 STROBACH, Lehmann, S. 43. Vgl. auch ELKAR, Juden und Silber, S. 29 f. und SCHNEIDER, Münzwesen, S. 108. Über Juden an der kaiserlichen Münze in Wien vgl. STAUDINGER, Münzjuden.

Einzelne Juden waren in der Lage, mit Hilfe eines „familiären und geschäftlichen Beziehungsnetzes“ größere Geldsummen zu beschaffen.[19] Nur wenigen Juden gelang es, einen solchen Einfluss zu gewinnen wie dem Hofjuden Leffmann Behrens (1634–1714), der seit 1668 Hoflieferant und Bankier des Herzogs und Kurfürsten Ernst August I. von. Braunschweig-Lüneburg (Hannover) war und „die Wege zur hannoverischen Kurwürde“ ebnete.[20] Er war „einer der großen Unternehmer des ausgehenden 17. und des beginnenden 18. Jahrhunderts“. Neben dem Kreditgeschäft war für ihn der Geldtransfer im Kundenauftrag von Hannover nach anderen Orten und in umgekehrter Richtung ein wichtiger Geschäftszweig.[21] Seine Dienste nahm auch die Reichsstadt Nordhausen in Anspruch. In unserem Zusammenhang vermittelte er, wie an anderer Stelle noch einmal ausgeführt werden wird, für Nordhausen bei dem Wiener Bankier Samuel Oppenheimer die Zahlung von 1.500 Reichstalern zur Erlangung des kaiserlichen Absolutoriums an den kaiserlichen Fiskus nach Wien.[22] Er war der Onkel des noch bedeutenderen Berend Lehmann, des Hofbankiers der Kurfürsten von Hannover, der Könige von Preußen oder des Polenkönigs Stanislaus Leszczýnski.[23] Auch für August den Starken von Sachsen war er tätig und hatte wesentlichen Anteil an der Erlangung der polnischen Königskrone für seinen Herrn.[24]

Im Münzgeschäft kam den Lieferanten und Verlegern große Bedeutung zu. Meist waren es Kaufleute, die das Silber auf die Münze lieferten, aber auch jüdische Händler waren beteiligt, wie noch gezeigt werden wird. Als Lieferanten von Silber an Münzstätten, die auch unterwertiges Geld prägten, traten Juden selbst in der kaiserlichen Residenzstadt Wien in Erscheinung. Allerdings ist seit Mitte des 17. Jahrhunderts das Bestreben zu beobachten, den gesamten Edelmetallhandel zu reglementieren und dem Silberhandel immer engere Grenzen zu setzen. 1685 verbot Kurfürst Friedrich Wilhelm Christen und Juden jeglichen Gold- und Silberhandel, ein Verbot, das wohl in manchen Landesteilen zu wenig Beachtung fand.[25] Vielleicht im Zusammenhang mit diesem Verbot steht, dass Noah Seligman, der Vorsteher der hohensteinischen Judenschaft, am 4. Dezember 1685 beurkundete, dass er Silbergeschirr vom wittgensteinischen Rentmeister Anton Textor erhalten habe und vom Münzmeister Arensburg wiegen ließ. Es sei 200 Reichstaler wert gewesen.[26]

---

19 BATTENBERG, Juden in Deutschland, S. 42.

20 Ebd., S. 44.

21 STROBACH, Hofjuden, S. 16 und 19.

22 RHR Miscellanea Münzwesen, 6-4, Bl. 410.

23 Vgl. STROBACH, Lehmann, S. 39 und 42.

24 BATTENBERG, Juden in Deutschland, S. 44.

25 Vgl. LASA Magdeburg, A 13, Nr. 774, Bl. 23–35.

26 Ebd., A 17, I k X Nr. 1, Bl. 27.

Ein im kurhannoverschen Sülzhayn lebender Mann, der 1685 auf der Nordhäuser Münze gearbeitet hatte, sagte 1694 aus, dass zwei Ellricher und vier Halberstädter sowie auch Mühlhäuser Juden an den Silberlieferungen beteiligt gewesen seien, dazu ein Kaufmann aus Leipzig, dessen Namen er nicht mehr wusste.[27] Hier liegt ebenfalls der Verdacht nahe, dass die Beteiligung von Nordhäuser Kaufleuten und anderen verschwiegen und die Schuld allein jüdischen Händlern aufgebürdet werden sollte. Die gleiche Taktik verfolgte auch Graf Gustav von Sayn-Wittgenstein-Hohenstein gegenüber der kurbrandenburgischen Münzkommission.

Die Situation der jüdischen Bevölkerung im Gebiet des Südharzes und seines Vorlandes soll im Folgenden kurz skizziert werden.

Das Hochstift, jetzt Fürstbistum Halberstadt, war infolge des Westfälischen Friedens an das Kurfürstentum Brandenburg gekommen. Nach dem Dreißigjährigen Krieg entstand in zahlreichen Städten des Alten Reiches wieder jüdisches Leben, aber auch in ländlichen Gebieten kleinerer Territorien, wo sich „gräfliche und ritterschaftliche Obrigkeiten“ von einer Ansiedlung einen ökonomischen Vorteil versprachen. Es kam zu einer „Expansion der Kleinstgemeinden“.[28] Auch Kurfürst Friedrich Wilhelm war bestrebt, durch „Peuplierung“ in den verwüsteten Landstrichen Produktion und Handel zu beleben und die Staatseinnahmen zu mehren. In Kurbrandenburg ragt Halberstadt insofern hervor, als sich dort bis Ende des 17. Jahrhunderts 639 Juden ansiedelten. 1728 waren es bereits 128 Familien mit etwa 800 Mitgliedern.[29] Während sich hier im Zentrum eines „Fürstentums“ eine urbane jüdische Kultur entfaltete, lebte in der Grafschaft Hohenstein eine relativ geringe Anzahl verstreut in ländlichen Siedlungen. Lediglich in der „Hauptstadt“ Ellrich konzentrierten sich nach und nach mehrere jüdische Familien in der Jüdenstraße in der Walkenrieder Vorstadt, wie dann auch in Bleicherode, dem Hauptort der Herrschaft Lohra und Sitz der gräflichen Kanzlei.

Am 28. Januar 1650 erteilte der Kurfürst dem Juden Abraham Philipp einen Schutzbrief, wonach ihm, seiner Ehefrau, den Kindern und dem Gesinde erlaubt wurde, im Fürstentum Halberstadt zu wohnen, Handel zu treiben, frei, sicher und ungehindert zu reisen. Dafür hatte er ein jährliches Schutzgeld von 8 Reichstalern zu entrichten, im Todesfall oder bei Heirat einen Goldgulden.[30] Aber auch in der Grafschaft, vornehmlich in Ellrich und einigen Dörfern an der

---

27 RHR Miscellanea Münzwesen, 12-2, Bl. 475 f.

28 BATTENBERG, Juden in Deutschland, S. 33 f.

29 Ebd., S. 34.

30 LASA Magdeburg, A 13, Nr. 1357, Bl. 1 f.

Hauptstraße, die das westlich gelegene katholische Eichsfeld mit brandenburgischen und kursächsischen Territorien und der Reichsstadt Nordhausen im Osten verband, in Sollstedt, Ober- und Niedergebra, siedelten sich erste Judenfamilien an. Am 19. November 1669 gestattete der Kurfürst den Ellricher Juden, zwar keine Synagoge aufzurichten, wohl aber in einem Hinterhaus eine Schule zur Unterrichtung der Kinder einzurichten.[31]

Wohl spätestens seit Beginn der 1680er-Jahre begann Graf Gustav von Sayn-Wittgenstein-Hohenstein selbständig Schutzbriefe und Privilegien an die Juden „seiner" Grafschaft zu erteilen und das Geld selbst einzustreichen, ohne die kurfürstliche Obrigkeit zu informieren. Am 1. März 1682 bestellte er den Ellricher Schutzjuden Noah Seligman zum Vorsteher („Vorgänger") der Judenschaft in der Grafschaft.[32] Als solcher wurde Noah die undankbare Aufgabe zuteil, für die Eintreibung der Straf- und Schutzgelder zu sorgen. Schutzbriefe erteilte Gustav dem in Ellrich geborenen Alexander Susman oder dem Magnus Susman in Sollstedt. Am 15. März 1686 bat Noah Seligman die gräfliche Regierung um die Erlaubnis, *Hochzeits Festivitäten celebriren* zu dürfen.[33]

Gustavs eigenmächtige Erteilung von Schutzbriefen blieb der kurfürstlichen Regierung nicht verborgen, Friedrich III., Kurfürst seit 1688, untersagte es ihm und erteilte am 30. November 1692 den Juden der Grafschaft ein Privilegium. Darin sind die Namen von 23 Juden aufgeführt. Ihnen wurde *gnädigst verwilliget*, in den Städten, Flecken und Dörfern der Grafschaft zu wohnen.[34] Der Kataster der Grafschaft Hohenstein von 1692 nennt für Ellrich 11 Schutzjuden, für Sollstedt 4 und für Obergebra 2 Schutzjuden.[35] Somit bot Ellrich die Voraussetzung für die Bildung einer Gemeinde (kehila), die erst dann gebildet werden durfte, sobald mindestens zehn volljährige Beter vorhanden waren.

In den 1680er-Jahren trieben Graf Gustav und seine Ehefrau Anna Hélène unerbittlich das Schutzgeld ein, das jeweils zu Trinitatis fällig wurde. Manche Juden hatten sich monatelang, ja über ein Jahr außerhalb der Grafschaft aufgehalten, um dort ihr kärgliches Brot zu suchen; und sie waren nicht in der Lage, das Schutzgeld zu zahlen. Zum Teil hatten sie auch von ihrem Gewerbe eine Abgabe zu entrichten. Auch aus diesen Quellen ist die zunehmende Verarmung dieser Juden ersichtlich. Einige fanden an ihrem Wohnort keine dauerhaften Existenzbedingungen und waren auf Migration angewiesen, um durch Gelegen-

---

31 Ebd., Bl. 9 f.

32 Ebd., Nr. 1398, Bl. 2–6.

33 Ebd., Nr. 1357, Bl. 13–23.

34 HALAMA, Autonomie, S. 79.

35 LASA Magdeburg, A 13, Nr. 1416c.

heitsarbeiten und Betteln überleben zu können.[36] Einzelne Juden hatten eine beträchtliche Schuldsumme angehäuft.[37]

Das Verhältnis der Nordhäuser Obrigkeit und der Bürgerschaft zu den Juden in den beiden nordthüringischen Reichsstädten Mühlhausen und Nordhausen wies trotz des Vorhandenseins einer grundsätzlichen Übereinstimmung doch gewisse Unterschiede auf. In Nordhausen waren bis zum Ende der reichsstädtischen „Herrlichkeit" im Jahre 1802 die seit dem 16. Jahrhundert geltenden, die Juden diskriminierenden Verordnungen unverändert gültig. Es war ihnen nicht erlaubt, sich in der Stadt niederzulassen, dort zu wohnen oder Grundstücke zu erwerben. Es war ihnen lediglich erlaubt, für eine beschränkte Zeit in der Stadt einen Hausierhandel zu betreiben. Obwohl auch in Mühlhausen weiterhin restriktive Gesetze und Praktiken wirksam waren, genossen hier Juden den Schutz des Rates oder erhielten kaiserliche Schutzbriefe, so dass die hier lebende jüdische Minderheit 1793 78 Personen umfasste.[38] Im Folgenden ist daher mehrfach von Mühlhäuser Schutzjuden die Rede, aber auch von Schutzjuden aus Hildesheim und anderen Orten.

Allerorts wurde auch in Schriften über den verderblichen Schaden des schlechten Geldes für das Gemeinwesen geklagt, wie in der Folgenden:

Kippe die Wippe/
Nach der itzigen Mode / Oder
Der Müntz-Betrug/
Wie er
Bißhero mit grossen Schaden des Landes
eingeschlichen [...]
Vorgestellet
von Aretophilo
Gedruckt in diesem 1688. Jahr.

Sehr verbreitet war auch die folgende Schrift:

Das Entlarffte
Böse
Müntzwesen /
Oder vielmehr
Das heut zu Tage in schwang gehende schänd-
und schädliche

36 Vgl. HÄRTER, Juden im Srafrecht, S. 361.
37 LASA Magdeburg, A 17, I k X Nr. 1, Bl. 2.
38 Vgl. HAHN, Schutzjuden, S. 208.

Kippen und Wippen /
wie solches
Von den Müntzmeistern / derselben Be-
dienten und Lieferanten / getrieben wird;
Entdecket
Durch
Filargirium
Im Jahr 1690

Eine andere Schrift, die den Kippern und Wippern die ewigen Höllenstrafen wünscht, hat den folgenden Titel:

> *Zuruff Des Höllischen Fürstens Lucifers / Welches ErmahnungsWeise abgehet / an alle und jede Kipper / Wipper / Wucherer und Schinder / Das Sie wollen beständig / und willig verbleiben in ihren angefangenen Handwerck. Der Kipper- und Wipperey / Wucher und Büber und Dieberey / sich nichts davon abhalten sollen;*
> *Gegeben im Abgrunde der Höllen.* Ohne Ort 1689.

Allen diesen Schriften und Flugblättern ist gemeinsam, dass die Münzherren, d. h. die Fürsten, Grafen, Räte der Städte, als die wahren Schuldigen nicht genannt werden. Schon zur Ersten Kipperzeit äußerte REDLICH: Das zeitgenössische Schrifttum verschweigt die „traurige Rolle der Regalherren" und schiebt die ganze Schuld mit wenigen Ausnahmen den Münzern und Geldhändlern zu.[39]

In Dresden erinnerte Christoph Fischer, der Generalwardein des Obersächsischen Reichskreises,[40] zu dem auch die Grafschaft Hohenstein, die Grafenhäuser Schwarzburg und Reuß sowie die zersplitterten Territorien der thüringischen Ernestiner gehörten, wegen der vielen neu aufgekommenen höchst schädlichen Münzwerke und der eigennützigen und teilweise untüchtigen Münzmeister am 18. März 1680 daran, dass durch diese der Reichskreis mit schlechten 16-, 8- und 4-Groschenstücken angefüllt wurde. Sie missachteten die Kreispflichten, ließen durch böse Leute alles gute Geld verschmelzen und dadurch eine große Steigerung der Silberpreise verursachen. Er beklagte, dass nur diejenigen, die eigene Bergwerke hatten, münzen durften, dennoch aber vermünzten die vielen neuen Münzstätten nur noch Kaufsilber. Und er pranger-

39 REDLICH, Inflation, S. 65.

40 Der Wardein (mittellat. Guardianus=Wächter, Hüter); der Münzwardein hatte den Münzmeister zu beaufsichtigen und die Legierungen und Münzen als Beauftragter des Münzherren zu kontrollieren. Die Reichskreise beschäftigten nach den Bestimmungen der Reichsmünzordnungen eigene Generalwardeine.

te Fürsten wie Herzog Friedrich I. von Sachsen-Gotha-Altenburg oder Johann Ernst Herzog von Sachsen-Weimar an, der durch seinen Münzmeister Johann Christoph Dörrer, der doch eigentlich von Beruf Buchbinder sei, 16-Groschen-Stücke, also Gulden, präge mit der Jahreszahl 1679, von denen 13 auf die Mark fein gingen.[41] Und er verwies auf die für ihren Beruf wenig qualifizierten Münzmeister oder solche wie den Henning Müller zu Sondershausen, die es nicht für nötig hielten, ihren Eid abzulegen. Christoph Fischers Bericht charakterisiert wie kaum ein zweiter den elenden Zustand des Münzwesens, das *Malum Monetarium*, im Reich.

Es ist auffällig, dass die Tätigkeit der Heckenmünzen in der Zweiten Kipperzeit (seit etwa 1675–1695/1700) mit den damaligen großen europäischen Kriegen zusammenfiel. Kaum eine Zeit in Mitteleuropa war von Kriegen so heimgesucht wie die zweite Hälfte des 17. Jahrhunderts – hier sei nur auf die Kriege zwischen dem Reich und Ludwig XIV. (1638–1715) und die Türkenkriege hingewiesen, die zu einem riesigen Geldbedarf für die Löhnung der Truppen führten.[42] SCHRÖTTER, einer der besten Kenner dieser Materie, der darauf hinwies,[43] führte weiter aus, „daß überall und immer nach dem Ausbruch eines Krieges die friedensmäßige Geldherstellung nicht genügte und zu einer außergewöhnlichen geschritten werden mußte, es mußte nicht das Doppelte, sondern oft das Zehnfache und mehr der Friedensherstellung geleistet werden. Wir stehen in der Periode rein metallischer kreditloser Währung; das bedeutet: das vorhandene Metallgeld mußte in viel mehr Metallgeld verwandelt werden. Die Truppenführer, die Kriegskommissare mußten es nehmen, woher und wie sie es bekamen. Bekamen sie es nicht als Steuern und Requisitionen, so half alle Moral nichts, sie mußten es von den Leuten nehmen, die es hatten oder machten, indem sie durch Kupferzusatz aus 100 Gulden 110 oder mehr machten."[44] Den Herren der Heckenmünzen sei es allein darum gegangen, ihr schlechtes Geld schnell loszuwerden, wobei sie darauf achteten, dass dieses nicht in ihrem eigenen Gebiet oder Reichskreis ausgegeben wurde. Kaiser Leopold I. (1640–1705) ging, wie noch gezeigt werden wird, mit schlechtem Beispiel voran.

---

41 RHR Miscellanea Münzwesen 24-2. Vgl. HIRSCH, Münz-Archiv 5, S. 119–122.

42 Vgl. PRESS, Krieg und Krisen, S. 385–476.

43 Erstmals: SCHRÖTTER, Das deutsche Heckenmünzwesen, S. 93–103.

44 SCHRÖTTER, Heckenmünzen, S. 125.

Mehr Abdrücke
Der gantz verruffenen groben Müntz-Sorten.

15. Gräfflich Schwartzburg-Witgen- und Hohnsteinische

Diese böse unter falsch zurück gesetzte Jahrzahl/ jetzo noch aus prægende Geld-Sorten, haben keinen beständigen Müntz-Fuß/ daß also kein rechter Wehrt anzugeben/ einige Stücke befinden nach aber seynd 225 Thlr. kaum 100 Species Rthlr. wehrt. Und ist demnach ein stück gegen gute Drittel auff den Bruck zu reduciren ohngefehr

wehrt 12 mgr.

Ernst Augustus L.S.

Abb. 2:
Münzedikt des Herzogs Ernst August von Braunschweig-Lüneburg (Hannover) vom 18. Juli 1689. Zu den ganz verrufenen groben Münzsorten gehören auch die hohensteinischen Gulden mit falscher Jahreszahl, ein Stück mit dem Wert von 12 Mariengroschen

2. Münzstätten in Nordthüringen und deren betrügerische Münzpraxis

2.1. Die Heckenmünzen des Grafen Gustav von Sayn-Wittgenstein-Hohenstein in Ellrich und Klettenberg

Wegen des Harzer Silbers und der Möglichkeit, hier gute vollwichtige braunschweig-lüneburgische Gulden, die aus den Münzstätten Clausthal und Zellerfeld kamen, einschmelzen und ummünzen zu können, entstanden an den Rändern des Harzgebirges Heckenmünzen bzw. wurde in schon bestehenden Münzen schlechtes Geld geprägt. v. SCHRÖTTER nannte Rottleberode, Harzgerode, Wernigerode und als reine Heckenmünzen Quedlinburg, Ellrich und Klettenberg, weiter nach Thüringen hinein Sondershausen, Arnstadt und Keula.

Schon Gustavs Vater Graf Johann VIII. von Sayn-Wittgenstein (1601–1657) hatte als Statthalter des als weltliches Fürstentum an Brandenburg gefallenen ehemaligen Bistums Minden mit Wissen des Kurfürsten Friedrich Wilhelm von Brandenburg eine Münzprägung begonnen, „deren Produkte landauf, landab alsbald wegen Minderwertigkeit verboten wurden". Es heißt, der Kurfürst habe seinen Statthalter zur Ausprägung vieler geringhaltiger Kleinmünzen gedrängt, um mit ihnen Truppen werben und ausheben zu können.[1] „Mit seinem Münzmeister Behrend Levi löste er 1655 bis 1657 durch Münzverschlechterung eine regionale Inflation aus, die zum Widerstand der Betroffenen führte."[2] Seit 1651 endlich Herr der beiden Herrschaften Klettenberg und Lohra der ehemaligen Grafschaft Honstein, verlieh ihm Kurfürst Friedrich Wilhelm als sein Oberlehnsherr das Münzrecht, das zuvor die 1593 ausgestorbenen Grafen von Honstein besessen hatten. SCHRÖTTER schrieb irrtümlich, Graf Johann habe in „Hohnstein am Harz" Dukaten, Taler und Mariengeld geprägt.[3]

Am 2. April 1657 verstarb Graf Johann in Berlin. Aus seiner kinderreichen Ehe mit einer Gräfin von Waldeck-Wildungen folgte ihm der älteste Sohn Ludwig Christian (1629–1683), der die Regierungsgeschäfte in Wittgenstein übernahm. Den jüngeren Sohn Gustav Otto, geboren am 5./15. Oktober 1633,

---

1 Vgl. MÜLLER-JAHNCKE/VOLZ, Gräfliche Häuser Sayn, S. 28 und 95 f.

2 Vgl. „Sayn-Wittgenstein, Johann zu", in: Hessische Biographie: https://www.lagis-hessen.de/pnd/129047015 (letzter Zugriff: 17.04.2023); ferner: MEINARDUS, Otto, „Sayn-Wittgenstein-Hohenstein, Johann VIII. Graf zu", in: ADB 43 (1898), S. 619–623 unter Wittgenstein [Online-Version]; URL: https://www.deutsche-biographie.de/pnd129047015.html#adbcontent (letzter Zugriff: 17.04.2023); und KRIEG, Martin: Juden in Minden.

3 SCHRÖTTER, Münzwesen, S. 79.

hatte der Vater bereits zum Regenten über Hohenstein ernannt. Jedoch sollte die Landeshoheit zunächst bei Ludwig Christian verbleiben. Am 11. April 1672 bestätigte Kurfürst Friedrich Wilhelm einen Erbvergleich der Söhne des Verstorbenen. Danach hatten die Grafen am 6. August 1670 in Klettenberg die Regierung der Grafschaft Hohenstein auf „Gustav zu Sayn/Wittgen- und Hohnstein" übertragen.[4] Gustav Otto,[5] gewöhnlich nur Gustav genannt, entschädigte den älteren Bruder durch Zahlung von 20.000 Reichstalern. Er residierte seit 1671 auf Schloss Klettenberg und regierte seit 1678 auch die Grafschaft Wittgenstein-Wittgenstein. Er versuchte vergeblich, gegenüber dem Kurfürsten seinen Anspruch auf die volle Landeshoheit einschließlich der Reichs- und Kreisstandschaft durchzusetzen.[6] Sein Sohn August (1663–1735) regierte die Grafschaft nur noch von 1698 bis 1699; dann wurde sie von Brandenburg eingezogen.

Durch Besitzungen seines Hauses, die Grafschaft Wittgenstein, die Herrschaft Homburg vor der Mark und die Herrschaften Lohra und Klettenberg, besaß Gustav „gute Ausgangspositionen für einen überregional organisierten Münzbetrieb".[7] Er ließ in zum Teil weit entfernten Münzstätten geringhaltige Münzen in so großer Anzahl prägen, dass ihm der Numismatiker v. SCHRÖTTER den gewiss nicht ehrenvollen Titel „Vater der Heckenmünzen" verlieh. ILISCH urteilte, Graf Gustav gab sich in seinem Gewinnstreben nicht mit Münzstätten im eigenen Herrschaftsbereich zufrieden, sondern schloss auch Verträge mit anderen Fürsten ab, um in deren Münzstätten ebenfalls unterwertiges, schlechtes Geld zu prägen, wie z. B. in Stettin, Nassau-Weilburg oder Barby, in den wittgensteinischen Stammlanden außer in Berleburg in Schwarzenau an der Eder und Schloss Wittgenstein.[8]

Man sollte Gustav nicht damit entschuldigen, dass sein standesgemäßes Leben Unsummen verschlungen habe und seine regelmäßigen Einnahmen nur mäßig gewesen wären; auch die Grafschaft Hohenstein soll ihm jährlich nur einige hundert Taler eingebracht haben.[9] In der Grafschaft war er bekanntlich

---

4 MÖLLER, Geschichte Hohenstein, S. 169. Zu Graf Gustav vgl. SPIES, Hans Bernd, „Sayn-Wittgenstein", in: NDB 22 (2005), S. 483 (Familienartikel Sayn-Wittgenstein) [Online-Version]; URL: https://www.deutsche-biographie.de/pnd118854623.html#ndbcontent (letzter Zugriff: 17.04.2023).

5 Über den Regierungsantritt usw. der beiden finden sich in der älteren Literatur unterschiedliche Angaben. Ich folge hier vor allem MÖLLER, Geschichte Hohenstein; und SPIES, Todesjahr. Reiche Literaturangaben zum Grafen Gustav, zur Grafschaft Hohenstein und zur Heckenmünze Klettenberg enthalten die Anmerkungen des wertvollen Aufsatzes von SPIES.

6 Vgl. NICKLAS, Macht oder Recht, S. 263.

7 SCHNEIDER, Vater der Heckenmünzen, S. 414.

8 ILISCH, Westfälische Münzgeschichte, S. 17; SCHNEIDER, wie Anm. 39, S. 415.

9 MÜLLER-JAHNCKE/VOLZ, Gräfliche Häuser Sayn, S. 105.

hoch verschuldet, und bis an sein Lebensende hatte er für mehrere unverheiratete Töchter zu sorgen.[10]

Das Städtchen Ellrich, damals Hauptort der Herrschaft Klettenberg, wo Gustav 1672 eine Heckenmünze einrichten ließ, war für diesen Zweck gut geeignet, denn es lag abgelegen von den großen Handels- und Heerstraßen, und der Harz mit seinen Silberbergwerken war nicht weit entfernt.[11] Als „Hauptstadt" der Grafschaft und Sitz der gräflich honsteinischen Münze konnte es auf eine lange Münztradition zurückblicken.[12] Die Grafen von Honstein ließen hier bereits im 14. Jahrhundert Münzen prägen, und die kleine Stadt schloss 1332, 1350 und 1360 Münzvereinbarungen mit Nordhausen ab.[13] 1520 wurden in St. Andreasberg ergiebige Erzlager entdeckt. Seit 1530, nach anderer Auffassung seit 1535, ließ Graf Ernst V. von Honstein in der alten Ellricher Münze, die sich auf dem Gelände des späteren Mühlhofes befunden haben soll, durch seinen Münzmeister Valentin Sickel Silbermünzen prägen. Bis zum Tod des letzten Grafen von Honstein Ernst VII. ist das gesamte St. Andreasberger Silber in Ellrich vermünzt worden.[14] Letzter gräflich-honsteinischer Münzmeister war

---

10 Die Finanznöte des Grafen illustriert ein Bericht des Landeshauptmanns der Grafschaft, Georg Bernhard von der Ramée, aus dem Jahr 1712. 1698 weilte er als Bevollmächtigter Gustavs zu Verhandlungen in Berlin. Es heißt in seinem Bericht, dessen Wahrheitsgehalt wir nicht überprüfen können, er habe keine (Geld-)Offerten getan angesichts der *Dürftigkeit* seines Herrn. Er habe auch ehemals dem (Halberstädter) Kanzler Unverfärth keine 1.000 Reichstaler als Präsent offerieren können angesichts der Geldknappheit des Grafen. Dagegen habe er zur Erleichterung der Subsistenz des gräflichen Hauses aus der Kasse des Geheimrates Christian Friedrich v. Kraut 1.000 Taler erhalten und dem Grafen ausgezahlt. Er selbst habe an der gräflichen Tafel zusammen mit dem Grafen Gustav Wasser trinken müssen, ebenso die gräfliche Familie und die Bedienten, *in ermangelung Weins oder Biers* (LASA Magdeburg, A 13, Nr. 1451, S. 105). Letzteres dürfte aber die absolute Ausnahme gewesen sein. Joachim Martin Unverfärth, bisher Kanzler im Fürstentum Minden, ist 1686 zum Kanzler des Fürstentums Halberstadt ernannt worden.

11 Über die Ellricher Münze enthält die Akte A 13, Nr. 775 im LASA Magdeburg das meiste Material. Die gründlichsten Darstellungen findet man bei BAHRFELDT, Ellrich und Clettenberg, S. 361 f. und 393–395; bei SCHRÖTTER, Heckenmünzen, S. 134; und MÜLLER-JAHNCKE/VOLZ, Gräfliche Häuser Sayn, S. 30 und 106 f.

12 Letzter gräflich-honsteinischer Münzmeister war Alexander Sickel, auch langjähriger Stadtschultheiß, der wohl kurz vor 1600 verstarb. Etwa um 1600 heiratete Bürgermeister Johannes Reiff in zweiter Ehe die Witwe des inzwischen verstorbenen Münzmeisters. Sein Sohn Andreas ehelichte die Tochter Sickels. Nach dem Ableben des Grafen Ernst 1593 ist das *Münz Wergk zu Ellrich gefallen*, also aufgelöst worden. Vgl. NLA Abt. Wolfenbüttel 1 Alt 31 Hohnstein Nr. 73, Bl. 1. SCHULTEN, Münzen Hohnstein, S. 25 f. nennt nach Alexander Sickel noch zwei weitere Münzmeister.

13 RÖBLITZ, Münzvereinbarungen, S. 27–31; KUHLBRODT, Alt-Ellrich, S. 30–35.

14 Vgl. GUTBROD, Andreasmünzen, S. 192–195; NIEMANN, Bergbau, S. 38; SCHULTEN, Münze, S. 22 und VOLK, Münzstätte, S. 77.

Alexander Sickel, zugleich auch langjähriger Ellricher Stadtschultheiß, der wohl kurz vor 1600 verstarb. 1593 ist das *Münz Wergk zu Ellrich gefallen.*[15]

Auf die Existenz der Münze weisen auch Einträge in das Ellricher Kirchenbuch hin. Im Taufregister der St.-Johannis-Kirche wird 1672 als Taufpatin eine Tochter *des Herrn Müntzmeisters* genannt, ebenso 1675 *der Müntzmeister* als Taufpate; und am 23. September 1679 wird die *uxor* (Ehefrau) des *Müntzverwalters* von Klettenberg eingetragen.[16] BAHRFELDT hat herausgefunden, dass im so genannten Junkergarten gemünzt worden sei.[17] Nach SCHMALING befand dieser sich auf dem Mühlhof, wo jetzt *das Haus Nr. 405 stehet. Ein Gräflich Witgensteiner Münzmeister wohnte in dem Hause in der Kirchgasse Nr. 222.*[18] Jedoch sollte meines Erachtens der Junkergarten nicht auf dem Mühlhof gesucht werden, sondern beim dazugehörigen Junkerhof mit Burgsitz, den vielleicht schon verfallenden Steingebäuden, wo einst die Grafen von Honstein residierten, *extra muros* gelegen zwischen Ravensturm und Frauenberg, der jetzt als Ort der Ellricher Münze angesehen werden muss.[19]

Die Münzstätte Ellrich wird in dieser Zeit in der Literatur mitunter mit Klettenberg verwechselt oder gleichgesetzt.[20] Der Münzbetrieb setzte 1672 ein, „wenn man nach den vorhandenen Groschen mit dieser Jahreszahl urteilen darf". Unbekannt ist der erste Münzmeister dieses Jahres. Am 2. Mai 1673 nahm hier der Münzmeister Julius Zacharias Wefer seine Tätigkeit auf.[21] 1676 heiratete Wefer Anna Dorothea Ziegenmeyer, die Schwester Ludwig Ziegenmeyers. Dieser war einer der einflussreichsten Männer der Grafschaft Hohenstein, war kurbrandenburgischer Kommissar zur Untersuchung des Steuerwesens in der Grafschaft und später Inspektor über die hohensteinischen Städte Ellrich, Bleicherode, Sachsa und deren Patrimonialgüter.[22]

---

15 Vgl. NLA Abt. Wolfenbüttel 1 Alt 31 Hohnstein Nr. 73, Bl. 1. Etwa um 1600 heiratete Bürgermeister Johannes Reiff in zweiter Ehe die Witwe des inzwischen verstorbenen Münzmeisters.

16 Vgl. KUHLBRODT, Alt-Ellrich, S. 72.

17 BAHRFELDT, Ellrich und Clettenberg, S. 412.

18 SCHMALING, Hohnsteinisches Magazin, S. 408.

19 Mit diesem „Herrenhaus" hatten bereits 1563 die Grafen von Honstein den Peter de Labousier belehnt. In diesem *vor dem Thore gegen der Frauenberges Kirchen gelegenen Wohnhause* (LASA Magdeburg, A 13, Nr. 775, Bl. 71) residierte jetzt Caspar Heinrich de Labusier, den Graf Johann VIII. am 28. September 1654 damit belehnte. Vgl. LASA Magdeburg, U 12 b 1, Nr. 70 und KUHLBRODT, Alt-Ellrich, S. 28.

20 So bei SCHRÖTTER, Stettin, 1991, S. 160; oder bei RITTMANN, Geldgeschichte, S. 267 und bei FRIEDENSBURG, Münzkunde, S. 117.

21 Biographisches Lexikon: http://mmlo.de/13547 (letzter Zugriff: 17.04.2023), geboren um 1640 in Clausthal; Münzmeister in Ellrich 1672–1675, in Mühlhausen 1676.

22 Vgl. SELLMANN, Mühlhausen, S. 15.

Laut Vertrag wurde Wefer zum Münzmeister bestellt.[23] Er erhielt vom 11. Mai 1673 an 250 Taler Jahreslohn und freie Wohnung, bei vierteljähriger Kündigung. Den Silber- und Kupferkauf wollte der Graf selbst in die Hand nehmen. Wefer hatte 1.500 Taler Kaution zu stellen.[24] Caspar Heinrich v. Labousier, seit 1654 der Hausherr in seinem *vor dem Thore gegen der Frauenberges Kirchen gelegenen Wohnhause* – d. h. dem ehemaligen Junkerhof – spielte sicher in der neuen Münze eine wichtige Rolle. Am 26. Mai 1673 ließ der gräflich hohensteinische Kanzler Johann Heinrich Reppel den Wefer seinen Münzmeistereid *in beysein Mons*[ieur]*s. Maliverné, des von Labousiers senior und Hern Rohden von Halberstadt* ablegen.[25] Johann Rohde war als Vertreter der Halberstädter Regierung anwesend. Man kann also annehmen, dass die Münzstätte Ellrich der kurbrandenburgischen Regierungen in Halberstadt und Berlin von Anfang an bekannt gewesen ist.

Wefer verpflichtete sich, wöchentlich 200 Mark Feinsilber zu verarbeiten. Woher aber sollte das Silber kommen? Die Reichsgesetze bestimmten, dass nur derjenige eine eigene Münze betreiben durfte, der eigenes Bergsilber vermünzen konnte. Ansonsten hätte er in einer Kreismünzstätte prägen lassen müssen. Man muss es dem Grafen Gustav zugute halten, dass er sich von Anfang an um eine Legalisierung seiner Ellrich-Klettenberger Münzstätten bemühte, indem er schon 1672 im Südwestharz nach Erzen schürfen lassen wollte. Für eine Mutung im Lauterberger Revier, Amt Scharzfeld, beantragte er weitreichende Privilegien, auf die sich das Bergamt jedoch nicht einlassen wollte, so dass das Unternehmen scheiterte, bevor es begonnen hatte.[26] Gustav versuchte es nun im Revier von St. Andreasberg. Hier war die Situation im Erzbergbau nicht mehr so günstig wie 50 Jahre zuvor. Silberproduktion und Gewinn aus den Gruben waren großen Schwankungen unterworfen. Auch waren Arbeitskräfte knapp geworden. Der Graf ließ in den Jahren nach 1673 in Andreasberg umfangreiche Schürfarbeiten durchführen und zog dadurch Arbeiter aus anderen Gruben ab, wodurch er sich beim Bergamt unbeliebt machte. 1675 ließ er sich die Mutung der Grube Samson übertragen, deren Betrieb er jedoch 1687 einstellte. Das Bergamt drohte wegen des Mangels an Arbeitskräften allen, die für den Grafen arbeiteten, den Verlust ihrer Bergfreiheiten und schwere Strafen an.[27]

Bisher unbekannt ist sein Versuch, in den Abbau von Silbererz der Grube Glücksrad im Revier Oberschulenberg auf dem Bockswieser Gangzug nördlich

---

23 LASA Magdeburg, A 13, Nr. 775, Bl. 1–3.

24 BAHRFELD, Ellrich und Clettenberg, S. 361.

25 LASA Magdeburg, A 13, Nr. 775, Bl. 24 und 27. Ein Philipp Maliverné gehörte zum Gefolge des Grafen Johann VIII. von Sayn-Wittgenstein und wird 1650 als Hofmeister von dessen Söhnen Johann Friedrich und Gustav erwähnt.

26 LIEßMANN, Kupfererzbergbau, S. 26 f. und S. 37.

27 NIEMANN, Bergbau, S. 49 f.

von Clausthal-Zellerfeld einzusteigen. Die Grube Glücksrad war seit Anfang der 1670er-Jahre in Betrieb. Am 16. Juni 1689 konfirmierten und ratifizierten die Herzöge Rudolf August und Anton Ulrich von Braunschweig-Lüneburg (Wolfenbütteler Linie) sowie Herzog Ernst August von Hannover einen Kontrakt des Grafen Gustav mit den Gewerken der Grube Glücksrad über den Bergbau. 1689 muss sich in der Grube bereits ein Aufschwung abgezeichnet haben, da die Erze gute Silbergehalte aufwiesen.[28] So konnte er immerhin nach außen eigene Bergbauaktivitäten nachweisen, auch wenn die Ausbeute noch so gering war.

Die Hildesheimer Schutzjuden Nathan David und Calmon Salomon verpflichteten sich laut Vertrag vom 20. Juni 1674, wöchentlich für 4.000 bis 5.000 Reichstaler Silber zu beschaffen und die geprägten Münzen nicht im Hohensteinschen, sondern nur *an fremden Orten* auszugeben, „ein Beweis für ihre mangelhafte Güte" (v. SCHRÖTTER). Später kamen noch David und Isaak Fränckel hinzu, beide ebenfalls Hildesheimer Juden. Der Preis für die Mark Feinsilber wurde auf 10 Reichstaler 10 Groschen 6 Pfennig festgesetzt

Wie aber gezeigt werden wird, floss das Silber noch aus ganz anderen Quellen nach Ellrich. Dass auch einige Nordhäuser Kaufleute ihre Hand im Spiel hatten, ist bisher nicht bekannt gewesen, ist aber durch die Untersuchung der kurbrandenburgischen Münzkommission nachgewiesen worden. Darauf wird noch einzugehen sein.

Anfangs wurden Mariengroschen, Dreier und Gutegroschen geprägt, seit 1673 auch ½-Gulden und Gulden (⅔-Taler). Entgegen dem Verbot sind doch geringhaltige Münzen auch in der engeren Umgebung in Umlauf gebracht worden, denn Graf Gustav wandte sich am 4. April 1674 an seine Untertanen und klagte, dass sich eigennützige Leute unterstanden hätten, *allerhand grobe und kleine Müntze zu tadeln und selbige anzunehmen* verweigert – *ehe selbige weder von Reichs- noch Crayß Ständen am wenigsten devalviret worden.* Er befahl bei 50 Talern Strafe, alle Münzen *vor voll anzunehmen und außzugeben.*[29] Später lehnte sogar die hohensteinsche Regierung die Annahme des eigenen Geldes ab. In der benachbarten Grafschaft Schwarzburg erzählte man sich, dass die hohensteinsche Regierung die eigene Münze nicht annehmen wollte, *sondern zu den Gefällen anderes Geld hat geliefert werden müssen.*[30]

---

28 Die Regesten Nr. 195 und 197 im Fürstlichen Archiv Sayn-Wittgenstein-Hohenstein in Bad Laasphe. Digitale Westfälische Urkunden-Datenbank: http://www.westfaelische-geschichte.de/que13308 und http://www.westfaelische-geschichte.de/que13309 (letzter Aufruf: 17.04.2023). Ich bedanke mich bei Herrn Prof. Dr. Wilfried Ließmann für Hinweise zum Verständnis der beiden Urkunden-Regesten.

29 LASA Magdeburg, A 13, Nr. 775, Bl. 10. BAHRFELDTS Jahresangabe 1677 ist als Druckfehler anzusehen.

30 LATh-StA Rudolstadt, Kanzlei Arnstadt, Nr. 1188.

Das Geschäft florierte so sehr, dass Gustav mit seinem Vetter Georg Wilhelm von Sayn-Wittgenstein-Berleburg (1636–1684) eine weitere Münzstätte in Berleburg einrichtete und dort zunächst bis ca. 1682 prägen ließ.

Wegen ihres üblen Rufes wurden die Ellricher Münzen in Kursachsen im Wert herabgesetzt. Der Münzprobationsabschied der drei Reichskreise Franken, Bayern und Schwaben am 7./17. November 1674 errechnete für den *ganzen Guldner, unter Herrn Grafens Gustavi, zu Sayn Gepräg mit der Jahrzahl 1674. an deren 100 fl. Schaden und Abgang 17 fl. 2 Pf.*[31] Ein kursächsisches Münzedikt, Dresden, den 8. Dezember 1674, forderte, die 16-Groschen-Stücke oder ⅔-Taler der gräflich-sayn-wittgensteinischen Münze mit der Jahreszahl 1674, dem Münzmeister-Zeichen I Z W (Julius Zacharias Wefer) und der Devise PIE ET CAUTE für nur 15 Groschen anzunehmen.[32]

Auch die Halberstädter Regierung ging gegen die Münze vor. Graf Gustav klagte in Berlin wegen Entführung und Inhaftierung seines Münzmeisters. Am 3. Mai 1675 sei eine bewaffnete Mannschaft aus Halberstadt in Ellrich eingefallen, habe Wefer zusammen mit der Probier- und Fahrbüchse[33] mit Gewalt ergriffen, auf einen Karren gesetzt und durch braunschweig-lüneburgisches Territorium nach Halberstadt gebracht, *allwo er noch wie ein Übelthäter, so schon convinciret, überführet oder condemniret ist, in Ketten und Banden gehalten und noch gehalten wird.* Am 23. August 1675 befahl Kurfürst Friedrich Wilhelm die Freilassung Wefers und forderte, dass die Ellricher Münze nach dem gebräuchlichen Münzfuß arbeiten müsse.[34] Schon Anfang 1676 bemühte sich Wefer durch Vermittlung seines Vaters Lippold Wefer, eines früheren braunschweig-lüneburgischen Münzmeisters, um eine neue Anstellung in Mühlhausen. Er prägte hier bis Mitte Juli 1676 geringwertige ⅔-Stücke und brachte nach und nach die feine Mark zu 10 Talern 19 Groschen aus.[35] Die Prägetätigkeit von ca. zweieinhalb Monaten erwies sich für die Stadt als Verlustgeschäft und schadete dem Ansehen des Mühlhäuser Geldes im Reich, so dass die kaiserliche Kommission 1689 das Münzwesen der Reichsstadt voller Misstrauen beobachtete.

---

31 HIRSCH, Münz-Archiv 5, S. 59.

32 LATh-StA Rudolstadt, 5-14-1120, Nr. 1338.

33 Die Fahrbüchse war ein wichtiger Bestandteil des Prägeprozesses. Der Wardein hatte das Probieren vorzunehmen und war für die richtige Mischung der Masse verantwortlich, aus der eine gewisse Menge zu prägender Münzen hergestellt werden sollte. Er hatte deshalb die Tiegelprobe aus dem fließenden Metall und nach vollendeter Münzung die Stockprobe zu nehmen, sie zu prüfen und entsprechend dokumentiert auf einem versiegelten Zettel, der die Summe und das Datum der Fertigstellung des Werkes trug, in die Fahrbüchse zu legen. Die Fahrbüchse war also eine Münzprüfungsbüchse (nach SCHRÖTTER).

34 LASA Magdeburg, A 13, Nr. 775, Bl. 34.

35 SELLMANN, Mühlhausen, S. 20–23.

Während Wefers Haftzeit war der Münzmeister Peter Löhr eingestellt worden. Er prägte 1675 und 1676 mit seinen Initialen P L.[36] Nach BAHRFELDT prägte neben ihm und auch noch nach ihm Henning Müller. Wie ILISCH feststellte, entsprachen die Ellricher Prägungen der Jahre 1672 bis 1675 „der traditionellen handwerklichen Ausmünzung des Mittelalters. Der Oberstempel wurde mit der Hand gehalten, wodurch die Längsachsen von Vorder- und Rückseite in keinem festen Verhältnis stehen."[37]

Wegen der Anstellung des Peter Löhr beschwerte sich von Nordhausen aus am 24. September 1675 Wefer bei der gräflichen Regierung.[38] Wefers Schreiben lässt die Annahme zu, dass bereits vor Beginn des Jahres 1676 begonnen wurde, in Klettenberg zu münzen. Gleichwohl ist in Ellrich noch bis Ende 1675 gemünzt worden. Das geht aus dem Auszug einer Münzrechnug hervor, den der tüchtige kurfürstliche Münzkommissar Ernst Söldner 1693 bei der kaiserlichen Münzkommission sicherstellte. Er beinhaltete die Lieferung von Reichstalern durch zwei Nordhäuser Kaufleute in den Monaten Oktober bis Dezember 1674 und in den letzten Monaten 1675 auf die Ellricher Münzstätte laut der von dem Münzschreiber Johann Reppel geführten Rechnungen.[39] Ihre Münzlieferungen nach Ellrich werden an anderer Stelle ausführlicher zur Sprache kommen.

In den ersten Monaten des Jahres 1676 wurde die Münze endgültig nach Klettenberg verlegt, keine 7 km Luftlinie von Ellrich entfernt. Das Dorf ist heute ein Ortsteil der Gemeinde Hohenstein im Landkreis Nordhausen. Die neue Münze war mit einem mit Wasser betriebenen Walzenprägewerk ausgestattet, wodurch rationeller geprägt werden konnte und sich der Prägeumfang erheblich vermehren ließ.[40] Darin ist der Grund für die Verlegung nach Klettenberg zu sehen. Der neue Standort war noch abgelegener als Ellrich, gleichwohl aber in der Nähe des Harzer Silbers gelegen. Für einen Mühlenbetrieb war der ständige Wasserfluss des aus dem Sachsgraben abgeleiteten Mühlbaches ausreichend, der im Ort einst sechs Wassermühlen antrieb. Schon die zweite Mühle war die ehemals gräfliche Münzmühle. Und nach Wernickes Chronik (BEITRÄGE, § 24) hieß „noch heute ein hier liegendes Ackerstück des Amtes

---

36 Biographisches Lexikon: https://mmlo.de/12495 (letzter Zugriff: 17.04.2023). Geboren um 1620 in Goslar; Münzmeister in Paderborn (1653–58), Göttingen (1659–63), Hildesheim (1663–65) und Northeim (1665–71). Ellrich wird nicht erwähnt.

37 ILISCH, Berichte Münz- und Medaillenkunde, S. 143.

38 LASA Magdeburg, A 13, Nr. 775, Bl. 47 f. BAHRFELDT las fälschlich 1676. Wir müssen also die Datierung des Umzuges nach Klettenberg früher ansetzen.

39 Ebd., Nr. 1414, Bl. 222.

40 SCHNEIDER, Falschgeld, S. 387 f.; DERS., Hanauer Münze, S. 98 f. und ILISCH, Kunstwerk. Das Walzenprägewerk war eine Vorrichtung, in der die Zaine, d. h. die langen dünnen silbernen Gussbarren, zwischen zwei mit Stempeln versehenen Walzen hindurchgetrieben wurden. Es wurde auch Druckwerk genannt.

das Münzfleck". Der Ellricher Inspektor und Oberpfarrer Schmaling kannte ihre Lage noch genau: „Die alte gräfliche Mühle aber war unten im Dorfe an einem Berge, wo jetzt die Willigsmühle."[41] Vom einstigen Mühlbach ist nichts mehr vorhanden.

Henning Müller, der hier bis 1678 prägte, war einer „jener Unternehmer, die mehrere Münzstätten betreuten, die zu Sondershausen 1675–82 und die zu Gotha 1681–83; 1684 wurde er Münzmeister in Wittgenstein".[42]

Graf Gustav stellte in Klettenberg für die Berleburger Münze am 17. Februar 1675 den Johann Büstelmann, ehemaligen Münzmeister in Wernigerode, als Münzmeister ein.[43] Er hatte inzwischen durchaus standesgemäße Gesellschaft bekommen, denn auch Stolberg, Schwarzburg-Sondershausen, Sachsen-Eisenach, Anhalt-Zerbst und andere betrieben eigene Heckenmünzen.

Der Kaiser stand von Anfang an dem zinnaischen Fuß ablehnend gegenüber. 1676 verbot er alle Heckenmünzen. Ein kaiserliches Dekret vom 12./22. Dezember 1676 wiederholte das Verbot des Zinnaischen Fußes. Es bewirkte jedoch, dass von nun an die ständig schlechter werdenden Zweidrittel (Guldiner) gern mit der Jahreszahl 1676 geprägt wurden, um den Anschein zu erwecken, dass die betreffenden Münzen vor jener Verordnung geprägt worden seien.[44] Solche Nachprägungen mit zurückgesetzten Jahreszahlen haben in den 1680er-Jahren in großen Mengen unter Herzog Friedrich I. die Münzstätte Gotha verlassen, sind aber auch in Weimar, Arnstadt und anderen Orten nachweisbar. Wegen der beständigen Erhöhung des Silberpreises begegnete die Bevölkerung den neuen Prägungen mit großem Misstrauen, „während ‚ältere' Prägungen offenbar unbedenklich angenommen wurden und zumindets zeitweise in ihrem wahren Gehalt unerkannt blieben".[45] Diese Gulden mit der Jahreszahl 1676 widerrief das Kursächsische Münzedikt vom 27. Juni 1678.[46] Bei den neuen Gulden mit der Jahreszahl 1676 fehlen die Buchstaben des Münzmeisters. Dennoch seien viele von ihnen der Klettenberger Münze zuzuweisen, urteilte ILISCH. Das Porträt des Grafen Gustav entspreche in vielen stilistischen Einzelheiten der Prägung Peter Löhrs aus Klettenberg 1676.[47]

---

41 SCHMALING, Hohnsteinisches Magazin, S. 343 f. 1696 sollen die Münzgebäude als Ölmühle verpachtet worden sein. Später kamen sie an die Familie Apel, deren Nachkommen noch heute ihre Eigentümer sind. Bis 1954 soll hier noch eine Getreidemahlmühle in Betrieb gewesen sein.

42 SCHRÖTTER, Heckenmünzen, S. 134.

43 GROßMANN, Berleburg, S. 250. Vgl. auch SCHNEIDER, Münzwesen, S. 239.

44 SCHNEIDER/KRAHE, Böses Münz-Wesen, S. 22.

45 STEGUWEIT, Gotha, S. 92.

46 HIRSCH, Münz-Archiv 5, S. 98.

47 Vgl. ILISCH, Berichte Münz- und Medaillenkunde, S. 144.

Ein solcher Gulden des Grafen Gustav mit der Jahreszahl 1676 verrät seine Herkunft aus einem so genannten Taschenwerk, wenn er leicht oval und gebogen ist. Taschenwerke wurden aus den Walzenprägewerken entwickelt und waren bis weit in das 18. Jahrhundert im Gebrauch. Wollte ein Münzherr eine große Menge Münzen prägen, nahm er zusätzlich ein oder mehrere handbetriebene und leicht zu transportierende Taschenwerke in Betrieb.[48] Für das illegale Prägen waren Taschenwerke von Vorteil, weil das Prägen in relativer Stille erfolgte und diese Geräte bei der Gefahr drohender Entdeckung leicht entfernt werden konnten. Das geschah sicher 1683 und 1690, als das kurbrandenburgische Militär fast nichts von Münzinstrumenten vorfand.

Abb. 3:
⅔-Taler (Gulden), wahrscheinlich aus der Münzstätte Klettenberg (um 1680), Vorderseite: Porträt des Grafen Gustav, Umschrift: GUSTAV·G·Z·S·W·V·HON ·H·Z·H·V·N·L·V·C = GUSTAV·GRAF·ZU·SAYN·WITTGENSTEIN· VND·HONSTEIN·HERR·ZU·HOMBURG·VALLENDAR·NEUMAGEN· LOHRA·VND·CLETTENBERG; Rückseite: Wappen der Grafen seit 1653. Umschrift: TANDEM FORTUNA OBSTETRICE. „1676" zurückgesetzt. Unten im Oval die Wertangabe ⅔. Der Gulden ist leicht oval und gebogen, da er aus einem Taschenwerk stammt; Durchmesser: ca. 39 mm

Immerhin scheint die Prägetätigkeit in Klettenberg ins Stocken geraten zu sein. Am 27. Juli 1680 klagte Kurfürst Friedrich Wilhelm über das Ausmünzen der geringhaltigen Sorten in der Grafschaft Hohenstein und befahl der Halberstädter Regierung, *dem Grafen solches zu untersagen*, und er drohte, widrigenfalls das gemünzte Geld zu konfiszieren und die Münzstätte aufzuheben.[49] Ein kurbran-

48 Schrötlinge (das waren vom Zain abgetrennte Stücke Münzmetall, aus denen die zur Prägung vorgesehene Metallscheibe hergestellt wurde) wurden von zwei durch einen Hebel über ein Zahnradwerk gegeneinander bewegten Stempeln von pilzförmigem Querschnitt geprägt. Vgl. SCHNEIDER, Falschgeld, S. 388 und DERS., Hanauer Münze, S. 98 f.

49 BAHRFELDT, Ellrich und Clettenberg, S. 413.

denburgisches Münzedikt vom 15. April 1683 legte genau fest, welche Münzsorten in den Landen des Kurfürsten, *in specie* im Fürstentum Halberstadt, gelten sollten.[50]

1681 schloss Gustav einen erneuten Überlassungsvertrag mit seinem Berleburger Vetter „und ließ nach hessischen und rheinischen Vorbildern silbernes Kleingeld prägen". Diese Prägung verlegte er 1682 nach Schwarzenau in der Grafschaft Sayn-Wittgenstein-Wittgenstein. Nach ILISCH ließ er dort sogar Kleingeld prägen, das einen Silbergehalt nur durch verzinntes Kupfer vortäuschte und somit eigentlich schon Falschgeld war. 1684 verlegte er die Prägung in das Schloss Wittgenstein, wo bis 1688 viele ⅔-Taler mit falschen Jahreszahlen entstanden.[51]

Ob die Münzstätte Klettenberg während der Pestzeit 1681/83 stillgelegt wurde, ist nicht bekannt. Die Contagion, wie die Pest in den Quellen zumeist genannt wurde, brach im Ort Ende Oktober 1681 aus und endete Ende Oktober 1682. Klettenberg hatte mit 152 Pesttoten in der Grafschaft die meisten Opfer zu beklagen, sieht man einmal von dem im Oberharz gelegenen Benneckenstein ab, wo in beiden Ortsteilen, dem hohensteinschen und dem Schwarzburger Teil, 451 Personen der Seuche erlagen.[52] Die Ursache für die zahlreichen Opfer dürfte darin zu sehen sein, dass der Ort als Sitz der gräflichen Residenz und der Heckenmünze häufiger als andere Orte von Fremden (z. B. Lieferanten) aufgesucht wurde.

Dass die Münzstätte 1683 gewaltsam zerstört worden sei, ist keineswegs sicher. Münzmeister Johann Daniel Friese[53] überprüfte ihren Zustand im Auftrag des Grafen und fand die Gebäude in einem *ruinirten stande* und fast nichts, was zum Münzwesen zugehörig war. Hofrat Leonhard Weiler von der Halberstädter Regierung hätte alles mitgenommen, so *den kleinen Durchschnidt, Taschenwerck, 2 große scheren, 1 neue Siedtschalle, 2 gr. neue Becken, quetzschalen, alle gewichte, die große Silberwage und was sonsten noch unbewußt ist.* Friese drängte auf rasche Wiederherstellung der Münze, denn die Leipziger Ostermesse stehe bevor, *darin ein guter provit zu machen wehre.*[54]

Die Ruinierung der Münze war wohl nur oberflächlich, denn schon am 12. März 1684 schlug Friese vor, *doppelt gute Groschen* zu schlagen. Nach seinem Weggang prägten hier die Münzmeister Johann Leonhard Arensburg, Thomas

---

50 StadtA NDH, 1.2./ IV H 1, Bl. 141.

51 ILISCH, Kunstwerk; ferner SCHNEIDER, Vater der Heckenmünzen, S. 414.

52 Nach Klettenberg folgten Mörbach mit 78, Obersachswerfen mit 54, Großwerther mit 38, Bleicherode mit 35 und Branderode mit 30 Pestopfern. Vgl. LASA Magdeburg, A 13, Nr. 809, Bl. 85.

53 Daniel Friese (1644–1700) aus Goslar, Münzmeister in Klettenberg und in Wolfenbüttel seit 1697. Biographisches Lexikon: https://mmlo.de/12497 (letzter Zugriff: 17.04.2023).

54 LASA Magdeburg, A 13, Nr. 775, Bl. 111.

Ludolf Koch, Wardein Johann Konrad Meyer und Johann Christoph Bähr (1687–1688), vorübergehend auch Heinrich Christoph Hille.[55] Nur diesen nannte LEITZMANN. Er sollte die verfallene Münzstätte wiederherstellen. Dabei sei ausdrücklich bestimmt worden, Silbermünzen mit dem Brustbild des Grafen zu prägen, die zur Abtragung einer Schuld an den späteren Kurfürsten Friedrich III. verwendet werden sollten.[56] Aus einer Aussage des Münzmeisters Andreas Dittmar darf man wohl entnehmen, dass die Prägetätigkeit 1684 besonders intensiv war. Dittmar teilte im Mai 1706 in Saalfeld dem Münzkommissar Johann Heinrich von Obernitz[57] mit, was ihm über die Heckenmünzen Klettenberg und Sondershausen bekannt war. Über die Münzprägung in Klettenberg sagte er aus: 1684 habe der Graf dort mit einem Wasserdruckwerk und einer Druckmünze eine große Quantität geringhaltiger ⅔-Stücke schlagen lassen mit unterschiedlichem Gehalt,

> *daß nemlich die beschickte Marck zu 7. 8. 9. und 10. löthig befunden und also die feine Marck Silber zu 13. 14. 15. 16. 17. biß 18 rthlr. ausgemüntzet, das quantum solcher täglichen Ausmüntzung ist zu 7. bis 8.000 rthlr. geschehen, und hat erst den Anfang die 3 Jahre gedauert. Wann man nun durch die Banck täglichen bey die 500. Marck fein rechnet, were Wöchentlich 10500 rthlr., und in einigen Jahre 54600 rthlr., und also die drey Jahr 1638800 rthlr., thut sechzehn Tonnen Goldes und Dreißig Achttausend Reichsthaler.*[58]

Doch nach anderen Aussagen, so etwa der Ehefrau des Grafen Gustav, soll einige Zeit vor 1687 in Klettenberg gar nicht gemünzt worden sein!

Arensburg, der nach v. SCHRÖTTER des Grafen Gustav rechte Hand im Münzgeschäft war und „wie kein anderer sich mit dem Grafen verstand", ging schon nach kurzer Zeit nach Wittgenstein.[59] Er gehörte nach SCHNEIDER während der zweiten Kipperzeit „zu den besonderen Meistern seines Faches".[60]

---

55 Biographisches Lexikon: https://mmlo.de/12710 (letzter Zugriff: 17.04.2023). Hille ist dort nur als Münzmeister in Braunschweig ab 1689 genannt.

56 LEITZMANN, Wegweiser Münzkunde, S. 728.

57 Vgl. zu Obernitz und anderen Münzkommissaren Kapitel 3.2.

58 RHR Miscellanea Münzwesen 33-2 (unpaginiert).

59 Johann Leonhard Arensburg (1660–1719) gilt als einer der erfolgreichsten Heckenmünzer jener Zeit und „war von 1668 bis 1699 im Geschäft" (SCHNEIDER, Vater der Heckenmünzen, S. 415). Er stammte aus Vienenburg, begann seine Tätigkeit 1668 an der Münzstätte Rottleberode/Grafsch. Stolberg; 1669 und 1670 münzte er in Anhalt-Zerbst und Magdeburg. 1671 war er Wardein im stolbergischen Wernigerode, dann Münzmeister in Halberstadt. 1679–83 prägte er in Magdeburg, 1684 in Anhalt-Zerbst. Kurze Zeit betrieb er 1684 die Heckenmünze Klettenberg und von 1684–1687 in Wittgenstein. 1686 war er auf der Münze Westerburg „mehr Unternehmer und Agent als technischer Leiter" (SCHNEIDER). Er setzte sich nach Magdeburg ab, war 1687 Münzmeister des Herzogs

Die geschlagenen Gulden waren von denkbar schlechter Qualität. Ein Probierung, d. h. Überprüfung der Münzen auf Einhaltung des gesetzlich vorgeschriebenen Münzfußes, durch den fränkischen Generalkreiswardein Peter Paul Mezger 1691 ergab für den Wittgensteiner Gulden 10,864 g, 10,135, 9,961, 9,257, 7,308, 6,821, 5,325 und schließlich 2,484 g Feinsilber je Stück (nach v. SCHRÖTTER wären die letzten wohl private Fälschungen gewesen), wobei sogar 17 Gulden auf eine kölnische Mark kamen. Nach dem Zinnaer Fuß hätte der Gulden 14,8489 g, nach dem Leipziger Fuß 12,992 g Silber halten müssen.[61]

1680 verbot Kursachsen die Hohensteiner Gulden. Am 30. Juli 1685 erklärte Kurprinz Friedrich, der spätere König in Preußen, dass die Klettenberger Münze große Mengen sehr geringhaltiger ⅔-Stücke auf der Messe zu Frankfurt/Oder ausgegeben habe, wodurch Kurbrandenburg großer Schaden entstanden sei. Ein Münzedikt des Herzogs Ernst August von Hannover vom 6. November 1685 warnte unter anderem vor den schwarzburgischen, wittgensteinischen und stolbergischen groben Münzsorten. Sie sollten *gäntzlich verruffen seyn*.[62]

Auch auf Schloss Wittgenstein wurde das Prägen immer gefährlicher. 1687 traf hier eine kaiserliche Untersuchungskommission ein und beendete die Münzprägung. 1688 rückten noch einmal hessen-kasselsche Truppen an, um die Stilllegung zu überprüfen. Das in der Nähe gelegene Münzwalzwerk Feudingen legten sie still.[63]

Für die Endzeit der Klettenberger Münze sind zwei Briefe bedeutsam, die 1687 in Berlin verfasst wurden. Als Kurfürst Friedrich Wilhelm immer ungeduldiger auf Abtretung der Grafschaft drängte, legte sich Graf Gustav wiederum auf Bitten und Unterhandlungen. Im Mai 1686 sandte er seine Räte Johann Georg des Georges und Jacob Heldberg zu persönlichen Gesprächen nach Berlin. Diese zogen sich mit Unterbrechungen bis weit in das Jahr 1687 hinein, als der Kurfürst schon schwer leidend war und seinem Ende entgegen sah. Am 26. Juni 1687 (alten Stils) traf auch Gustavs Gemahlin, die Gräfin Anna Hélène in Berlin ein. Auch ihr ältester Sohn Henrich Albrecht hielt sich in Berlin auf. Wie aus dem Folgenden hervorgeht, war eine Audienz der Gräfin mit ihren beiden Töchtern wegen der Abtretung der Grafschaft im Juli 1687 erfolglos geblieben. Am 29. September richtete die Gräfin einen Bittbrief an den Kurfürsten, der nur als Konzept vorliegt, aber höchstwahrscheinlich auch in Rein-

---

von Sachsen-Weißenfels in Barby, 1688–95 in der Heckenmünze Stettin. Vgl. SCHNEIDER, Vater der Heckenmünzen, S. 415; auch Biographisches Lexikon: https://mmlo.de/12222 (letzter Zugriff: 17.04.2023).

60 SCHNEIDER, Vater der Heckenmünzen, S. 415.

61 SCHRÖTTER, Heckenmünzen, S. 123, 182, Beilage 2, Nr. 4–12.

62 HIRSCH, Münz-Archiv 5, S. 189.

63 ILISCH, Kunstwerk.

schrift ausgefertigt dem Kurfürsten ausgehändigt worden ist. Er enthält im Zusammenhang mit der Klettenberger Heckenmünze einige erstaunliche Äußerungen und soll daher hier auszugsweise zitiert werden:

> [...] *Als lebe der underthänigsten confidence Ew. Churfürstl. Durchl. werden diesen Unsern jezigen miserablen Zustand, darzu Wir ohne Unsere schuld, durch einlösung der mit schulden beladenen Grafschaft Wittgenstein gekommen, gnädigst beherzigen, und Von dem in der Grafschaft Honstein fallenden contributions contingent drey bis Vierhundert th. monathlich Wie Vor einigen jahren gesch*[ehen] *gnädigst gönnen, auch bis Zu gänzlicher Vollziehung dieser handlung und abtrettung der Grafschaft damit continuieren laß*[en]. *Damit mein Eheherr ferner subsistieren und der Handlung gebührend abwarten möge.*
> *Weilen nun einige jahre her das münzwesen Zu Clettenberg gänzlich still gelegen, andere benachbahrte stände aber darinnen ohne contradicierung bishero bestand*[en] *und solches fortgeführt, als will gleichfals underthänigst gebethen haben, angesehen doch die gelter, so auf den jezigen Fuß Von andern üblichen fuß, ausgemünzet werden, in Pohlen, Moscau, und andern fernen landen, da dieselbe angenehm und also dem Römischen Reich auch Ew. Churf. Durchl. kein schaden oder nachtheil Zugezogen wird, hingebracht werden, denen Liveranten und Kaufleuthen, so etwa einige Silber liefern, die münz hingegen durch dero Lande an obgedachte örter verführen, einen freyen paß und repass gnädigst zu ertheilen, damit dieselbe nicht angehalten und in unwiederbringlich*[en] *schad*[en] *gesezt werden mög*[en], *es dient dieses Zu obiger underthänigsten intention und beßere subsistenz.*[64]

Erstaunlich ist die Aussage der Gräfin, wonach die Münze in Klettenberg seit einigen Jahren still gelegen sei, während andere benachbarte Stände ohne Ein- oder Widerspruch *(contradicierung)* ungehindert münzen konnten. Auch FRIEDENSBURG nahm ja an, dass die Münzstätte nach ihrer ersten Zerstörung erst 1687 noch einmal in Betrieb genommen worden ist.[65] Es ist also durchaus nicht sicher, wie sich die Geschichte der Klettenberger Münze zwischen 1683 und 1687 gestaltet hat.

Erstaunlich ist auch ihre Feststellung, dass das geringhaltige Geld in fernen Gegenden, etwa in Polen oder Moskau, abgesetzt werden sollte und dadurch dem Reich und insbesondere dem Kurfürstentum Brandenburg kein Schaden entstände. Noch erstaunlicher ihre Bitte, der Kurfürst möge den Silberlieferanten und denjenigen, die das schlechte Geld *an obgedachte örter* verführen, eine sichere Durchreise durch Ausstellung von Pässen garantieren. Ihr musste bewusst sein, dass der Kurfürst schon seit Jahren über die Klettenberger Heckenmünze informiert war. Hatte sie aber Grund zur Annahme, dass er dieses Trei-

64 LASA Magdeburg, A 13, Nr. 1402, Bl. 62 f.
65 FRIEDENSBURG, Münzkunde, S. 117.

ben durch Ausstellung von Pässen tolerieren oder gar aktiv unterstützen und vielleicht noch einen Gewinn für sich herausschlagen werde? Für weitergehende Spekulationen öffnet dieser Brief Tür und Tor.

Auch das Schreiben eines der beiden gräflichen Räte vom 3. September 1687 an ihren Herren, den Grafen Gustav, ist für die Geschichte der Klettenberger Münze von Interesse. Darin heißt es: *Der Münzmeister von Goslar, Bähr mit nahmen, Verlanget, ehe das die münze zu Clettenberg fortgehe, und begehrt er keine fernere concession als einen freyen paß die gelter durch die Churf. Lande zu bringen.* Auch hier steht, dass die Arbeit der Münzstätte zurzeit ruhte. Auf eine zeitweilige Stilllegung der Klettenberger Heckenmünzstätte weist auch eine Äußerung des Kurfürsten von Brandenburg hin, der im Dezember 1687 der kursächsischen Regierung mitteilte, dass er die Klettenberger Münze habe niederlegen lassen.[66]

Wie konnte es Münzmeister Bähr wagen, als Bedingung für die weitere Prägetätigkeit die Ausstellung eines freien Passes zu verlangen, ähnlich wie die Frau Gräfin? Weiter heißt es, Graf Henrich Albrecht habe mit *dem von Kniphausen gesprochen* (mit dem kurfürstlichen Geheimen Rat Dodo II. Freiherrn von Innhausen und Knyphausen (1641–1698)[67]),

Welcher ihm gesagt das er von seinen geltern nichts wieder bekommen könnte. Handelte es sich hier um beschlagnahmtes Geld aus der Münze? Und weiter heißt es im Brief: […] *nach langen Difficulteten wegen der münz antwortet er ihme, er solte sich hier mit unkosten länger nicht aufhalten, sondern nach ihr hochgr*[äflichen] *gn*[aden] *reysen, mit denenselben accordieren, dann so bald deroselben resolution wegen der tractaten mit dem Churfürsten ankommen würde, solle das münzwesen fortgehen, das man also siehet, wie Ser*[enissimus] *Vor das man sich einläßet, sich wenig resolvieren werde, erwarte auch gnädige antwort ob der münzmeister dimittieren oder nach Clettenberg reisen solle, um seine Vorschläge anzuhören. Weren die gelter anderswo durchzubringen were nicht nötig hier zu sollicitieren Weil*[en] *ihr hochgr. gnd. das münz Regale zustehet.*[68]

Auch dieser Text lässt verschiedene Interpretationen zu. Sollte Henrich seinen Vater zur Zustimmung der vom Kurfürsten angestrengten Vindikation der Grafschaft überreden und dieser dafür mit kurfürstlicher Erlaubnis noch eine gewisse Zeit weitermünzen dürfen? Und welche Absichten verfolgte Dodo v. Innhausen und Knyphausen? Der Hofkammerpräsident – er war in diesem hohen Amt erst seit diesem Monat September 1687 – stand auch an der Spitze

66 BUCHHOLZ, Barby, S. 59.

67 Vgl. DEETERS, Walter: „Knyphausen, Dodo Freiherr von“, in: Neue Deutsche Biographie 12 (1980), S. 234 f. Online-Version: URL: https://www.deutsche-biographie.de/pnd119035200.html#ndbcontent (letzter Zugriff: 17.04.2023).

68 LASA Magdeburg, A 13, Nr. 1402, Bl. 53.

der kurbrandenburgischen Münzverwaltung. Folgen wir v. SCHRÖTTER, so ließ Dodo seit 1687 die Zwei- und Eindrittelstücke nach 12-Talerfuß ausbringen. „Zugleich stellte Brandenburg am Reichstage vor, daß es unmöglich weiter nach Zinnaschem oder gar altem Reichsfuße münzen könne, wenn nicht die Heckenmünzen zerstört würden und damit das Silber im Preis sinke." Nur die Kreismünzstätten sollten münzen dürfen, die Heckenmünzen sollten *forti manu* zerstört werden.[69] Wie vereinbarte sich dass mit seinen obigen Äußerungen? Und er musste doch auch wissen, dass Gustav nicht nach 12-Talerfuß ausmünzen ließ, sondern sogar über einen 16-Talerfuß hinausging. Das eigenartige Verhältnis Kurbrandenburgs zur Klettenberger Münze geht auch aus einer schriftlichen Äußerung des ehemaligen Gothaer Münzmeisters Johann Gottfried Wichmannshausen in seiner Klageschrift gegen einen Halberstädter Fiskal namens Gottlob Friedrich Meyer aus der ersten Hälfte der 1690er-Jahre hervor. Darin schrieb Wichmannshausen: Viel weniger könne ein Münzstand wie Kurbrandenburg eine neue, so sehr berüchtigte Heckenmünze wie die klettenbergische

> *authorisiren, zu mahlen da zum Clettenberge, wie dero Fiscali, und der Halberstädt. Cammer, als welche die Schlageschatz gelder, inhalts des Herrn Ober Commissarij Baron von Kniphausen eigenhändigen in vidimata copia sub K beygehenden und besigelten zeugnus die Clettenbergische schlageschatzgelder monatlich gehoben, die Mark fein alda vil schlechter als zu Gotha, und zwar besage Beylage sub N unter der falschen und zurückgesezten Jahrzahl 1676 zu 14 rthl 3 ½ gr, 15 rthl 10 gr 1 pf und 15 rthl 19 gr ausgemüntzet worden.*

Wollte der Fiskal dem Publikum seinen Eifer zeigen, so würde er im Fürstentum Halberstadt und der inkorporierten Grafschaft Klettenberg (richtig: Hohenstein) mehr als 100 Personen benennen müssen, *welche dahmahls an falscher schändlicher Clettenbergischer Ausmüntzung mit Rhat und That part genommen, nach seinen allegirten vermeintlichen Rechtsgründen, mit schwerd und Feur abzustraffen haben*, davon ganz zu schweigen, dass es hoher Häupter Respekt und Verehrung und die beharrliche Devotion eines treuen Dieners gebiete, von dieser Materie nicht noch weit mehr vorzustellen. Leider waren die vidimierte Kopie sub K und die Beilage sub N aus der Akte entfernt worden.[70] Jenseits von allen Spekulationen bleibt festzustellen: Graf Gustav durfte seine Heckenmünzstätte noch gut zwei Jahre lang weiter betreiben; seine Grafschaft hatte er dem Kurfürsten in absehbarer Zeit auszuliefern.

---

69 SCHRÖTTER, Münzwesen Brandenburg, S. 70 f.

70 LATh-StA Gotha, Geheimes Archiv BB Nr. 69, Bl. 79 f.

Als sich auch Ernst August von Hannover Beschwerde führend an den Kaiser wandte, habe dieser, wie der Göttinger Universitätsrat WOLFF meinte, eine Untersuchung durch den Residenten des Niedersächsischen Kreises und späteren Münzkommissar Theobald von Kurtzrock angeordnet, die am 16. April 1689 erfolgt sein soll, jedoch ohne Erfolg geblieben sei. Dass Kurtzrock auch die Münzstätte in Clausthal besuchte und dort zahlreiche Zeugen vernahm, die teilweise auf der Münze in Klettenberg gearbeitet hatten, trifft wohl für den Herbst 1689 zu. Diese Reise Kurtzrocks dürfte also zu diesem Zeitpunkt nicht erfolgt sein, sondern erst nach dessen offizieller Ankunft in Nordhausen im August 1689, wie aus dem Briefwechsel des Residenten mit der Wiener Zentrale hervorgeht.

Das Erscheinen der kaiserlichen Kommission am 19. August 1689 in Nordhausen rief auch Brandenburg auf dem Plan. In der zweiten Augusthälfte 1689 erschienen hier Beauftragte wahrscheinlich der Halberstädter Regierung und beschlagnahmten eine größere Menge Silber, das zum Vermünzen bestimmt war. Das geht aus einem Brief hervor, den Philipp Wilhelm Pfalzgraf bei Rhein, Kurfürst der Pfalz, Herzog in Bayern, Jülich, Cleve, Berg, Graf zu Veldenz, Sponheim (1615–1690), dem Kurfürsten zu Brandenburg sandte, einen Brief, den er von seinem Vasallen Karl Ludwig von Sayn-Wittgenstein-Neumagen (1658–1724)[71] erhalten hatte, zusammen mit der Bitte, in der darin erwähnten Sache eine *billigmäßige* Verordnung ergehen zu lassen. Karl Ludwig klagte darin (am 6. September 1689), er habe einiges Silbergeschirr seinem Schwiegervater, dem Grafen Gustav, unter dessen Namen und Bildnis zur Vermünzung übergeben. Nun hatte Karl Ludwig erst am 20. Juni 1689 Charlotte, Gustavs älteste Tochter, geehelicht und schon kurz darauf nichts Eiligeres zu tun, als einen Teil seines ererbten Familiensilbers in die Heckenmünze seines Schwiegervaters zu schleppen, um durch betrügerisches Vermünzen einen schnellen Profit zu erzielen. Jetzt habe aber zu seinem Unglück der Kurfürst von Brandenburg eine extraordinäre Kommission mit dem Auftrag verordnet, die Münzstätte seines Schwiegervaters zu visitieren – und das sei vor 14 Tagen geschehen, just in dem Moment, als sein Silber vermünzt werden sollte. Er habe einen Verlust von 5–6.000 Reichstaler erlitten und den Kurfürsten gebeten, ihm dieses zu ersetzen, doch habe er bis dato keine Antwort erhalten. Unterschrieben: Karl Gustav usw., Neuburg, den 6. September 1689.[72]

Wir wissen nicht, ob ihm Kurfürst Friedrich III. seine Bitte erfüllt hat; wichtig ist nur, dass hier ein Einschreiten Kurbrandenburgs sichtbar wird. Man wollte offenbar der kaiserlichen Kommission nicht das Feld überlassen.

---

71 Vgl. https://www.geni.com/people/Karl-Ludwig-Sayn-Wittgenstein-Neumagen-count-of-Sayn-Wittgenstein-Neumagen/6000000083265508862 (letzter Zugriff: 17.04.2023).

72 LASA Magdeburg, A 13, Nr. 777, Bl. 1–3.

Immerhin wurde am 21. Oktober 1689 ein offizielles Verbot der Klettenberger Münze ausgesprochen.[73] Der Kaiser entzog dem Grafen Gustav bis auf weiteres das Münzregal, mit den Worten: [...] *weil ihm höchst mißfälligst vorgebracht worden, wie daß du mit außmüntzung vielfältiger geringhaltiger Müntzsorten* [...] *einen unwiederbringlichen Schaden zugefügt hattest.* Wegen seines *unverantwortlichen Verfahrens* habe er sich selbst des Rechtes der Münzprägung beraubt.

Am 21. Februar 1690 forderte die Regierung zu Hannover den Kurfürsten Friedrich III. von Brandenburg auf, dem verderblichen Münzwesen ein Ende zu bereiten. Ein Kursächsisches Neues Münzmandat vom 4. März 1690 erklärte: *Weil aber die sogenannten Sayn-Wittichensteinische oder Hohensteinische in unterschiedenem Gepräge bestehende Zwey- und Ein-Drittel, absonderlich in gantz unverantwortlichen Abbruch zu befinden; Als sollen selbige sofort gäntzlichen verruffen seyn, und im Handel nicht weiter genommen werden.*[74]

Da sich bisher noch nichts geändert hatte und das betrügerische Münzprägen weiterging, griff die hannoversche Regierung zur Selbsthilfe. Sie befahl ihren Beamten und Forstbedienten, diesen Personen, die Harzer Silber zur Münze bringen oder später von dort wegführen wollten, das Handwerk zu legen. Als Beamte des Herzogs Ernst August am 12. Februar 1690 einen verdächtigen Silbertransport beschlagnahmen wollten, kam es zu einem Handgemenge. Die gräfliche Seite hatte jedoch für einen solchen Fall Vorsorge getroffen. Denn plötzlich erschien ein Trupp gräflich-klettenbergischer Reiterei und zwang die hannoversche Seite zum Rückzug. Am 21. Februar teilte die hannoversche Regierung diesen Vorfall dem brandenburgischen Kurfürsten mit und ersuchte dringend, diesem Unwesen ein Ende zu bereiten. Am 17. März kam von dort die Antwort, es sei Befehl erteilt, die Heckenmünze in Klettenberg auszuheben.[75]

An Selbsthilfe dachte auch die gräflich-schwarzburgische Regierung in Sondershausen, hatte man doch auch hier unter dem schlechten Klettenberger Geld zu leiden. Am 3. Juli 1689 wiesen die Räte in Sondershausen ihre Kollegen in Rudolstadt darauf hin, dass auf Sondershäuser Gebiet sich eine große Anzahl Wittgensteiner ⅔-Stücke *eingeschlichen* hätte, die man an anderen Orten nicht mehr loswerden könne. Man sei benachrichtigt worden, dass 222 Taler dieser Gelder 100 Speciestalern gleichkämen, so dass also davon 122 Taler Agio gegeben werden müsste.[76]

---

73 MÜLLER-JAHNCKE/VOLZ, Gräfliche Häuser Sayn, S. 290. Vgl. SAYN-WITTGENSTEIN, Geschichten, S. 59 f.

74 HIRSCH, Münz-Archiv 5, S. 270.

75 WOLFF, Heckenmünze Clettenberg, S. 301.

76 LATh-StA Rudolstadt, Kanzlei Sondershausen 5-14-1120, Nr. 1339.

Am 14. April 1690 erließ Graf Christian Wilhelm I. von Schwarzburg-Sondershausen (1647–1721)[77] eine Instruktion für seinen Hofrat Wilhelm Friedrich Werner mit der Anweisung, gegen klettenbergische Geldtransporte gewaltsam vorzugehen. Vermöge der ihm zustehenden Hoheitsrechte, Regalien und des *Juris confiscandi* sehe er sich gezwungen, solchem Unheil und Landesverderben als ein getreuer Reichsstand steuern zu helfen. Wollte er damit die durch sein schlechtes Ausmünzen angekratzte Reputation etwas aufpolieren? Der Hofrat solle darüber wachen, dass der gräfliche Hofamtsschreiber neben einer speziell dafür vereidigten Person *fleißig vigilire*, wenn Klettenberger geringhaltige Sorten nach Sondershausen oder sonstige schwarzburgische Orte gebracht würden, und solches ihm, dem Hofrat, sofort melden. Sobald dieser Fall eingetreten sei, solle eine Korporalschaft Soldaten das entsprechende Haus besetzen, das verdächtige Geld, es sei schlechte Münze oder bestehe aus guten Sorten, die gegen jenes eingetauscht werden sollten, zusammen mit den Lieferanten, Wagen und Pferden in Arrest nehmen und in die gräfliche Kammer einliefern. Sollte aber von dem schwarzburgischen Ort Großbodungen Nachricht einlaufen, dass dort etwas Verdächtiges vorfalle, so solle der Landeshauptmann dort sofort tätig werden, Gelder, Leute und Pferde beschlagnahmen und in dem dortigen gräflich-schwarzburgischen Amtshause durch seine Musketiere bewachen lassen.[78] Dass Großbodungen für die Heckenmünze in Klettenberg eine gewisse Bedeutung besaß, geht auch aus den Münzuntersuchungen Ernst Söldners hervor, die an anderer Stelle ausführlich behandelt werden.

Am 17. Mai 1690 teilte Kurfürst Friedrich III. seinen Beamten in Halberstadt mit, dass seine Räte und Kriegskommissare Georg Christian Schreiber und Johann Steinhäuser ihm Bericht erstattet hätten, dass sie

> *laut der ihnen am 4. Martij ertheilten Commission, die Clettenbergische Heckenmüntze zwar aufheben wollen, aber von einem in Halberstadt wohnenden Kundschafter, nahmens Falco, wehren entdecket worden, also das sie* [am 2. Mai 1690] *nach Klettenberg gekommen, alle die Müntz-Instrumenta kurtz vorher weggebracht gewesen, undt weil Commissarij auf deren Beyschaffung hart gedrungen, der Graff aber sich entschuldiget, daß weil er tages vorhero nicht einheimisch gewesen, er nicht wiße, wo solche Instrumenta hingekommen, er doch solche innerhalb 8 Tagen nach Beneckenstein liefern laßen wolte.*

[77] Vgl. ANEMÜLLER, Ernst, „Christian Wilhelm I.“, in: ADB 4 (1876) [Online-Version]; https://www.deutsche-biographie.de/pnd121056910.html#adbcontent (letzter Zugriff: 17.04.2023).

[78] LATh-StA Rudolstadt, 5-14-1120, Nr. 1339.

Der Falco sei auf den Regenstein in Arrest gebracht worden.[79] Nach Schmaling sei insgeheim ein ganzer Sack voll Münzen nach Ellrich geschleppt worden.

Auch im Schwarzburgischen registrierte man aufmerksam alle Veränderungen. Der Amtmann zu Keula Johann Peter Weiland notierte über die Aktivitäten des Grafen Gustav so manche Einzelheit. Am 31. März 1690 habe der Graf den Wildmeister Heise in *Thalleben* (Holztaleben) aufgesucht und sich dort mit Kaufleuten aus Langensalza und anderen Orten getroffen. In den folgenden Apriltagen sei er ganz allein in Weißenborn, unweit des Klosters Gerode, erschienen, habe dort einen Kaufmann aus Frankfurt getroffen, und sie hätten Wagen mit Silber und Geld wohl beladen bei sich gehabt, auch schon vorher etliche Male mit den Wagen im Kloster Gerode *pernoctiret*. Am 24. April sei ihm berichtet worden, dass vor drei Tagen dem Grafen etliche tausend Reichstaler, die er mit einem vierspännigen Wagen durch das braunschweig-lüneburgische Amt Katlenburg nach Gieboldehausen über das Eichsfeld bringen lassen wollte, im Amt Katlenburg von dem Oberjägermeister Molcken ausgekundschaftet und beschlagnahmt und in Clausthal auf dem Harz in Verwahrung genommen wurden.

Über das Ende der Klettenberger Münze notierte Weiland Folgendes: Am vergangenen Freitag, dem 2. Mai, habe eine Kompanie kurbrandenburgischer Dragoner unter Führung der Kommissare Schreiber und Steinhäuser die Klettenberger Münze abermals demoliert. Man hätte dort aber rechtzeitig davon erfahren, indem ein Bote aus Halberstadt von einem Goldschmied dorthin geschickt worden war, um die Klettenberger zu warnen. So hätten die Soldaten keinen einzigen Münzbediensteten und nicht das geringste an Geld vorgefunden. Die Münzinstrumente wären teils mitgenommen, teils zerbrochen worden. Am folgenden Sonntag (4. Mai) sei Graf Gustav an Amt Lohra vorbei in Richtung *Thalleben* (Holzthaleben) abgereist. Die Braunschweig-Lüneburgischen hätten erfahren, dass sich einige Münzlaboranten auf dem Harz in einer von dem Grafen errichteten Glashütte aufhalten sollten. Einige Schützen und Jäger hätten in der Hütte den wichtigsten Laboranten mit Namen Stiller angetroffen und gefangen nach Clausthal abgeführt. Der Hofrat Jesseus solle nach Wittgenstein geflohen sein.[80]

Der Kurfürst befahl seinen Räten, die Inquisition gegen den Grafen fortzusetzen.

Da Gustav ein baldiges Ende der Klettenberger Münze befürchtete, setzte er sich schon zu Beginn des Jahres 1688 mit dem Schwedenkönig Karl XI. (1655–1697) ins Einvernehmen, um in Stettin seine Münzprägung fortsetzen zu können. Wahrscheinlich stellte sein bisheriger langjähriger Kanzleirat Jacob

---

[79] LASA Magdeburg, A 13, Nr. 777, Bl. 5.

[80] LATh-StA Rudolstadt, Kanzlei Arnstadt 5-14-1210, Nr. 1188 (unpaginiert).

Heldberg den Kontakt her, der 1689 zum außerordentlichen Rat der schwedischen Regierung zu Bremen-Verden in Stade ernannt wurde. 1698 ist er wegen seiner Verstrickung in die Stettiner Münzwirren verhaftet worden.[81] Führend beteiligt war auch der Landeshauptmann der Grafschaft Hohenstein Georg Bernhard Ramus v. d. Ramée, worauf an anderer Stelle hingewiesen wird.

Der Schwedenkönig zog seinen Generalgouverneur von Schwedisch-Pommern, den Grafen Nils Bielke,[82] ins Vertrauen, und dieser sorgte dafür, dass der alte Stettiner Münzmeister nach Stralsund versetzt und die übrigen Münzbeamten entlassen wurden. Graf Gustav sandte seinen bewährten Meisterfälscher Johann Leonhard Arensburg mit entsprechendem Personal, und so verließen diese neue Heckenmünze unter strengster Geheimhaltung vornehmlich hohensteinsche ⅔-Stücke mit dem bekannten Brustbild des Grafen und seinem Wappen sowie gefälschten Jahreszahlen (z. B. 1676, 1677 und 1678). Die neuen Gulden wurden heimlich nach Hamburg geschafft (siehe die Küchenpost!) und dort in Umlauf gebracht. Die sayn-wittgensteinsche Münzprägung in Stettin dauerte noch bis zum März 1692 an.[83]

Graf Gustav ließ auf die Rückseite seiner unterwertigen Gulden verschiedene Devisen prägen, wie z. B. „MODERATA DURANT", „PER ASPERA AD ASTRA" oder „PIE ET CAUTE", die wie auch bei anderen ähnlichen Prägungen mit ihrem moralisierenden Inhalt in starkem Gegensatz zu den üblen Machenschaften ihrer Münzherren standen. Wie SCHNEIDER treffend urteilte, erfüllten sie eine Alibi-Funktion, um von der minderwertigen Qualität der Münze abzulenken.[84]

Auch unter den neuen Bedingungen seit 1690 blieben die Sayn-Wittgensteiner Gulden *völlig verrufen.* Der Münzprobationsabschied der drei Reichskreise Franken, Bayern und Schwaben erklärte am 11./21. September 1693, dass sie *gar nicht mehr angenommen werden sollen*, ebenso ein Münzrezess dieser Reichskreise vom 9./19. Oktober 1693.[85]

Die Kenntnis über die Münzmalversation in Klettenberg erfuhr 1706 eine Bereicherung. Der kaiserliche Münzkommissar von Obernitz, der belastendes Material gegen den Geheimen Berg- und Kammerrat von Eckart sammelte – über diesen Münzbetrüger und seinen Prozess wird noch mehrfach gesprochen werden – beauftragte seinen Nordhäuser Substitutus Stressner, Zeugenverhöre vorzunehmen. In Zorge im niedersächsischen Unterharz sprach Stressner Ende

---

81 KRÜGER, Schweden, S. 226 f. Heldberg bezeichnete gegenüber den Leuten Bielkes den Grafen Gustav als seinen *gewesenen Principalen.*

82 Graf Nils Bielke af Akerö: https://de-academic.com/dic.nsf/dewiki/537906 (letzter Zugriff: 17.04.2023).

83 Vgl. KRÜGER, Schweden.

84 SCHNEIDER, Münzwesen, S. 125.

85 HIRSCH, Münz-Archiv 5, S. 378.

August 1706 mit Leuten, die einst in der Klettenberger Münze gearbeitet hatten. Er erfuhr, dass von Eckart 1688 und 1689 in Goslar gute Speciestaler empfangen und diese *teils in saurem Kraut oder Kohl, theils in alten Eisen eingepackt, auff die Müntze zum Clettenberg gesandt* habe. In Sülzhayn verhörte er den 61-jährigen Weber Johann Michael Mast, der, wie er erklärte, von 1674 bis 1693 als Schmelzer in den Münzen zu Ellrich, Klettenberg, Nordhausen, Leipzig, Dresden und Steuerwald im Hildesheimischen gearbeitet hatte. Er sagte aus, dass der damalige Amtmann Johann Friedrich Eckart Silber unter anderem nach Klettenberg geliefert habe: kaiserliche, kursächsische, lüneburgische und andere Speciestaler, kaiserliche 4-Groschen-Stücke, Lieferungen in großen Summen, ja ganze Wagen voll. Zu seiner Bezahlung habe er neues, geringhaltiges Geld empfangen.[86]

2.2. Der Nordhäuser Münzbetrug des Jahres 1685

Mit der Abhandlung LAUERWALDS von 2017 zur Nordhäuser Münzprägung von 1685 liegt eine gründliche Analyse vor.[87] Im Vergleich zu 2004 setzen seine Ausführungen einige neue Akzente. Er zitiert und bespricht ausführlich den Vertrag der Stadt mit dem Münzdirektor Niebecker, die Kautionsleistung Eilhardts sowie die Eidesleistungen des Münzmeisters und des Wardeins. Neu ist sein Hinweis auf die Örtlichkeit der Münzstätte, die sich aus dem Vertrag der Stadt mit Niebecker ergibt: *ein klein wercklein, jedoch unbeschadet solcher wasserkunst und dessen völligen ganges in die oberstadt*, also an der Unterkunst am Mühlgraben am unteren Ende der Johannistreppe. In diesem Zusammenhang sei die Anmerkung erlaubt, dass die so genannte Münzgasse, die von der Barfüsserstraße aufwärts zum ehemaligen Spendekirchhof, zur Spendekirche, also dem ehemaligen Kloster der Barfüßermönche führte, in alten Dokumenten als Münchgasse oder Münchweg bezeichnet wurde. Es war der Weg, den die Barfüßermönche (-münche) gegangen sind.

LAUERWALD betonte, dass schon vor Abschluss der Verträge und der Vereidigungen alles für die Wiederaufnahme der Münzprägung vorbereitet war. „Das trifft sowohl für das zu vermünzende Silber, das vorgesehene Münzpersonal als auch den Prägeort und die entsprechenden Gerätschaften, wohl auch schon die Münzstempel, zu."

Neu ist auch sein Hinweis auf Ähnlichkeiten und Übereinstimmungen mit den Prägungen des Grafen Gustav, so die Verwendung einer Devise, die auf

---

86 RHR Miscellanea Münzwesen 20-29 (unpaginiert).

87 LAUERWALD, Nordhäuser Münzen, S. 132–155.

eine wankende Säule Bezug nimmt: *Inclinata rursus; in deo erigar.* Wir erfahren später aus Wiener Akten, dass die Säule ein spezielles Münzzeichen des Münzmeisters Andreas Dittmar war. Dass es auch zu Nachprägungen der Münzen des Grafen Gustav gekommen sein könnte, wies LAUERWALD zurück. Seine Feststellung, dass mit dem neuen Leipziger Münzfuß von 1690 nach und nach auch die 1685 ausgeprägten Gulden auf einmal wieder vollwertig werden, ist für das Verständnis dieser Problematik nicht unwichtig.

Bei der Deutung des wichtigen Briefes vom 2./12. Juni 1689 unterliegt LAUERWALD einem Irrtum (wie auch schon 2004). Den Brief schrieb Jobst Heinrich Koch für den Privatmann Conrad Fromann (nicht der Rat an den Agenten Koch). Koch selbst deutete am 7./17. Juli 1689 dem Rat an, dass er mit Fromann *ohnlangst privatim* korrespondiert habe. Koch teilte aus Wien dem Stadtphysicus und Bürgermeister Fromann mit: Bei jetziger eifriger Münzinquisition *des schlechten außmüntzen halber* sei der Nordhäuser Rat *denuncijret* worden. Koch hatte durch seine Beziehungen zum Reichshofrat von der Bildung einer Münzkommission zur Untersuchung des Nordhäuser Münzwesens erfahren. Auch, dass der kaiserliche Postmeister in Nordhausen, Christian Ernst Schmid, den Rat *denunziert* hatte, wie an anderer Stelle noch ausführlich dargestellt werden wird.[88]

Im Folgenden soll zur Nordhäuser Münzprägung von 1685 Wichtiges im Überblick dargestellt werden. Die Quellen liegen in Abschriften vor.[89]

Ein Nordhäuser Münzmandat vom 19. Mai 1680 wies Bürger und Einwohner, *so alhier negotiiren*, an, sich der guten Münzen des Kaisers, Kursachsens, Kurbrandenburgs und anderer zu bedienen, hingegen die 16-Gutegroschenstücke (die Gulden) für nur 14 Gutegroschen auszugeben und sich bei Strafe von 10 Talern aller Verbreitung und Verringerung gänzlich zu enthalten.[90] Das war eine kluge Entscheidung im Interesse der Stadtbewohner.

Eine Konferenz der Fürsten und Stände des Niedersächsischen Reichskreises in Braunschweig, an der als Gesandter der Reichsstädte Goslar, Mühlhausen

---

88 Das Verb „denunzieren" hat hier noch nicht die heutige pejorative Bedeutung; lat. denuntiare = ankündigen, Anzeige machen.

89 1. Vertrag zwischen dem Rat und Christian Wilhelm Niebecker, 16.09.1685 (Kopie, StadtA NDH, Best. 1.3./R Hb 5, Bl. 26–29; 2. Kautionsleistung durch Johann Christoph Eilhardt, 16.09.1685 (Kopie, StadtA NDH, Best. 1.3./R Hb 5, Bl. 29 f.; 3. Text des Eides des Münzmeisters Andreas Dittmar am 17.09.1685 (Kopie, StadtA NDH, Best. 1.3./R Hb 5, Bl. 30 f.); 4. Eid des Wardeins Altmann, 17.09.1685 (Kopie, StadtA NDH, Best. 1.3./R Hb 5, Bl. 31 f.). Die gleichen Texte finden sich auch bei FROMANN im Original und in der transkribierten Ausgabe FROMANN, Bd. II 1999, S. 239–243 (S. 757–766). Auf diese letzte Münztätigkeit Nordhausens wies SCHRÖTTER, Heckenmünzen, unter Verweis auf LEJEUNE nur kurz auf S. 141 und 183 hin. Ausführlich handelte LAUERWALD, Münzausprägung 1685, S. 115–134.

90 FROMANN, Bd. II 1999, S. 267 (S. 831 f.).

und Nordhausen der Mühlhäuser Syndikus Dr. Konrad Meckbach teilnahm, verabschiedete am 28. Juni 1681 einen Münz-Rezess, der sich scharf gegen die Ausmünzung geringhaltiger Sorten, gegen den *Mißbrauch des geringen Stempels* und die *Umschmeltzung der Reichsthaler* wandte. Gerade Dr. Meckbach hatte allen Grund, sich diese Ermahnung zu Herzen zu nehmen, hatte doch seine Reichsstadt fünf Jahre zuvor geringwertige Zweidrittelstücke mit Verlust geprägt.[91] Alle Anwesenden versprachen, ihre jetzigen oder künftig zu bestellenden Münzmeister und Wardeine auf die Kreisbeschlüsse zu vereidigen und ihnen die Teilnahme an den Kreisprobationstagen zur Pflicht zu machen.[92] Die Münzvereinbarungen blieben im Niedersächsischen Reichskreis „wohl weitgehend ohne Effekt".[93]

Doch kaum vier Jahre später wurden in Nordhausen diese guten Vorsätze und das mahnende Mühlhäuser Münzdebakel von 1676 in den Wind geschlagen. Was war in Mühlhausen geschehen? Bereits zu Beginn des Jahres 1676 war der Preis des Silbers so hoch, dass die Gulden nicht mehr zu 10 ½ Talern auf die feine Mark Silber ausgebracht werden konnten, zumal wenn das dafür benötigte Silber gekauft werden musste. Im Januar 1676 wurde die Mark zu 10 Talern 16 Groschen gehandelt; im März war eine Ausmünzung unter 10 Talern 17 Groschen nicht möglich. Münzmeister Wefer brachte schließlich die feine Mark zu 10 Talern 19 Groschen aus. Eine Anfrage in Dresden, zu 10 Talern 21 Groschen ausmünzen zu dürfen, stieß auf empörte Ablehnung des Wardeins Fischer. Der Mühlhäuser Rat tat das einzig richtige: Er stellte die Münzprägung unverzüglich ein.[94]

In Erwartung eines raschen Gewinnes beschloss dagegen der Nordhäuser Rat die Wiederaufnahme der Münzprägung. Als treibende Kraft darf man wohl Johann Christoph Eilhardt ansehen, der als Ratsvierherr der reichsstädtischen Oberschicht angehörte, auf dem platten Land als gräflicher Rat Einfluss besaß und zudem als frischgebackener Erb- und Gerichtsherr auf Salza in der Grafschaft begütert war. Auch der Rat urteilte im Nachhinein am 16. März 1691, dass Eilhardt *alß ein führnehmes Mitglied des Raths einig und allein, mit vielen Vorstellungen großen Nutzens Vor die Stadt Unß Zum Müntzen verleitet.*[95]

Eilhardt hatte erst vor wenigen Monaten, am 13. September 1684, die Witwe Dorothea Hedwig Wettensee geb. Niebecker geehelicht und war ein fast adliger Standesherr geworden wie zuvor ihr verstorbener Ehemann Bürgermeister

91 Vgl. SELLMANN, Mühlhausen, S. 20–23.

92 HIRSCH, Münz-Archiv 5, S. 189. Kreisprobationstage sollten zweimal jährlich stattfinden, und zwar am 1. Mai und am 1. Oktober.

93 GITTEL, Aktivitäten, S. 310.

94 SELLMANN, Mühlhausen, S. 20–23.

95 StadtA NDH, Best. 1.3./ R AD 6, Bl. 39; Brief an Jobst Heinrich Koch vom 16. März 1691.

Johann Walther Wettensee (1589–1673).[96] Er war als Bürgermeister der Reichsstadt in den folgenden Jahren und 1703, in seinem Sterbejahr, an vielen wichtigen politischen Entscheidungen beteiligt. So war es naheliegend, dass er jetzt seinen Schwager, den jungen Kandidaten der Rechte Christian Wilhelm Niebecker aus Haferungen, zum Oberdirektor des Münzwesens ernannte. Vermutlich gab es auch noch andere Gründe, etwa eine Verstrickung der Brüder Niebecker in das Klettenberger Münzwesen des Grafen Gustav. Auch Eilhardt selbst ist als gräflicher Rat mit dem Münztreiben des Grafen vertraut gewesen.

Im Vertrag, den der Rat am 16. September 1685 mit Niebecker über die Einrichtung und den Betrieb einer Münze schloss, begründete er diesen Schritt damit, dass die Stadt durch häufige Truppendurchzüge und fortwährende Einquartierungen sowie vor allem durch das Wüten der Pest zugrunde gerichtet und hoch verschuldet sei; die Straßen wären verödet und die Bürger in Armut gestürzt worden. So schien es gleichsam seine patriotische Pflicht zu sein, zum Wohle der Stadt und ihrer Menschen auf ihr althergebrachtes Münzregal zurückzugreifen. Man hätte es wohl begrüßen dürfen, wenn der Rat mit dem Münzexperiment der verarmten Bürgerschaft wirklich helfen wollte. Ausgerechnet aus dem Jahr 1685 liegt ein erschütterndes Dokument vor, das auf eine durchaus nicht von der Hand zu weisende große Armut unter den unteren Schichten der Stadt hinweist. Johann Heinrich Hempel (1642–1699), Pfarrer an der Kirche St. Jakobi in der Neustadt, prangerte in einem Privatschreiben an den Rat, das Bürgermeister Fromann als unhöflich und ungebührlich abtat, die reichsstädtische Brauordnung an, die nach seinen Beobachtungen für die Stadtarmen nur Elend, Krankheit und Tod bewirke.[97] Der spätere Superintendent von Frankenhausen wetterte gegen die *böse unverandwortliche Brau- und Malzordnung*. Sein Gewissen zwinge ihn, die schrecklichen, zum Himmel schreienden Sünden aufzuzeigen, die von dieser bösen Brauordnung herrührten, *da manche Zunge Sie* [die Ratsherren] *sämptl. des Eigennutzes, Geiz, Ungerechtigkeit heiml. u. öffentl. beschmihet* [...] *Eß ist doch notorisch das Winseln u. Wehklagen der Armen, da ihrer Vielen ihre Nahrung geschwächet, u. wird der gantzen Bürgerschaft die Brau u. Malz Ordnung schädlich gehalten u. deswegen offte verwündschet.* Wenige Jahre zuvor hatten Nordhäuser Händler tausende guter, vollwichtiger Reichstaler auf die Ellricher oder Klettenberger Münze geliefert, indem sie gegen Recht und Gesetz verstießen, um sie einschmelzen zu lassen und einen Gewinn zu erzielen.

---

96 Als Eigentümer dieses Freigutes in Salza gehörten ihm 19 Hufen, 23½ Acker bebautes Land und Wiesen und 4 Hufen , 13 Acker Gehölz, dazu die Obermühle und eine weitere Mühle mit je einem Mahlgang, eine Schäferei sowie die Ortsschenke. Vgl. LASA Magdeburg, A 13, Nr. 1416c.

97 StadtA NDH, Best. 1.3/ R Gc 1, Bl. 50 f.

Ebenfalls 1685 begann ein Siebzehnjähriger aus dem nahegelegenen schwarzburgischen Heringen (Helme), der bisher kaum lesen und schreiben konnte, mit dem Schulbesuch in Frankenhausen die Grundlagen für seine späteren Studien zu legen, die ihn nicht nur zu einem bedeutenden Historiker, sondern auch zu einem viel beachteten Numismatiker machten. In der Numismatik hat der Name Johann Georg Leuckfeld (1668–1726) bis heute einen guten Klang, urteilte Peter BERGHAUS.[98]

In dem auf drei Jahre angelegten Münzvertrag vom 16. September 1685 verpflichtete sich Niebecker, auf eigene Kosten eine Münzwerkstatt einzurichten, einen Münzmeister, Münzwardein (Münzprüfer) und Gehilfen anzustellen und selber Silber einzukaufen. Von einer Mark Feinsilber sollte er Münzen im Wert von 10 Talern und 18 Groschen ausmünzen, und zwar vor allem ⅔-, ⅛- und 1/6-Taler-Stücke, aber auch etwas an Scheide- und kleineren Münzen. Wollte man also bereits schlechter prägen, als es der Zinnaer 10 ½-Taler-Fuß vorschrieb, so war auch der Silberpreis inzwischen auf weit über die 10 Taler für die Mark Feinsilber gestiegen. Da man mit Kaufsilber prägen wollte, was an sich schon verboten war, so hatte doch der Silberpreis eine Höhe erreicht, dass es unmöglich war, unter Einhaltung der gesetzlichen Bestimmungen einen Gewinn zu erzielen. Denn Niebecker verpflichtete sich, der Stadt jährlich 1.600 Taler, den so genannten Schlagschatz, abzuliefern. Auf seine Bitte verpflichtete sich der Sayn-Wittgensteinische Rat Johann Christoph Eilhardt, *sich selbst als schuldigen Bürgen zu verschreiben* und mit seinem Vermögen zu haften.[99] Der brandenburgische Münzkommissar Ernst Söldner urteilte später, der Rat habe, da er dem Niebecker nicht restlos trauen wollte, eine gewisse Schadloshaltung begehrt, die der Lizentiat Eilhardt mit seinen Gütern in Nordhausen und Salza auf etliche 1.000 Taler für seinen Schwager als Kaution einsetzte.[100]

Münzmeister Andreas Dittmar[101] leistete am 17. September 1685 in Anwesenheit des Rates (der Herren Ältesten) seinen Eid und beschwor, dass er jede

---

98 BERGHAUS, Numismatiker-Porträt, S. 83. Das gelang Leuckfeld erst nach dem Tode seines Vaters 1684, eines wohlhabenden Ackerbürgers in Heringen. Vgl. FRANCK, Jacob, „Leuckfeld, Johann Georg", in: ADB 18 (1883), S. 481 f. [Online-Version]: https://www.deutsche-biographie.de/pnd104268115.html#adbcontent (letzter Zugriff: 17.04.2023).

99 FROMANN, Bd. II 1999, S. 241 f. (S. 761–767) und SCHRÖTTER, Heckenmünzen, S. 142.

100 Bericht Ernst Söldners, LASA Magdeburg, A 13, Nr. 1412.

101 Andreas Dittmar wurde um 1658 in Burgörner (Grafschaft Mansfeld) geboren. Im Biographischen Lexikon: http://mmlo.de/13341 (letzter Zugriff: 17.04.2023) heißt es fälschlich, er sei um 1660 in Sangerhausen geboren. Nach seinen eigenen Worten wuchs er als Kind unter Fremden auf. Bei seinem Schwager, einem Münzmeister, habe er seine Profession erlernt und später bei ihm in Stettin eineinhalb Jahre gearbeitet, danach in Magdeburg. Nordhausen stand also nicht am Anfang seiner Laufbahn, und er arbeitete durchaus professionell. Als weitere Stationen nennt das Lexikon Merseburg 1686, Breu-

Münzbeschickung in Gegenwart des Wardeins und der dazu verordneten Kommissare vornehmen, ohne deren Wissen oder Abwesenheit kein Werk vermünzen, vom Wardein die Probe aus dem Tiegel nehmen lassen werde usw., sich überhaupt in seinem ganzen Münzwesen so verhalten werde, wie es einem getreuen, redlichen Münzmeister gebührt. Danach legte auch der Wardein Nicolaus Altmann seinen Eid ab. Dittmar äußerte später im Verhör, dass Altmann sein eigener Schwager sei.

Abb. 4:
Drei Nordhäuser ⅔-Taler mit Darstellung einer sich neigenden Säule
Die Gulden 1 und 2 zeigen auf der Vorderseite deutlich den Schild mit gekröntem Adler, neben den Hörnern die Jahreszahl 16-85, unten die Buchstaben A-D (Andreas Dittmar) für den Münzmeister; Rückseite: Auf Gulden 2 bläst der personifizierte Wind gegen die sich neigende Säule, die wie bei 1 und 2 durch den strahlenden Namen Jehova gestützt wird. Unten im Oval die Wertbezeichnung ⅔. Umschrift: INCLINATA·RURSU·S·IN·DEO·ERIGAR; Gulden 3 zeigt eine gewundene, mit Blättern verzierte Säule. Münzmeister Dittmar äußerte im Verhör: Und seye sein Schlag zu mercken darauf eine Seühl

berg 1689–90, Mainz 1690–91, Aschaffenburg 1691–92 und Kassel 1701–1703. Wie noch gezeigt werden wird, erschien er 1706 als Hessen-Kasseler Münzmeister bei Kommissar v. Obernitz in Saalfeld. 1701 half er seinem Bruder Johann Dittmar bei der Einrichtung einer Münze in Mühlhausen. Vgl. SELLMANN, Mühlhausen, S. 6. Vgl. auch LAUERWALD, Biographie, S. 43–48 und 2004, S. 130 f.

Das Zeichen des Münzmeisters Andreas Dittmar, eine Säule, befindet sich in zwei Ausführungen auf seinen ⅔-Stücken. Dittmar hatte im Verhör ausgesagt: *Und seye sein Schlag zu mercken darauf eine Seühl.* Auch das Zeichen A D ist auf ⅔-Talern, 24Mariengroschen und 16-Gutegroschen zu sehen.

Die Übersicht der Nordhäuser Prägungen des Jahres 1685 bei Ernst LEJEUNE[102] führt sechs verschiedene Guldentypen mit neun verschiedenen Stempeln und zwei Groschentypen mit sechs Stempeln an.

Eine Probierung der Gulden durch den fränkischen Generalmünzwardein des Fränkischen Reichskreises Peter Paul Mezger 1691 ergab folgendes Ergebnis:

Guldiner-Sorten nach ihrem Wert und Verlust ausgerechnet

Hernachfolgende Guldiner seynd nach dem Fuß der Cöllnischen Marck und des Reichsthalers zu 90. Kreutzer [...] *gerechnet*

Stadt Nordhäuser Guldiner gehen 13. Stück auf 1. Marck, halten fein 10. Loth / 10. Gran, wird die feine Marck vermünzt zu 19. Gulden / 42 Kreutzer; ist an 100. Verlust 31. Gulden 38 Kreutzer; das Stück werth 41 Kreutzer. Das heißt, dass 13 Gulden auf eine kölnische Mark kamen und das Stück 11,868 g Silber hielt.[103] Nach Zinnaer Fuß hätte er 14,8489 g halten müssen. Das heißt, dass der Nordhäuser Gulden nur 79,9 % des nach Zinnaer Fuß geforderten Feinsilbergehalts enthielt.

Gehen wir also davon aus, dass die Nordhäuser Münzprägung 1685 eindeutig darauf abzielte, „durch Betrug zum Wohle der Stadt und der städtischen Obrigkeit Gewinn zu erwirtschaften".[104]

Doch was geschah danach? Hat der Rat geglaubt, ungeschoren davonzukommen? Die schlechten Münzen – der zukünftige kurbrandenburgische Münzkommissar Ernst Söldner stellte am 31. Oktober 1690 fest, es seien *etliche 30 000 Taler von Dreiern, Guten Groschen und ⅔ Stücken geprägt* worden – wurden ja nicht zum Eigenbedarf hergestellt, sondern von Händlern sofort nach der Herstellung möglichst weit entfernt in Umlauf gebracht, vornehmlich auf Messen in Leipzig, Frankfurt/Oder, Nürnberg, eventuell auch in Braunschweig oder Magdeburg und in Handelszentren wie Augsburg. Hier sind Nordhäuser unterwertige Münzen nachgewiesen worden.[105]

Söldners Ausführungen sind nicht geeignet, Klarheit darüber zu gewinnen, was nach Schließung der Münze geschah. Er bezeichnete fälschlich den Johann Gerhard Niebecker als den Nordhäuser Münzdirektor und erwähnte noch, dass danach wegen *böser Ausmünzung* eine *scharfe* Untersuchung einsetzte, nennt leider

---

102 LEJEUNE, Münzfreunde Nordhausen, Sp. 4474–4476.

103 HOFFMANN, Münz-Schlüssel, 3. Teil, S. 27, Nr. 57. Siehe Online-Quellenverzeichnis; SCHRÖTTER, Heckenmünzen, S. 103, Beilage 2, Nr. 57.

104 LAUERWALD, Münzausprägung 1685, S. 131.

105 Ebd., S. 132–134.

kein genaues Datum. Niebecker habe sich zunächst auf den Gütern seiner Mutter in Haferungen versteckt. Sein eigener Münzmeister Andreas Dittmar habe beim Kurfürsten von Brandenburg eine Kommission erwirkt mit dem Ziel, sich Niebeckers zu bemächtigen, doch der Delinquent sei *echapiret* (entflohen), der Hof in Haferungen eine Zeit lang mit Militär besetzt gewesen. Brandenburgische Soldaten sollten ihn in Haferungen gefangen nehmen, doch ihm sei die Flucht gelungen. Am 19. Juni 1686 habe die Mutter des Entflohenen die Haferunger Güter als Kaution eingesetzt. Weil der kaiserliche Kommissar, der 1690 den Nordhäuser Münzbetrug zu untersuchen hatte, den Niebecker nicht belangen konnte – dieser sei in Kriegsdienste gegangen und Haferungen lag auf kurbrandenburgischem Gebiet – habe er sich an Eilhardt gehalten, der ihm in diesem Jahr (1690) 1.000 Reichstaler angeboten haben soll.[106]

Auch wenn die Untersuchungen der kaiserlichen und der kurbrandenburgischen Münzkommission weitere Einzelheiten ans Licht brachten, bleibt die Verstrickung der Niebeckerbrüder in die Münzfälschungen des Grafen Gustav von Sayn-Wittgenstein-Hohenstein weitgehend ungeklärt. REICHHARDT, der die Magdeburger Akte kannte, merkte in einer Fußnote an, dass der Hauptmann Niebecker an dem Münzwesen des Grafen stark beteiligt gewesen sei.[107] Der Münzmeister Dittmar sprach im Verhör davon, dass sein Nordhäuser Münzdirektor Amtmann in Neustadt gewesen sei. Dieser Neustädter Amtmann in gräflich-stolbergischen Diensten ist jedoch Johann Gerhard Niebecker gewesen. Wegen dieser widersprüchlichen Aussagen soll hier einmal zur Familie Niebecker Folgendes klargestellt werden:

Der 1685 verstorbene Erb- und Gerichtsherr auf Haferungen Gerhard Niebecker, ehemals Amtmann zu Gröna bei Bernburg (Saale) und seine Ehefrau Dorothea Elisabeth hatten folgende Kinder:

1. Dorothea Hedwig (sie war in 1. Ehe mit dem Bürgermeister Wettensee und in 2. Ehe mit J. Chr. Eilhardt verheiratet);
2. Elisabeth (sie heiratete den gräflich-hohensteinschen Kanzler Johann Heinrich Reppel);
3. Julius Conrad, kurfürstlich braunschweig-lüneburgischer Hauptmann, Erbherr auf Haferungen;[108]

---

106 LASA Magdeburg, A 13, Nr. 1412 (unpaginiert).

107 REICHHARDT, Beitrag Münzwesen, S. 98, Anm. 1.

108 Auf die noch lange bestehende Verbindung zum gräflichen Haus Sayn-Wittgenstein-Hohenstein weist auch hin, dass für Julius Conrad Niebeckers am 29. Dezember 1702 auf den Namen August Joachim Ernestus getauften Sohn als 1. Taufpate August v. Sayn-Wittgenstein-Hohenstein (1663–1735) fungierte (natürlich in Abwesenheit), damals Oberhofmarschall in Berlin. Vgl. das entsprechende Kirchenbuch Haferungen, S. 93 im Kreiskirchenarchiv Niedergebra.

4. Johann Gerhard, Amtmann zu Neustadt in gräflich-stolbergischen Diensten;
5. Christian Wilhelm, 1685 Nordhäuser Münzdirektor; und
6. Friedrich Christoph (er war der jüngste der Brüder und studierte 1685 in Leipzig).

Bis auf Christian Wilhelm sagten die Brüder in Verhören später aus, dass sie sich zum Zeitpunkt des Betriebes der Nordhäuser Münze in Kriegsdiensten weit entfernt befunden hätten.

Es ist heute nicht mehr möglich festzustellen, welcher der vier Brüder den größten Anteil am Münzbetrug des Grafen Gustav bzw. der Stadt Nordhausen gehabt hat. Das ist wohl damals bereits schwierig gewesen. Bei der Festlegung der Strafgelder für die hohensteinschen Münzbetrüger hat man später eine weise Lösung gefunden. In der Liste der Halberstädter Regierung vom 6. Mai 1698 über die zu zahlenden Strafgelder wurden *Niebeckers Erben* (die Erben des 1685 verstorbenen Gerhard N.) zusammen zu 1.000 Reichstalern verurteilt.[109]

Auf die Untersuchungen der kaiserlichen Kommission zur Nordhäuser Münze, aus der ebenfalls ein Strafgeld für die Niebeckers resultierte, wird an anderer Stelle ausführlicher eingegangen werden.

Was geschah nun nach 1685?

Der Nordhäuser Gulden von 1685 wird in den Reichstagsdiktaten zu Regensburg 1686 als schlechte Münze angeprangert:

> *Dictat. Ratisbonae, 20./30. Januar 1686: Aufsatz Reichs Gutachtens in puncto Monetae*
>
> *Der höchst ansehnl. Kayserl. Commission etc. etc. geben Churfürsten und Stände diß Orts anwesende Räthe / Bottschafften und Gesandte / hiermit gebührend zu vernehmen: Nachdem bey der anjetzo mehr als jemalen eingeschlichenen / und fast überhand genommenen Ausprägung deren an Korn und Schrot viel zu geringhaltigen Müntz-Sorten / man in allen dreyen Reichs-Collegiis höchstnöthig ermessen / die deliberationes in dem Müntz-Wesen fortzusetzen; alldieweilen man aber in dem Haupt-Wercke dermalen nicht progrediren können / doch nöthig befunden worden / daß inzwischen sothane Ausmüntzung der bösen Sorten sistiret werde.*

In diesem Zusammenhang bricht ein grundsätzlicher Konflikt zwischen Fürsten und reichsstädtischem Kollegium aus. Bis dahin bestand noch eine gewisse Einigkeit in den Auffassungen des Kurfürsten-, Fürsten- und des Reichsstädtischen Kollegiums zur Bekämpfung der Ausprägung geringhaltiger Münzen.

---

109 LASA Magdeburg, A 13, Nr. 779, Bl. 4 f.

Die anwesenden Räte, Botschafter und Gesandten erklären der Kaiserlichen Kommission:

Wegen der fast überhandgenommenen Ausprägung geringhaltiger Münzsorten sollen, wie alle drei Reichskollegien beschlossen haben, die Beratungen über das Münzwesen fortgesetzt werden. Vorrangig sei, die Ausmünzung der bösen Sorten zu stoppen. Zwar seien verschiedene löbliche Verordnungen beschlossen worden, namentlich das Münzedikt vom 6. November 1680. Die Erfahrung aber habe gelehrt, dass die Heckenmünzen weiterhin die Konfusion im Münzwesen verursachten.

Kurfürsten- und Fürstenrat ersuchen den Kaiser, die Heckenmünzen noch einmal ernstlich zu verbieten. Auch solle allen kreisausschreibenden Fürsten befohlen werden, die Heckenmünzen abzuschaffen. Der Kaiser solle mit einem Reichsgutachten unterstützt werden.

Reichs-Stättische Gegen-Nothdurfft

Das Reichsstädtische Kollegium dagegen wendet ein:

Obgleich bereits in verschiedenen Kreisen des Reiches die geringen Sorten verrufen sind, müsse eine solche Verrufung *universaliter* im ganzen Reich bewerkstelligt werden.

Kurtze Vorstellung des Reichsstädtischen Kollegiums

Die Reichsstädte verlangen, das Verbot des geringhaltigen Ausmünzens ohne Unterschied auf alle und jede Münzstätte auszudehnen. Denn es habe sich gezeigt, dass solche geringhaltigen Sorten auch *auf ordinari gerecht- und approbirter Müntz-Städten ausgeprägt worden.* Es reiche nicht aus, das Verbot allein auf die Heckenmünzen zu beschränken. Man habe dafür umso mehr Ursache, weil die unlängst aus Leipzig erhaltene Nachricht zu erkennen gibt, dass sich gegenwärtig die allzu geringhaltigen Sorten, die aus legalen (ordinari) und aus Heckenmünzstätten sich über alle Maßen häufen, *indem man bey dem neulich daselbst* [in Leipzig] *gehaltenen Marck nichts anders, als gantz neue S.* [Sachsen-] *Gothaische und Weimarische, item Mecklenburg-Anhalt-Zerbst, Bischöffl. Lübeck. Corvey-Schwartzenburg- und Nordhausische Guldener, deren letztere doch nicht über 30. Kreuzer werth seyn sollen, gesehen.*[110] Hier wird die gegensätzliche Haltung des Reichsstädtischen Kollegiums deutlich. Weil die Fürsten selbst in ihren Münzstätten geringhaltig prägten, wollten sie nur die ausgewiesenen Heckenmünzen bekämpfen. Diese hier zutage getretenen Spannungen verdienen an anderer Stelle eine gründlichere Untersuchung.

Auch für den Nordhäuser Gulden von 1685 verbesserte sich also nach dem neuen Leipziger Münzfuß die Bewertung. Der Münz-Probationsabschied der drei Reichskreise Franken, Bayern und Schwaben, Regensburg, den 1. Oktober

---

110 HOFFMANN, Münz-Schlüssel, 2. Teil, S. XVI f., insbesondere S. 92. Siehe Online-Quellenverzeichnis.

1691, erklärte ihn zu den auf ein halbes Jahr zu tolerierenden Guldinern.[111] Noch besser wurde es, als ihn ein Kurbayerisches Münzedikt vom 20. Februar 1692 zu den Guldinern rechnete, die 40 und mehr Kreuzer wert sind (der Gulden zu 60 Kreuzern gerechnet), *also dermalen noch durchgehend in Handel und Wandel zu gebrauchen seynd.*[112] Ein Bericht von 1693 zählt den Nordhäuser Gulden zu den in weiten Teilen des Reiches angenommenen Münzen.[113] Der Münz-Probations-Konvent am 9./19. Oktober 1693 in Nürnberg und die Erneuerte Münzordnung der Reichsstadt Frankfurt am Main vom 16. Februar 1693 nennen ihn ganz selbstverständlich unter den dort gangbaren Guldinern. Sie sollen *fürohin passiret / und in Handel und Wandel angenommen werden.*[114]

Die von LEJEUNE beschriebenen und abgebildeten Gulden vom Typ 1 und 2 (Abb. 93, 94, 95b) mit der sich neigenden Säule, dem Münzzeichen des Andreas Dittmar, erscheinen nicht ein einziges Mal auf den Abbildungstafeln der Münzprobationstage und Münzedikte der 1680er- und 1690er-Jahre. Man darf daraus wohl schließen, dass sie in einer relativ geringen Stückzahl geprägt worden sind.

In den „Bedenken der Stadt Nürnberg in Münzsachen" vom 19. Dezember 1693 heißt es aber ergänzend:

Unter den Nordhäußischen Guldinern finden sich einige, so nur 45 kr. würdig, dahero eusserlich zustempfen.[115] D. h., dieser Gulden erhielt einen Gegenstempel.[116] Es war allgemein üblich, dass nach 1690 die besseren Exemplare der schlechten Münzen mit einer Kontermarke gestempelt wurden, um sie mit ihrem wirklichen Wert zu kennzeichnen. So erhielten sie in dem betreffenden Territorium eine Chance, eine Berechtigung zum Umlauf.

2.3. Die Heckenmünze in Walkenried

Das Stiftsamt Walkenried, gelegen am Südrand des Harzes, wurde von den Herzögen von Braunschweig-Lüneburg der Wolfenbütteler Linie regiert. Es lag in unmittelbarer Nachbarschaft zum heutigen Land Thüringen und war eine Zeit lang mit Wiederkaufsrecht dem Herzogtum Sachsen-Gotha überlassen worden. Aus diesem Grund ist es in unsere Thematik einbezogen worden.

---

111 DERS., Münz-Schlüssel, 3. TEIL, S. 52. Siehe Online-Quellenverzeichnis.

112 HOFFMANN, Münz-Schlüssel, 3. Teil, S. 117. Siehe Online-Quellenverzeichnis.

113 Ebd., S. 138. Siehe Online-Quellenverzeichnis.

114 Ebd., S. 187–191. Siehe Online-Quellenverzeichnis.

115 HIRSCH, Münz-Archiv 5, S. 389.

116 Zur Gegenstempelung dieser Gulden vgl. LAUERWALD, Münzausprägung 1685, S. 133.

Die „Walkenrieder Zeittafel", ein Abriss der Orts- und Klostergeschichte, aber auch ALPHEIS kurze Ausführungen zur Numismatik des Stiftes in der Reihe „Germania Benedictina", HEUTGERS Darstellung und Wilhelm JESSES Ausführungen zur Münzstätte Walkenried wissen nichts vom Betrieb einer Heckenmünze in den Jahren 1688/89.[117] Als einzige der neueren Darstellungen schreibt der „Rote Faden" des Walkenrieder Geschichtsvereins zur Münzstätte im Unterkloster: „In der Zeit der Verpfändung von Walkenried an das Herzogtum Gotha (1674–1693) wurden darin minderwertige Münzen geschlagen, was 1689 zum Einschreiten der braunschweigischen Regierung führte."[118]

Wie Herzog Friedrich I. von Sachsen-Gotha und Altenburg (1646–1691) in einem Schreiben an Herzog Anton Ulrich von Braunschweig-Lüneburg (1633–1714) aus der Wolfenbütteler Linie am 3. Juli 1689 feststellte, habe man in Wolfenbüttel drei Gründe gesehen, die Münzstätte Walkenried aufzuheben: 1. wegen angemaßten Münzens, weil das Münzrecht nicht im Wiederkaufsrezess enthalten sei; 2. weil *die daselbst auf unseren Nahmen ausgemünzte Gelder zu geringhaltig undt wieder den Hartzfuß ausgangen*; 3. weil der Gothaer Herzog auf die Protestschreiben Anton Ulrichs *nicht hinlänglich durch Abstellung solcher Müntze geantworttet* habe.[119] Dem kann man wohl zustimmen, und die Wolfenbütteler Herzöge haben das Skandalon des Heckenmünzens besonders herausgestrichen, um das Unrechtmäßige der ganzen Angelegenheit zu betonen. Herzog Friedrich dagegen ließ die Wolfenbütteler wissen, dass ihm von ihnen schweres Unrecht zugefügt worden sei. Eine solche harte Prozedur sei bisher weder an einem Grafen noch an einem Reichsfürsten vorgenommen worden. Über das Walkenrieder Münzwesen äußerte er sich sehr unbestimmt: *Die Ausmüntzung an sich betreffend mögen wir nicht befinden, wie mit gnugsamen grunde ichtwas darwieder oder wieder die Menge der ausgegangenen Sorten anzuführen* sei.

1674 also verpfändete Rudolf August, Herzog zu Braunschweig und Lüneburg (1627–1704) das Stift Walkenried an Herzog Ernst I., den Frommen, von Sachsen-Gotha und Altenburg (1601–1675). Dessen Sohn Friedrich I. glaubte sich wohl dem Zeitgeist nicht verschließen zu dürfen und, offenbar verführt vom Wunsch nach schnellem Gewinn, ernannte er am 24. Juli 1688 den Baron de Brebis (Brebiz) zum Direktor der Walkenrieder Münze und befahl ihm, alle benötigten Leute einzustellen und zu vereidigen.[120] Der Direktor holte sich den

---

117 Vgl. ALPHEI, Walkenried, S. 736; JESSE, Münz- und Geldgeschichte, S. 91; HEUTGER, 850 Jahre, S. 80 f.; DERS., Kloster Walkenried, S. 193–198; sowie REINBOTH/REINBOTH, Zeittafel (1994 und 1999).

118 REINBOTH (Bearb.), Der Rote Faden, S. 27.

119 Original im LATh-StA Gotha, Geheimes Archiv BB 64, Bl. 7; Konzept im NLA-WO, 2. Alt 9703, Bl. 2.

120 Ich konnte in Gotha nicht feststellen, dass er in herzoglichen Diensten gestanden hat. Er war aber der herzoglich gothaische Administrator (Oberhauptmann) des Stiftsamtes

seit 1687 bei Graf Gustav in Klettenberg als Münzmeister und erfahrenen Münzbetrüger tätigen Johann Christoph Bähr nach Walkenried und übertrug ihm die Einrichtung der neuen Münze und ihre Leitung als Münzmeister. Der Baron übernahm selbst das Amt des Münzwardeins, und seinem Bruder (er wird nicht mit Namen genannt) vertraute er das wichtige Amt eines Münzschreibers an. Hier wird schon die betrügerische Absicht deutlich: Man wollte sich nicht in die Karten schauen lassen. Mit Sicherheit verstand Baron de Brebis nichts von den Tätigkeiten eines Münzwardeins. Ein solcher war ein amtlicher Prüfer für Münzen, für Edelmetalle, für Berg- und Hüttenprodukte. Er musste sowohl rechtliche als auch metallurgisch-chemische Kenntnisse besitzen.

Bähr brachte seine Leute aus der Grafschaft mit; es waren *meist arme und brandenburgische Unterthanen,*[121] aber wohl in Klettenberg im betrügerischen Münzwesen bereits geübt. Was den Münzfuß betraf, so sollte er die Mark fein bei ⅓- und ⅔-Stücken zu 11 Reichstalern 12 Gutengroschen, die 1/6-Stücke zu 12 Reichstalern und die Gutengroschen zu 13 Reichstalern ausmünzen.

Die Festlegung Herzog Friedrichs für den Walkenrieder Gulden, die für ihn bei dem gestiegenen Silberpreis mit wenig Gewinn, ja eher mit Verlust verbunden war, unterschied sich wesentlich von den Prägungen seiner Gothaer Münze. Dort beging er Münzbetrug in großem Stil und befahl im April 1688 seinem Münzmeister, Gulden zu einem Münzfuß von 13 Talern 6 Groschen auf die feine Mark Silber zu schlagen, und im November 1688 ordnete die Fürstliche Rentkammer an, mit den Jahreszahlen 1678 und 1679 Gulden zu diesem geringen Münzfuß zu prägen. 1690/91 betrug er sogar 14 ¼ Reichstaler auf die feine Mark Silber.[122] Von Mitte April 1688 bis zum 11. Januar 1691 wurden auf herzoglichen Befehl in Gotha für 1.135.300 Taler unterwertige Gulden mit den alten Jahreszahlen 1678 bzw. 1679 geprägt.[123] Für diese Summe wurden nach Berechnungen STEGUWEITS 80.636 Mark Feinsilber benötigt, das sind umgerechnet 18,85 Tonnen!

Das Silber wurde im streng verbotenen Silberhandel eingekauft. Ein „Extrakt aus den gothaischen Münzakten des ehemaligen kurbrandenburgischen Kammerrates Johann Gabriel Wichmannshausen und dessen Bruders Johann Gottfried Wichmannshausen“ benennt Silberlieferanten der Gothaer Münze: Es wären in Gotha über 2 ½ Millionen an ⅔-Stücken ausgemünzt worden. Die Lieferanten wären von Leipzig gekommen (es folgen die Namen), aus Ham-

Walkenried. KAESTNER bezeichnete ihn als Vertrauten des Herzogs, jedoch ohne weitere Angaben zu machen. Aus dem Walkenrieder Kirchenbuch geht hervor, dass Johann Friedrich von Brewitz bereits 1692 verstarb, seine Ehefrau Mechtild Margarete von Brebis erst 1727. Beide wurden im Kloster beigesetzt. Vgl. REINBOTH, Münchhausen, S. 54.

121 NLA-WO, 12 Alt Nr. 262, Bl. 21.

122 STEGUWEIT, Gotha, S. 94 und 97.

123 Vgl. ebd., S. 97.

burg, Dresden, Nürnberg (geistliche und weltliche Christen und Juden), aus Braunschweig, Goslar, Nordhausen, Langensalza, Eisenach, Frankfurt am Main, Kanzler Happe und seine Frau aus Sondershausen und andere mehr, auch der Domherr Spiegel in Halberstadt.[124] Wurden die Silberkäufe in Walkenried ähnlich gehandhabt?

Die Verhältnisse im Gothaer Münzwesen beweisen, dass es dem Herzog um einen möglichst hohen Gewinn ging; und es ist schwer vorstellbar, dass er sich im abgelegenen Walkenried, wo das gute Harzer Geld geradezu zum Einschmelzen einlud, mit diesem für den Gulden mäßigen Münzfuß begnügen würde. Zudem war der Gulden zu dieser Zeit bekanntlich das Nominal, bei dem die Prägekosten vergleichsweise am niedrigsten waren. Wie bereits erwähnt, hatte Münzmeister Bähr im Herbst 1687, bevor er die Münzprägung in Klettenberg aufnahm, durch einen Rat des Grafen Gustav in Berlin einen freien Pass (freies Geleit) gefordert, um sein schlechtes Geld ungehindert nach Osten fortbringen zu können. Sicher waren auch jetzt diese Territorien als Absatzgebiet für die zu prägenden Gulden vorgesehen. Es ist daher einleuchtend, davon auszugehen, dass der schlechte Gothaer Gulden mit dem gekrönten F und der Devise „PER ASPERA AD ASTRA" auch in Walkenried geschlagen worden ist. Ein Nachweis kann jedoch nicht erbracht werden.

Ein kleines Fachwerkhaus am Mühlplatz im Unterkloster, das 1925 abgerissen wurde, dessen Aussehen ein Aquarell Walther Reinboths (1899–1990) überliefert, ist bisher als Münze bezeichnet worden. Baron de Brebis ließ jedoch, wie Fritz REINBOTH aus dem Walkenrieder Erbzinsregister ersehen konnte, in einem Anbau seines Amtssitzes, der späteren Drostei, die Münze betreiben.[125] Allem Anschein nach ist hier auf traditionelle handwerkliche Art gemünzt worden, worauf auch die aufgefundenen 13 Ambosse und 30 Hämmer hinweisen.

Schon im August 1688 begann Bähr mit der Prägung von Gulden, Groschen und Dreiern, die alle sein Münzzeichen I. C. B. und die Aufschrift FURSTL. SACHS. STIFT WALKENR. MUNZ. trugen. Die Gulden zeigten auf der Vorderseite das Brustbild des Herzogs und auf der Rückseite das gekrönte herzogliche Wappen. WEISE beschreibt einen solchen Gulden in seinem „Vollständigen Gulden-Cabinet".[126] Sie waren nach einem verhältnismäßig guten Münzfuß ausgebracht worden. KAESTNER vermutete zu Recht, dass sie als Aushängeschild dienten, hinter dem sich die massenweise Prägung unterwertigen Geldes versteckt hätte. Er schreibt weiter: „Während die gothaischen Gulden dieser Massenausprägung mit dem gekrönten F weit außer Landes bis nach Moskau

124 Vgl. RHR Miscellanea Münzwesen 14-4.

125 Vgl. REINBOTH, Münchhausen, S. 54.

126 WEISE, Gulden-Cabinet, 2. Teil, S. 53, Nr. 1464 (siehe Online-Quellenverzeichnis); und KAESTNER, Walkenried Münzstätte, S. 89 f.

gebracht und dort abgesetzt worden sind, wurden mit der schlechten Scheidemünze die benachbarten Gebiete überschwemmt." Das muss nunmehr auch auf Walkenried bezogen werden. Das stimmt sowohl mit den Vorstellungen des Münzmeisters Bähr über die zukünftigen Absatzgebiete als auch mit dem Bericht Carl Gustav Küchenmeisters im September 1688 überein. Der Gutsherr lebte in Branderode in unmittelbarer Nachbarschaft, besaß also einen guten Einblick in diese Abläufe. Seine Beobachtungen werden an anderer Stelle zitiert werden.

Abb. 5:
Die Münze in Walkenried nach alter Überlieferung. Das kleine Fachwerkhaus stand in der Schloßstraße gegenüber der alten Drostei. Aufnahme von 1915

Nach einer Zusammenstellung des Vertrauensmannes des Herzogs, des Barons de Brebis, während der ganzen Dauer der Walkenrieder Prägung, also im Verlauf von etwa acht Monaten, sollen nicht mehr als 2.043 Mark an feinem Silber vermünzt worden seien. Nun war dieser Herr von Anfang bis Ende der Dirigent der Heckenmünze im Auftrag Herzog Friedrichs I. Sie hatten also beide ein Interesse daran, ihre illegalen Aktivitäten zu verschleiern, und der Bruder des Barons dürfte als Münzschreiber ebenfalls seine Hand im Spiel gehabt haben. Ein Münzschreiber hatte laut Kurbrandenburger Münzordnung von 1667 die Aufgabe, *richtige Rechnung und Bücher über Einnahme und Ausgabe* zu führen und sollte nichts, *weder an Gold, Silber, Kupfer, Eisen, Stahl, Salz, Weinstein, Holz, Kohlen, Tiegel, und was sonsten an andern Materialien und Instrumenten seyn kan, ohne sein Wissen in die Münze erkauffet und geliefert* werden.[127] Er hatte also alle Bücher zu führen und konnte nach Herzenslust manipulieren.

Auch KAESTNER hat betont, dass es sich nicht mit Bestimmtheit sagen lasse, ob nicht neben der oben genannten Silbermenge inoffiziell und heimlich noch weitere Silbermengen vermünzt worden sind. Auch räumte er ein, dass es eine Massenausprägung der unterwertigen gothaischen Gulden durchaus heimlich auch in Walkenried gegeben haben könne.[128] Dass sich bei Aufhebung der Münzstätte unter den 113 Prägestempeln nur drei Guldenstempel befanden, spricht nicht unbedingt dagegen.

KAESTNER befand, dass die Verhältnisse im Walkenrieder Münzbetrieb undurchsichtig waren und „wie es scheint, ziemlich anrüchiger Natur. Der verantwortliche Münzmeister Bähr hatte in Klettenberg die hohe Schule der Heckenmünzerei durchgemacht und auf dem Gebiete der illegalen Ausmünzung sicher über gute Kenntnisse und Erfahrungen verfügt, die er in dem weit von Gotha gelegenen und daher schwer kontrollierbaren Walkenrieder Münzbetriebe mit Erfolg auswerten konnte. Wiederholt tauchten Gerüchte auf, daß in der Münze Walkenried Falschmünzerei getrieben werde. Sie verdichteten sich zu Anzeigen, die Verhaftungen zur Folge hatten."[129]

Eine Magd des Barons, Anna Elisabeth Blum, entdeckte zu Pfingsten 1689, also wohl am 19. Mai und noch vor Aufhebung der Münze, in den Wohnräumen eines der drei Stahllaboranten, wie die Stempelschneider auch genannt wurden, *unterhalb der Kleinen Abtei* zahlreiche Gegenstände, die auf eine illegale Münztätigkeit hindeuteten.[130] Sie sah zwei *Prägepälge* und darauf zwei Prägestöcke mit dem fürstlichen Brustbild, *wie solches vff die alhiesige fürstl. Münze gepräget worden*, und einen Behälter voller Groschen, *die alle nach hiesiger Form geschnitten gewesen*; auch bei den Prägestöcken viele Platten zu Groschen, *so noch nicht abgepräget gewesen*, außerdem zusammengeschlagenes Kupfer. Baron de Brebis meldete dem Herzog erst am 7. Juni, also neun Tage nach dem gewaltsamen Ende der

---

127 HIRSCH, Münz-Archiv 5, S. 10.

128 KAESTNER, Walkenried Münzstätte, S. 82, Fußnote 6.

129 Unter der Signatur BB 64 sind in Gotha 16 Briefe *wegen einiger verdächtiger Müntz* überliefert, die meisten als Originale, davon sechs des Barons de Brebis an Herzog Friedrich, ferner zusammen acht von den herzoglichen Kammer- und Hofräten Johann Jacobs, Dr. Jacob Waitz und Johann Ludwig von Hanstein an Herzog Friedrich und zwei Briefe des Herzogs als Kopie, im Zeitraum vom 7. Juni bis 3. Juli 1689.

130 Nach Auskunft von Fritz REINBOTH, dem ich dafür herzlich danke, befand sich die Kleine Abtei östlich des Brüdersaals und wird im Inventar von 1648 erwähnt als *des Kornschreibers Haus, die kleine Aptei genannt.* Sie diente zu Wohnzwecken und war von der Münze räumlich getrennt.

Münze, dieses Vorkommnis und bat um Unterstützung bei der Aufdeckung. Nach einigen Tagen trafen aus Gotha aus der herzoglichen Leibgarde ein Offizier und 12 Berittene ein, die am Abend nach ihrer Ankunft mit Unterstützung des Rates Dr. Jacob Waitz, des Amtmannes Carl Friedrich Happe und des Amtsinspektors Röpenack die drei Stahllaboranten Albrecht, Warttenberg und Rollwagen sowie den Faktor Friedrich Henrich verhafteten. Eine Durchsuchung ihrer Räume endete ergebnislos; sie hatten alles rechtzeitig beiseite gebracht und leugneten, illegal geprägt zu haben. Die Magd dagegen blieb bei ihrer Aussage.[131] Dass Inspektor Röpenack auch den Münzmeister Bähr verhört haben soll, wird ganz am Ende und mehr beiläufig erwähnt. Die Ergebnisse der Untersuchung wurden verschleiert. Der herzogliche Hof- und Kammerrat Johann Jacobs wies darauf hin, dass in dieser Angelegenheit der Münzmeister Bähr belastet werde. Damit enden die Aufzeichnungen.

Was die Beschaffung des Silbers betrifft, so findet man in den Akten des Haus-, Hof- und Staatsarchivs Wien und im Nordhäuser Stadtarchiv interessante Hinweise. Der gräflich-wittgensteinische Amtsverwalter Christian Ludolph Reinecke meldete sich im Spätsommer 1695 bei der Kurfürstlich Halberstädter Münzkommission wegen seines Schwiegersohnes Georg Arens und dessen Brüdern Johann und Peter Andreas und zeigte an, dass diese drei wegen *ehemals getriebener Geldwechselung bei der klettenbergischen und Gothischen Münz* sich in Güte abfinden wollten und dafür 200 Taler offerierten.[132] Mit dieser *Geldwechselung* kann nur gemeint sein, dass sie vollwichtiges Geld lieferten, z. B. das gute Geld aus den herzoglich braunschweig-lüneburgischen Harzmünzstätten Clausthal und Zellerfeld sowie der Münzstätte der Reichsstadt Goslar, und sich an der Umwechselung in neues schlechtes Geld beteiligten, und zwar auch bei der *Gothischen Münz*. Ich gehe davon aus, dass es sich hier möglicherweise nicht um die weit entfernte Münze in der Residenzstadt Gotha gehandelt hat, sondern um die Münze in Walkenried!

Verdächtig spät, erst am 14. Oktober 1688, kündigte Herzog Friedrich I. mit einem Handschreiben an Herzog Anton Ulrich die Eröffnung und Unterhaltung des Münzbetriebes im Stift Walkenried an. Er ersuchte um den Konsens des Herzogs und bat ihn, den Baron de Brebis zu schützen, wenn er etwa unschuldiger Weise angegriffen werden sollte.[133] Die braunschweigischen Herzöge hatten jedoch schon voller Ärger feststellen müssen, dass viel unterwertige gothaische Scheidemünze ihr gutes Harzgeld zurückzudrängen begann. Ihr Verdacht war auf Walkenried gefallen.

---

131 LATh-StA Gotha, Geheimes Archiv, BB 64.

132 StadtA NDH, Best. 1.3./R Hb 6, Bl. 5.

133 NLA-WO, 112 Alt Nr. 262, Bl. 4, Original.

Erst am 3. Dezember 1688 antworteten Herzog Anton Ulrich und Bruder und Mitregent Rudolf August (1627–1704) auf diese Ankündigung mit einem *Dehortationsschreiben* und bestritten dem Gothaer die Ausübung des Münzregals, da dieses im Pachtvertrag nicht ausdrücklich erwähnt war, zumal das ganze braunschweigische Land mit schlechtem Geld überschwemmt werde. Sollten sie selbst ausmünzen wollen, so wollten sie ihre Münzen zu keinem geringeren Gehalt *als auf Unseren Harz-Bergwercken geschiehet,* ausmünzen lassen und sonst keinen Gewinn damit suchen. Beide seien zuversichtlich, dass *weniger Herzog Friedrich als seine Verlegere oder Münzmeistere den größesten profit davon haben werden* und dass er *von solchem unzulässigen ausmünzen in besagtem Unserem Stiffte abzustehen und dasselbe so gleich wieder einstellen zulassen sich gefallen lassen* werde. Andernfalls würden sie Wege und Mittel suchen, um *solche Heck Münze in mehrgedachtem Unserm Stiffte wieder aufheben* [zu] *lassen.*[134] Sie bezeichneten also selbst die Walkenrieder Prägestätte als eine Heckenmünze. Herzog Friedrich I., der aus ihr beträchtliche Gewinne zog, reagierte nicht und ließ dort unbeirrt weiterprägen.

Mit wachsender Erbitterung verfolgten die Wolfenbütteler Herzöge das geschäftige Treiben in Walkenried. Am 8. April 1689 wandte sich Anton Ulrich erneut an Friedrich I. Sie hätten dieses Münzen in Walkenried niemals geduldet oder gutgeheißen. Er wies darauf hin, daß der Münzbetrieb den Bestimmungen des Reichsediktes von 1570 (des Reichstages zu Speyer im Artikel des gemeinen Münzwesens[135]) zuwiderlaufe, er daher als Heckenmünze bezeichnet und dementsprechend behandelt werden müsse, und er selbst sich verpflichtet fühle, danach zu handeln. Er drohte, die Münze gänzlich niederlegen zu lassen, sofern *solch unzulässig Münzwesen* nicht unverzüglich eingestellt werde. Die Reichsgesetze gäben ihm *zureichliche Mittel zur Zerstörung solcher Heckmünze zur Hand.*[136]

Doch der Gothaer Herzog, nur auf seinen Gewinn bedacht, dachte nicht daran aufzuhören. Am 27. Mai 1689 äußerten Anton Ulrich und Rudolf August ihre schwere Enttäuschung über dieses Treiben der Heckenmünzerei. Sie hätten zwar gehofft, er würde *solche auf eine Kipperey auslaufende Heck Münze ohnverzüglich abschaffen*, doch hätten sie vernehmen müssen, *daß damit noch immerhin continuiret, und täglich vom Morgen bis zu abends durch Zehen Kerls daran ohnaufhörlich gearbeitet* werde. Daher seien sie gezwungen, diesem Treiben ein Ende zu setzen.[137]

Am selben Tag beauftragten die Herzöge den Major der Leibgarde zu Ross Bernd Prigge und ihren Kammerverwalter Julius Johann Möring, die *auf eine hochstrafbahre Kipperey auslaufende Heckmüntze* zu zerstören. Das verderbliche

---

134 Original im LATh-StA Gotha, Geheimes Archiv, BB 64, Bl. 9.

135 Vgl. EXTRACT, Bl. 45r. Siehe Verzeichnis der Online-Quellen.

136 NLA-WO, 112 Alt Nr. 262, Bl. 10, Konzept; KAESTNER, Walkenried Münzstätte, S. 84.

137 Original LATh-StA Gotha, Geheimes Archiv, BB 64, Bl. 19 f.; NLA-WO. 112 Alt Nr. 262, Bl. 13 f., Konzept.

Ausmünzen sei *tag und nachts oder wenigstens vom Morgen bis zum Abend durch 10 Personen, 4 Münz-Ohme und 6 Eisenschläger, fortgesetzt* worden. Ferner die *darin befindlichen auch sonst dazu gehörige Verleger, Münzmeister, Münzer, Ohme, Eisenschneider und andere Handlanger sambt sonsten dortselbst befindlichen Silber, Geräten, Instrumenten und Müntz Geprägen in Beschlag zu nehmen und wohlverwahrlich anher zu senden.*

Früh am Morgen des 28. Mai brach die Mannschaft auf, erreichte gegen Mitternacht Braunlage und traf am Mittwoch, dem 29. Mai 1689, noch vor 5 Uhr in Walkenried ein. Nach dem Bericht des Walkenrieder Amtmannes Karl Friedrich Happe waren es außer den Beamten zehn Berittene mit vier Wagen und Karren sowie sechs Bauern mit Äxten. Sie eilten sofort zu des Barons de Brebis *logement* und *hart daneben liegender Müntzstette*, legten dem Baron, *welcher als erst aus dem Bette kommendt*, den Befehl des Herzogs vor, beschlagnahmten die Münze und legten sie still.[138]

„Das ganze vorgefundene ausgemünzte Geld ließ der Major zählen und samt allen Silbervorräten, Münzgeräten und Instrumenten verpacken und nach Wolfenbüttel abtransportieren. Gleichzeitig wurden der Münzmeister, die Eisenschneider, Münzgesellen und das sonstige Münzpersonal verhaftet und abgeführt."[139] Ebenso der Baron de Brebis. Sein Bruder, der Münzschreiber, wird nicht erwähnt. Einige der Münzarbeiter hatten sich versteckt, von einem hieß es, er habe sich *in der Frawen Baronesse Cammer unters Bette retiriret.* Der Münzmeister Bähr konnte nicht verhaftet werden; er war zu seiner Braut ins Hannoversche gereist.[140] Er kehrte später nach Walkenried zurück und heiratete dort am 6. November 1689 Dorothea Elisabeth Meinecke, Tochter des Pastors Meinecke zu Quedlinburg, bevor er die Südharzregion endgültig verließ.[141]

Amtmann Happe und de Brebis protestierten auf das schärfste, aber vergeblich. Von den beschlagnahmten Münzgeräten und Geldern wurden in einem Verzeichnis genannt: ein Probierofen und dazugehöriger Blasebalg, kleinere Handwerkzeuge des Münzbetriebes, so unter anderem 13 Ambosse, 30 Hämmer von verschiedener Größe, 4 Scheren, 27 Zangen, 4 Gießlöffel, 113 Prägestempel und Prägeeisen. An ausgemünztem Geld wurden beschlagnahmt 3.170 Reichstaler in ⅔-Stücken und 333 Reichstaler in 1/6-Stücken.

Bei den Verhören in der fürstlichen Kammer in Wolfenbüttel wurde dem Baron de Brebis am 31. Mai befohlen, die Rechnung über das Walkenrieder Münzwesen vorzulegen. Man habe aber feststellen müssen, dass diese – sicher vom Münzschreiber, dem Bruder des Barons – während seiner Abwesenheit nach

---

138 LATh-StA Gotha, Geheimes Archiv, BB 64, Bericht Happes und de Brebiz', Bl. 17.

139 KAESTNER, Walkenried Münzstätte, S. 84 f. Vgl. NLA-WO, 115 Alt Nr. 12.

140 NLA-WO, 112 Alt Nr. 262, Bl. 21.

141 NLA-WO, Kirchenbuchbestand N 744 (Walkenried); Mitteilung von Fritz REINBOTH (Braunschweig).

Gotha gebracht worden sei. Sie wird dann entsprechend „bereinigt" worden sein. Am 27. Juli 1689 stellten die Herzöge von Wolfenbüttel fest, es sei wahrscheinlich eine weit größere Quantität geprägt worden als angegeben. Von den *auf unsern Bergstädten die Marck fein zu 10 thl. 16 ggr. ausgemüntzten doppelten undt einfachen Dritttheilen* [ist] *keine geringe Summen auf dieser Heckmüntz in die Tiegel gesetzet worden.*[142]

Bähr soll von 1689 bis 1692 Münzwardein an der herzoglichen Münze in Gotha gewesen sein.[143] STEGUWEIT berichtete, dass Herzog Friedrich I. in Gotha nach der Verhaftung des Dirigenten der Gothaer Münze Johann Gottfried Wichmannshausens und aller Münzbeamten am 19. Januar 1691 den Münzmeister von Walkenried Bähr und den Münzmeister von Meinigen nach Gotha beorderte. Sie sollten Ermittlungen gegen Wichmannshausen führen. Durch ihre Aufstellungen und Berechnungen sei es möglich geworden, „ein vermutlich ziemlich exaktes Bild vom Prägeumfang jener Jahre zu rekonstruieren". Bähr stand also einunddreiviertel Jahr nach Aufhebung der Walkenrieder Münze noch immer in Diensten Friedrichs I.! Sicher hat er auch jetzt noch Gelegenheit gehabt, belastende Dokumente zu manipulieren oder verschwinden zu lassen.

Reichsfiskal Wolfgang Maximilian Bell, der später noch wiederholt zu Wort kommen soll, zitierte den Johann Christoph Bähr, ebenso den Melchior und Andreas Bähr, aber auch den berüchtigten Fälscher Leonhard Arensburg und andere zum 7. Januar 1692 vor den Reichshofrat nach Wien, wo sie sich wegen Ausprägung geringhaltiger Geldsorten verantworten sollten.[144] Sie haben sicher alle diese Ladung nach Wien nicht befolgt.

Die Aussagen in den Wiener Dokumenten rechtfertigen die Einordnung unter die damaligen Heckenmünzen am Harzrand. Schließlich auch die Tatsache, dass Sachsen-Gotha für die Münzbegnadigung an den kaiserlichen Fiskus wohl 100.000 Gulden zahlen musste.

Am 7. Januar 1692 forderte Reichsfiskal Bell auch *den so genanten Baron Bräritz* auf, sich vor dem Reichshofrat zu verantworten, mit der allgemein gebräuchlichen Formel *ad videndum, declarari, se incidisse in poenas Constitutionibus Imperii et Monetariis Edictis insertas*, weil er das Ausmünzen der geringhaltigen Geldsorten zu Walkenried vornehmlich dirigiert und mithin mittels solcher höchstschädlicher Ausmünzung sich strafbar gemacht habe. Er habe sich innerhalb zweier Monate in Wien einzufinden.[145] Dass auch er dieser Aufforderung nicht gefolgt ist, darf als sicher angenommen werden. Im Münzprobations-Abschied der drei

---

142 NLA-WO, 112 Alt Nr. 262, Bl. 35.

143 Biographisches Lexikon, http://mmlo.de/12588 (letzter Zugriff: 17.04.2023).

144 RHR Miscellanea Münzwesen 24-4, unpaginiert.

145 Ebd., 24-5, unpaginiert.

im Münzwesen korrespondierenden Reichskreise Franken, Bayern und Schwaben, Regensburg, den 1. Oktober 1691 neuen Stils, gehörte ein Stift Walkenriedischer Guldiner zu den auf 56 Kreuzer zu valvierenden Gulden.[146]

Die drei Reichskreise Franken, Bayern und Schwaben beschlossen auf dem schon erwähnten Münz-Probations-Konvent am 9./19. Oktober 1693 in Nürnberg neben anderen auch den Sachsen-Gothaischen Gulden für 45 Kreuzer passieren zu lassen.

Kurz nach Schließung der Walkenrieder Münzstätte fanden in Wolfenbüttel Untersuchungen gegen den Baron de Brebis und einige seiner Münzgesellen statt, die jedoch bald ergebnislos eingestellt worden sind. Die kaiserliche Münzkommission des Theobald von Kurtzrock[147] hat zu dieser Münzstätte keine Untersuchungen angestellt. 1706/07 hat die Münzkommission unter Leitung des Münzkommissars von Obernitz durch beeidigte Zeugenaussagen bewiesen, dass der kurhannoversche und Wolfenbütteler und zugleich königlich polnische und kursächsische Geheime Kammer- und Bergrat Johann Friedrich von Eckart 1688 und 1689 in Goslar gute Speciestaler empfangen – war es sein eigenes Geld oder handelte er im Auftrag, war es etwa reichsstädtisches oder herzogliches Geld? – und sie in die Heckenmünzen nach Klettenberg und Sondershausen gebracht und eingewechselt hat. Darauf wird noch ausführlicher eingegangen werden. Es kann meines Erachtens nicht ausgeschlossen werden, dass er zu dieser Zeit auch die Heckenmünze Walkenried mit Silber beliefert hat. Gleichermaßen verdächtig ist der kursächsische Landes-Vizerentmeister, kurbrandenburgische Kammerrat, Hof- und Kammeragent Johann Gabriel Wichmannshausen. Im bereits erwähnten „Extrakt aus den gothaischen Münzakten" heißt es, der Bergrat Müller von Walkenried habe der Herzoglich Gothaischen Kammer ein Memorial übergeben, wonach der Kammerrat Wichmannshausen ein großer Lieferant gewesen sei, er habe viele tausend Taler an alten und neuen brandenburgischen und lüneburgischen Sorten in die gothische Münze geliefert. Sein Bruder aber habe das Hauptlieferantenbuch mit allen Namen und den gelieferten Mengen Silber verbrannt.[148] Der Vizerentmeister Wichmannshausen ist als Münzbetrüger bestraft und sein Vermögen eingezogen worden. Ich halte es nicht für abwegig, auch ihn als einen Lieferanten für Walkenried in Betracht zu ziehen.

In dem erwähnten „Extrakt" heißt es auch, kurz vor der *Captur* des Münzdirigenten Johann Gottfried Wichmannshausen habe dieser dem Bergrat Müller in Walkenried 15.500 Reichstaler gebracht; sein Bruder aber dem Oberförster Koch in Zorge 16.000 Speciestaler geliefert.

---

146 HOFFMANN, Münz-Schlüssel, 3. Teil, S. 53; siehe Online-Quellenverzeichnis.

147 Über Kurtzrock ausführlicher im Kapitel 3.3.

148 RHR Miscellanea Münzwesen 14-4.

2.4. Der Münzbetrug der Grafen von Schwarzburg-Sondershausen

Graf Anton Günther I. (1620–1666), der seit 1642 in Sondershausen regierte, hinterließ zwei Söhne, den schon erwähnten Christian Wilhelm I. (1647–1721) und Anton Günther II. (1653–1716)[149]. Beide regierten zunächst von Sondershausen aus, gingen aber seit 1681 getrennte Wege und teilten das Land in einer Sondershäuser und eine Arnstädter Linie.

Wie RÖBLITZ urteilte, suchten seit 1675 auch Christian Wilhelm und Anton Günther II., als sie beide noch gemeinsam in Sondershausen regierten, in der Münzprägung „ihren Vorteil".[150] In diesem Jahr nahm der im Münzbetrug erfahrene Henning Müller hier seine Tätigkeit auf und blieb bis 1682.[151] v. SCHRÖTTER hielt es für „sehr fraglich", dass die Heckenmünzerei in Schwarzburg-Sondershausen nur 1675 bis 1679 stattgefunden habe, wie es in den umfangreichen Verzeichnissen von Ernst FISCHER (1904) und B. REIN (v. BETHE) dargestellt wird.[152] Denn dort sei eine „ungeheure Masse" von ⅔-Talern, 24Mariengroschen und 60-Kreuzern geschlagen worden, zumal da die große Masse der Stücke ohne Münzmeisterzeichen sei, auch viele keine Jahreszahl aufwiesen. Ähnlich wie in anderen Orten wie z. B. Nordhausen zielte die Prägung so verschiedener Nominale im Wert eines Guldens darauf ab, diese sowohl in Nord- als auch in Süddeutschland in den Zahlungsverkehr bringen zu können.

Christian Wilhelm ließ durch Henning Müller seit 1675 in Sondershausen und später durch unbekannte Münzmeister in Keula und Arnstadt prägen, seit 1683 in Sondershausen durch Johannes Thun. Anton Günther ließ in Sondershausen ebenfalls durch Henning Müller bis 1682 prägen, auch in Keula durch einen unbekannten Münzmeister, und in Arnstadt seit etwa 1686 durch den Münzmeister Heinrich Christoph Hille, der unter dem Grafen Gustav kurzzeitig in Klettenberg tätig war. Die oben genannten Vermutungen über die Heckenmünzerei und Münzmalversation der Sondershäuser Grafen finden durch Archivfunde ihre Bestätigung.

Theobald von Kurtzrock, der kaiserliche Resident in Bremen, über die Verhältnisse in Thüringen wohl unterrichtet, wandte sich bereits am 13. September

---

149 Vgl. KLINGER, Andreas, „Schwarzburg, Grafen von", in: NDB 24 (2010), S. 12–14 [Online-Version]; https://www.deutsche-biographie.de/pnd118762990.html#ndbcontent (letzter Zugriff: 17.04.2023).

150 RÖBLITZ, Arnstadt, S. 68.

151 Vgl. FISCHER, Schwarzburg, S. 132 f. und 135. SCHRÖTTER merkte an, dass Henning Müller und Christian Henning Müller wahrscheinlich dieselbe Person bezeichnen.

152 Vgl. BETHE, Münzen, S. 63–86 (Nr. 671–953).

1678 an den Kaiser wegen des Verstoßes des kaiserlichen Münzediktes von 1676 durch die Grafen von Schwarzburg.[153]

Schon bald standen die schwarzburgischen Münzen in einem schlechten Ruf. Ein kurmainzisches Münzedikt vom 27. Juni 1678 erklärte die schwarzburgischen Gulden mit den aufgeprägten Jahreszahlen 1675 und 1676, sowohl mit dem Bild Anton Günthers als auch Christian Wilhelms, für verrufen, ebenso ein Münzabschied der drei im Münzwesen korrespondierenden Reichskreise Franken, Bayern und Schwaben vom 12./22. Dezember 1679. Christoph Fischer, der Generalwardein des Obersächsischen Kreises, fällte ein schon mehrfach zitiertes vernichtendes Urteil und notierte am 18. März 1680: Die beiden Grafen von Schwarzburg-Sondershausen *lassen alda 16. Groschen münzen, deren Marckweiß aufgestossen, und 13. Stuck auf die Marck befunden, so 11 Loth 13 Grän gehalten, kombt die feine Marck Silber darinnen auf 12. Thaler 1 Groschen 10. Pfennig.* Henning Müller, *welcher Münz-Meister heissen soll,* sei dem Kreis bisher die Eidesleistung schuldig geblieben.[154] In der fränkischen Probierung hielten die schwarzburgischen Gulden nur 12,367, 11,789, 10,006, 9,612, 9,277 und 5,359 g Silber.[155] Im Vergleich dazu sollte der Zinnaer Gulden 14,85 g Silber enthalten!

Ein Münzabschied der drei genannten Reichskreise vom 18./28. Juli 1680 verrief die Schwarzburger Gulden, ebenso ein Münzedikt Herzog Ernst Augusts von Braunschweig-Lüneburg (Hannover) (1629–1698) vom 6. November 1685. Ein schwäbischer Kreisrezess vom 3./13. Dezember 1685 warnte vor neuen Gulden, die *zwar unter einer ältern Jahr-Zahl, aber sehr geringhaltig herauskommen.* Zu diesen neuen verdächtigen Münzsorten, *die unter einem alten Gepräg hervorkommen,* zählte der Rezess auch schwarzburgische neue Gulden. Auch ein Münzedikt Herzog Ernst Augusts von Hannover vom 4. November 1687 erklärte sie für *gänzlich verruffen.*

Unter den neuen Bedingungen des Leipziger Fußes von 1690 erklärte ein Münzrezess der drei korrespondierenden Kreise vom 9./19. Oktober 1693, dass diejenigen Gulden, die einen Wert von 36 Kreuzern nicht erreichen, zusammen mit den anhaltischen und Sayn-Wittgensteiner Gulden verrufen werden, die schwarzburgischen zum Teil verrufen *und in Handel und Wandel nicht mehr acceptirt werden sollen.*[156]

Wie sehr die *Münzconfusion* die Bevölkerung schwarzburgischer Territorien belastete, beweisen die Klagen der Amtsleute, die sie an die gräflichen Kanzleien richteten. Aus Gehren schrieb z. B. am 30. März 1680 der Amtmann Christian Gottfried Roth: Niemand wolle die 16- oder 4-Groschenstücke annehmen, *undt*

153 RHR Miscellanea Münzwesen 8-9.

154 HIRSCH, Münz-Archiv 5, S. 98, 101, 120.

155 Nach SCHRÖTTER, Heckenmünzen, S. 137.

156 HIRSCH, Münz-Archiv 5, S. 189, 191, 223 und 378.

so es länger wehren sollte, die Unterthanen, so bereits dießerwegen mangel genug leiden, leicht gar crepiren müsten, bevorab weder Saltz, Korn, noch andere Victualien zu bekommen.[157]

Ein bis heute wenig bekanntes Schriftstück gibt darüber nähere Auskunft, wie es nach Henning Müllers Weggang 1682 in den folgenden Jahren um das Münzwesen in Sondershausen bestellt war. Es trägt den Titel „Allerhand Miscellanea betr. den Geheimen Rath Johann Friedrich Eckart, der zu Dresden wegen Münzmalversation in Inquisition gewesen, 1708". Es ist auch deshalb von Interesse, weil von Eckart, der hier als königlich polnischer und kursächsischer wie auch kurhannoverscher und Wolfenbütteler Geheimer Kammer- und Bergrat betitelt wird, vornehmlich durch Christian Ernst Schmid zur Rechenschaft gezogen wurde. Denn das Schriftstück beschuldigt einen ehemaligen Sondershäuser Bürger mit Namen Jeremias Ziegler, der nach Nordhausen gezogen war, und Christian Ernst Schmid, einen *zweymahligen banquerotirer*, das meiste zu Eckarts Verfolgung und Unglück beigetragen zu haben.[158] Geschildert werden Vorgänge, die, wie es hieß, 23 bzw. 19 Jahre zurücklagen, sich also um 1685 bis 1689 ereigneten.

Eckart wurde angeklagt, grobe Münzsorten, insbesondere Speciestaler, auf die gräfliche Münze in Sondershausen geliefert und dagegen geringhaltiges Geld empfangen zu haben. So habe er einmal 8.000 Taler guter grober Sorten an Speciesgeld, alten kaiserlichen und kursächsischen Talern und Ducatons[159] geliefert, einige Male sogar 15–16.000 Reichstaler. Er habe dafür neben anderen lauter neue 16-Groschenstücke bzw. ⅔-Stücke *mit wilden Männern* empfangen. Von diesen Gulden sind bei BETHE auf mehreren Tafeln zahlreiche Stücke abgebildet. Sie zeigen auf der Vorderseite das Brustbild des Münzherren Christian Wilhelm. Auf der Rückseite halten ein Wilder Mann und eine Wilde Frau mit Fahnen den mit einer Grafenkrone bedeckten Schild mit dem Schwarzburger Löwen sowie Gabel und Kamm. Darunter befindet sich die Wertangabe ⅔. Die Jahreszahlen 1675 und 1676 dürften gefälscht sein, was selbst damals bereits bekannt war, denn in diesem Text heißt es, er, gemeint ist von Eckart, hätte auch Münzen mit falschen Jahreszahlen erhalten, *als ob sie schon vor etlichen Jahren gepräget worden währen.*

Eckart sei bisweilen einmal wöchentlich, ja sogar zweimal die Woche erschienen und habe stets Quartier im Gasthof „Zum Schwarzen Bär" vor dem Wippertor vor Sondershausen bezogen. Die Magd des Bär-Wirtes mit Namen Lene habe des Öfteren sein Geld in die Münze getragen und dafür neue Sorten zurückgebracht. Die Münze habe sich ursprünglich, also wohl noch um 1685,

157 LATh-StA Rudolstadt, 5-14-1120, Nr. 1330.

158 Ebd., Nr. 1347.

159 Ducatone waren eine Talermünze, die in Mailand im 16. Jahrhundert in großen Mengen geschlagen wurde, mit 30,485 g, später nur 28,665 g Silbergehalt.

vor dem Wippertor, gegenüber dem Gasthof, befunden[160] und sei „vor 19 Jahren", also um 1689, in das Sondershäuser Schloss umgezogen, und zwar unter die alte Hofstube des neuen Gebäudes. Zur größeren Sicherheit sei die Münze, auch Laboratorium genannt, dann zwischen das Schloss und das Vorwerk verlegt worden, und man musste, um sie zu erreichen, durch drei Tore und zwei Türen gehen. Es wurde offenbar in kellerartigen Räumen, *unter der Erde*, gemünzt. Als Münzmeister wird wiederholt Johann Thun genannt, der dann von 1690/1691 bis 1723 als Münzmeister in Gotha prägte.[161]

Von Eckart wurde am 21. Mai 1707 in Leipzig verhaftet, am 25. Mai auf die Festung Sonnenstein bei Pirna gebracht und dort 39 Wochen gefangengehalten, am 10. Februar 1708 in Dresden verhört, am 20./21. Februar mit Zeugen konfrontiert und ihm seine Verteidigung gestattet. Auf wundersame Weise stellte sich jetzt heraus, dass alle Zeugen, auf deren Aussage die Anklage beruhte, wegen ihrer asozialen, teils kriminellen Vergangenheit unglaubwürdig waren, so dass die Anklage fallengelassen und Eckart in die Freiheit entlassen werden musste. Die Hintergründe bleiben in diesem Schriftstück verborgen. Sie wurden aber in anderen Archivalien genannt. Von Eckart verpflichtete sich, für seine Entlassung 100.000 Gulden zu bezahlen. Der Reichshofrat, insbesondere in Gestalt des Münzkommissars von Obernitz, hat sich mit den Vergehen des von Eckart ausführlich befasst.[162]

Auch Münzmeister Andreas Dittmar belastete durch seine Aussagen im Mai 1706 die Schwarzburger Grafen. Münzkommissar von Obernitz nahm zu Protokoll: Anno 1685 wurde dem Grafen von Schwarzburg-Sondershausen zu Merseburg (*Mersburg*) von ihrer hochfürstlichen Durchlaucht – gemeint war Herzog Christian I. (1615–1691) der Sekundogenitur Sachsen-Merseburg – eine Kalesche mit 14.400 Reichstalern in ⅔-Stücken vom Gepräge des Grafen weggenommen, und die Untersuchung ergab, dass die Gulden mit den Jahreszahlen 1676 und 1677 im Jahre 1685 gemünzt worden waren. Anstatt nach dem zinnischen Fuß zu 10 ½ Talern wären sie zu 13 Talern ausgemünzt worden, so dass Graf, Münzmeister und Lieferant 2 ½ Taler von jeder Mark Feinsilber zu ihrem Nutzen genommen haben.

---

160 Die „Beschreibenden Darstellung der älteren Bau- und Kunstdenkmäler des Fürstenthums Schwarzburg-Sondershausen", bearbeitet von Friedrich APFELSTEDT, Sondershausen 1886, gibt über die Lage der Münze keine Auskunft. Apfelstedt nannte zwei Tore, an der Westseite das Brauhaustor, an der Ostseite das Badestubentor (S. 89).

161 SCHRÖTTER, Heckenmünzen, S. 137, STEGUWEIT, Gotha, S. 98 f. Laut Biographischem Lexikon der Münzmeister und Wardeine wurde Johann Thun um 1660 im thüringischen Haßleben geboren und starb 1723 in Gotha. Münzmeister in Sondershausen sei er von 1684 bis 1690 gewesen, danach in Gotha: https://mmlo.de/13563 (letzter Zugriff: 17.04.2023).

162 Mit den Vergehen des J. F. v. Eckart befassen sich die Akten RHR Miscellanea Münzwesen 16-3, 16-4, 19-2, 24-10, 25-1, 26-1, 33-2 und 47-3.

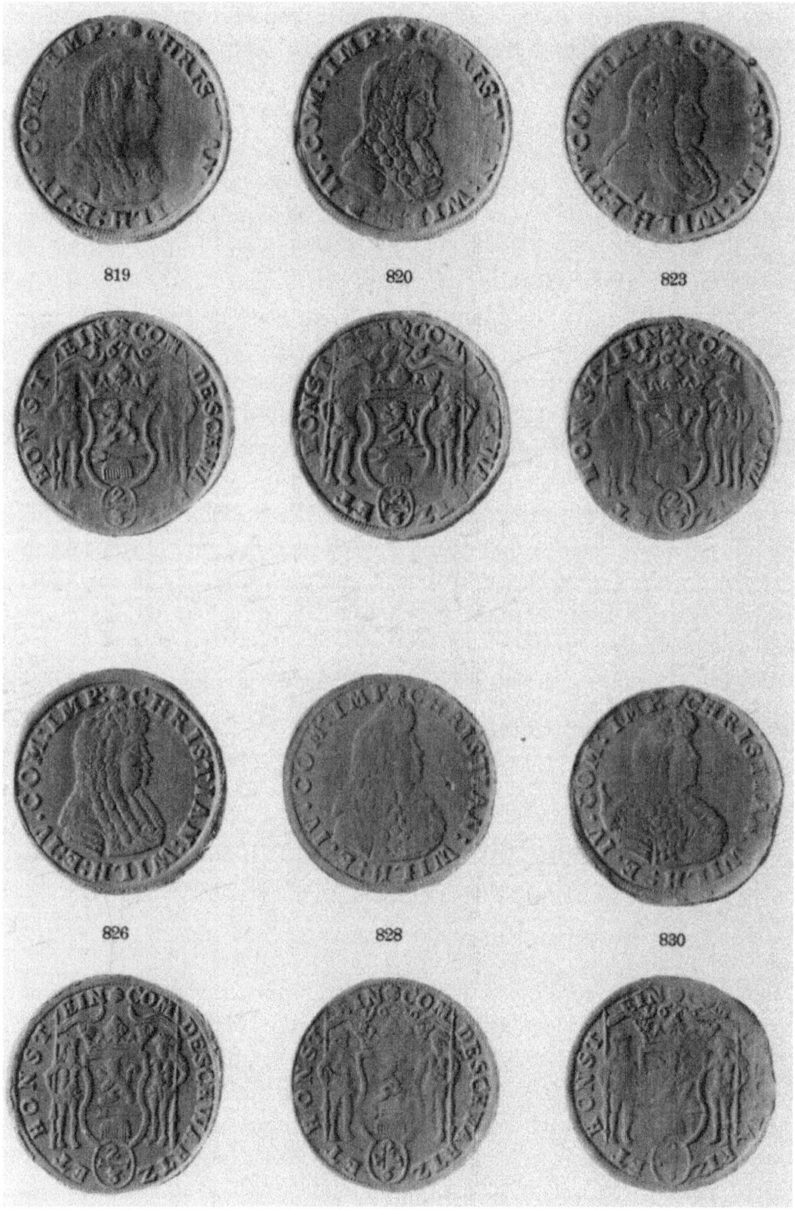

Abb. 6:
Sondershäuser Gulden. Beispiele für die massenhafte Prägung dieses Schwarzburger ⅔-Talers mit den zurückdatierten Jahreszahlen 1675 und 1676

Münzmeister wäre Henning Müller gewesen. Diese Münzprägung habe an die sechs Jahre gedauert, und täglich wären nahezu 6.000 Reichstaler vermünzt worden, *welches täglich 461 7/13 Marck, und also die Woche 2769 3/13 Marck, von ieder Marck 2½ rthlr. 6912½ rthlr. die Woche, und also des Jahrs 359550 rthlr., und also die 6 Jahr 2157.300 rthlr., thut zwantzig Ein Tonnen Golds, und funffzig Siebentausend, Dreyhundert Reichsthaler.*[163] Dittmar hatte erklärt, auch Beweise vorlegen zu können. Im März 1707 erfuhr von Obernitz im Zeugenverhör in Saalfeld von den Brüdern Hans Christoph und Hans Jacob Ludwig, dass beide gesehen hätten, dass von Eckart große Säcke voll Geld auf die Sondershäuser Münze geliefert habe. Er habe das Geld einer Frau in den Korb gegeben und durch sie in die Münze bringen lassen. Das Geld habe in alten Talern, guten groben Sorten und speciebus bestanden. Öfters kam ein schwer beladener Wagen zu ihm, der in dem nahe gelegenen Gasthof „Zum Schwarzen Bären" halt machte. Der Mann hieße Eckart und sei von Goslar gekommen.[164]

Wie noch gezeigt werden wird, wandten sich im Spätsommer und Herbst 1688 Carl Gustav Küchenmeister und Christian Ernst Schmid an den Reichsvizekanzler, was den Stein wohl endgültig ins Rollen brachte. Nicht bekannt ist, ob zu diesem Zeitpunkt bereits Schritte gegen den Grafen Christian Wilhelm eingeleitet worden waren, was die Erteilung des kaiserlichen Absolutoriums am 8. Juni 1689 erklären würde.

Auf das Absolutorium Anton Günthers II. wird an anderer Stelle hingewiesen werden.

2.5. Unwirksame Bemühungen zur Bekämpfung des Münzbetrugs

In Wien war man offensichtlich über das Heckenmünzenwesen am Harz und in Thüringen weit weniger gut informiert als in Berlin, Halberstadt oder Hannover. Um mehr über den Münzbetrug im Reich zu erfahren und dagegen vorgehen zu können, glaubte man dort, in der Reichspost ein geeignetes Instrument gefunden zu haben. Ausgehend von einer Klage seines in Brüssel residierenden Erb-General-Postmeisters Eugenius Alexander Graf von Thurn und Taxis, wonach *Städte, privat- und Handelsleute des Neben-Botten und abwechslenden eilfertigen Fuhrwercks sich zu ihrem mercklichen Vortheil und privat-Nutzen / mit Verwechslung / Ein- und Ausführung vieler / ohne das verbottener / unleidlicher / schädlicher Müntz-Sorten*

[163] Ebd., 33-2.
[164] RHR Miscellanea Münzwesen 33-2.

[...] bedienten und *unsern und des Reichs Constitutionen zuwider / straffmäßiger Weiß mißbrauchen*, forderte Kaiser Leopold I. in einem Post-Patent vom 13. Februar 1680 deren strenge Bestrafung.[165]

Am 13. Februar 1681 ersuchte der Kaiser den Erb-General-Postmeister, mit Hilfe der untergeordneten Reichspostmeister die Übertreter des kaiserlichen Münzediktes in Erfahrung zu bringen.[166] Die kaiserliche Regierung in Wien ging völlig richtig davon aus, dass für diese Aufgabe die Reichspost besonders geeignet sei. Durch die „Verdichtung des Kommunikationsnetzes" (z. B. das Zeitungswesen, Fahrposten) hatten sich die verfügbaren Nachrichten stark vermehrt; und die Reichspost hatte sich „als erste öffentlich zugängliche, periodisch und auf Geschwindigkeit basierende Kommunikationseinrichtung" durchgesetzt. Zu den vielfältigen diplomatischen Aufgaben, mit denen die wichtigeren Postämter betraut wurden, trat nun die eines geheimen Münz-„Agenten". Im Hinblick auf die eigene Postorganisation hatten die großen Reichspostämter schon längst auch eine Überwachungsfunktion ausgeübt.[167]

Auf seine Bitte, ihm zuverlässige Postmeister als Korrespondenten zu benennen, sandte ihm der Graf am 19. Mai 1681 eine Liste mit den Namen von sechs Postmeistern, die er für besonders tauglich hielt. An der Spitze stand der Oberpostmeister von Augsburg, Franz Sebastian Freiherr von Thurn und Taxis, gefolgt von den Postmeistern von Nürnberg, Frankfurt am Main, Hamburg, Köln und Ulm. Sie sollten mit dem kaiserlichen Reichshoffiskal[168] Franz Carl Sartori von Schwanenfeld streng geheime Verbindung aufnehmen.

Mehrere Jahre lang scheint diese Regelung wenig erfolgreich gewesen zu sein. Auf eine erneute kaiserliche Aufforderung konnte Johann Jacob Öxle, Postmeister von Nürnberg, selbst am 19. Mai 1690 nichts Konkretes vorweisen.[169] Dass auf diesem Weg wenig Erfolgreiches zu erwarten war, beweist auch das kaiserliche Postpatent vom 20. März 1686, in dem erneut geklagt wurde, dass Boten unter dem Vorwand, Eil-Güter befördern zu müssen, sich der *Caleschen und Neben-Wägelein* zur Beförderung *verbottener Wahren / ringhaltigen schlimmen*

---

165 FERNERE GRÜNDLICHE UND WAHRHAFFTE INFORMATION, S. 25. Siehe Verzeichnis der Online-Quellen.

166 Eugen Alexander v. Thurn und Taxis (1652–1714), seit 1676 Generalerbpostmeister der Kaiserlichen Reichspost, 1695 Ernennung zum Reichsfürsten.

167 Vgl. BEHRINGER, Reichspost, S. 422, 566, 573 und 684.

168 Das Amt des Reichshoffiskals oder Reichsfiskals wird noch wiederholt erwähnt werden. Dieser Beamte war nach GSCHLIEßER, Reichshofrat, S. 88, der „Sachwalter des Kaisers und des Reiches in allen fiskalischen Sachen", „der im Interesse der kais. Kammer von Amts wegen oder auf Weisung des Rhr. vor diesem als Kläger auftrat". Auch handelte er als öffentlicher Ankläger, der bei verschiedenen Verletzungen der öffentlichen Ordnung im Reich, so auch bei Münzvergehen, einzuschreiten hatte.

169 RHR Miscellanea Münzwesen 14-7.

Geld-Sorten bedienten. Diese Leute sollten auf ihren Territorien ergriffen, gegen sie untersucht und *ohnnachläßlich procediret werden.*[170]

Auch die Wiener Gesandten an den Fürstenhöfen wurden mit dieser Aufgabe betraut. Der erfahrene, außerordentlich geschickte kaiserliche Gesandte in Berlin Franz Heinrich Freiherr von Fridag[171] sollte sich insbesondere umhören, wie der Transport des schlechten Geldes in die kaiserlichen Erblande vor sich ging.[172] Er berichtete am 11. März 1689 nach Wien: Man habe diese Münzen auf schwer beladenen Fuhrwerken unter Waren versteckt aufgespürt, auch die Fuhrleute scharf verhören lassen, doch nicht das Geringste von ihnen erfahren, von wem ihnen die Ladung ausgegeben, noch an wen sie adressiert wäre. Inzwischen aber würden die Auftraggeber gewarnt und ohne Zweifel andere Mittel suchen, um diese Gelder zu verschicken. Ihm sei neulich hinterbracht worden, dass auch Offiziere, auch reisende Kavaliere, auch noch vornehmere Personen, deren Bagage so scharf wie bei anderen nicht kontrolliert wird, mit diesen schlechten Münzen beladen und diese so viel sicherer tranportiert werden.[173] Gustav FREYTAG hat diesen heimlichen Transport schlechter Münze besonders anschaulich geschildert.[174] Das kaiserliche Münz-Edikt vom 6. November 1680 hat letztmalig und unter erneuter Androhung der darauf ruhenden schweren Strafen dieses Treiben verboten.

Für die damalige Zeit besonders raffiniert war die so genannte „Küchenpost" des schwedisch-pommerschen Statthalters Graf Nils Bielke. Wagen mit doppeltem Boden beförderten offiziell Post von Stettin nach Hamburg und zurück sowie Spezialitäten für die Küche des Gouverneurs, jedoch illegal vorwiegend unterwertige Zweidrittel-Stücke, die nach 1689 in der schwedisch-pommerschen, jetzt sayn-wittgensteinschen Münzstätte Stettin geprägt wurden. Das schlechte Geld wurde in Hamburg eingewechselt. Der Weg dieser so genannten Küchenpost, die einmal wöchentlich hin und zurück fuhr, führte durch brandenburgisches und mecklenburgisches Territorium. Am 21. Juli 1691 wurde ein solcher Transport an der Grenze zwischen Pommern und Brandenburg von brandenburgischen Beamten aufgehalten und durchsucht. 7.000 Taler wurden beschlagnahmt. Tatsächlich dürfte die Summe weit höher gewesen sein. Arens-

---

170 FERNERE GRÜNDLICHE UND WAHRHAFFTE INFORMATION, S. 29. Siehe Verzeichnis der Online-Quellen.

171 Seit 1674 Reichshofrat, erscheint sein Name bis 1685 in dessen Präsenzlisten, seitdem war er a.o. kaiserlicher Gesandter in Berlin. Dort wirkte er bis zu seinem Ableben am 11. Januar 1694. Vgl. GSCHLIEßER, Reichshofrat, S. 298 f.

172 Zur Bedeutung des Gesandten v. Fridag in Berlin vgl. LAU, Diplomaten, S. 270 f.; ferner HINTZE, Hohenzollern, S. 249.

173 RHR Miscellanea Münzwesen 14-7.

174 FREYTAG, Bilder, S. 157 f. Diese Schilderung bezieht sich auf die 1. Kipperzeit, kann aber auch für die 2. Kipperzeit gelten.

burg hatte für diesen Transport Münzen im Wert von 11.476 Reichstalern geprägt.[175]

Die oben beschriebenen kaiserlichen Maßnahmen waren also wenig erfolgreich.

175 KRÜGER, Schweden, S. 233–235.

3. Das Einschreiten des Reichs gegen den Münzbetrug im Nordthüringer Raum

3.1. Der entscheidende Schritt zum Erfolg: Christian Ernst Schmids und Carl Gustav Küchenmeisters Kontaktaufnahme mit Wien

In der Grafschaft Hohenstein und der Reichsstadt Nordhausen nahmen Carl Gustav Küchenmeister und Christian Ernst Schmid 1688 Kontakt mit Wien auf.

Es ist erstaunlich, dass der Nordhäuser Rat und Reichshofratsagent Koch schon seit 1684 in der *Schmidischen Müntzsache* korrespondierten.

Schmids Herkunft lag bisher ganz im Dunkeln. Bei meinen Recherchen stieß ich auf einen Christian Schmid, der als gräflich-schwarzburgisch-hohensteinischer Rat und Kanzleidirektor zu Ebeleben am 14. Juli 1667 den Obersächsischen Münzprobationstag in Leipzig besuchte. Er trat dort als Gesandter des Stifts Quedlinburg, der Grafen von Schwarzburg Sondershäuser und Rudolstädter Linie und der Grafschaft Stolberg auf.[1] Er war der Vater Christian Ernst Schmids, eine respektable Persönlichkeit und ein wichtiger Beamter des Grafen Ludwig Günther II. von Schwarzburg-Ebeleben (1621–1681),[2] der mit Concordia von Sayn-Wittgenstein-Hohenstein (1648–1683) verheiratet war. Man wird sofort hellhörig, wenn man erfährt, dass die Hochzeit des gräflichen Paares 1669 in Klettenberg stattfand, wo demnächst Concordias Bruder Gustav residieren sollte!

Graf Ludwig Günther II. bat am 10. November 1667 den Nordhäuser Rat um einen Gefallen für seinen Kanzleidirektor, dessen Bittschreiben dem Brief beigefügt war. Darin ersuchte der Vater für seinen vierten, wohl seinen jüngsten Sohn, um Beistand, der schon im elften Jahr bei Handelsleuten in Nordhausen und Leipzig treu gedient und sich nun entschlossen habe, sich in der Reichs-

---

1 HIRSCH, Münz-Archiv 5, S. 17. Die Herrschaft Ebeleben war seit 1616 Eigentum der Grafen von Schwarzburg. Die Kanzlei befand sich im Ebelebener Schloss, wo von 1642 bis 1666 Graf Ludwig Günther II. v. Schwarzburg-Sondershausen residierte. Der Kanzleidirektor Christian Schmid verlor seine Ehefrau Barbara geborene Tentzel nach der Geburt einer Tochter am 5. April 1653. Das Ehepaar hatte mehrere Kinder. Die Leichenpredigt, gehalten von Pfarrer Valentin Buhl, wird in der Staatsbibliothek Berlin aufbewahrt: https://digital.staatsbibliothek-berlin.de/werkansicht/?PPN=PPN881661406 (letzter Zugriff: 17.04.2023).

2 Vgl. Ludwig Günther II., Schwarzburg-Sondershausen, Graf, Indexeintrag: Deutsche Biographie, https://www.deutsche-biographie.de/pnd102816956.html (letzter Zugriff: 17.04.2023).

stadt selbständig zu machen und eine eigene Handlung zu eröffnen. Zu diesem Zweck habe er sich schon vor geraumer Zeit bei der löblichen Krämergilde angemeldet und um Aufnahme gebeten, die ihm aber bisher verwehrt worden sei. Er bat den Rat, die Gilde zur Aufnahme seines Sohnes zu veranlassen und dass er von der Gilde nicht *an seiner Wohlfarth gehindert werden* möge.[3]

Das Gesuch war erfolgreich; um 1680 bereits war Christian Schmid reichsstädtischer Bürger und ein angesehenes Mitglied der Krämer-Gilde. Als *Ältester* dieser Gilde unterzeichnete und siegelte er 1681 die erneuerten Innungsartikel.[4] Als versierter Händler kannte er sich mit dem Münzwesen aus. Sicher nicht nur 1675 beriet er die gräflich-schwarzburgischen Räte zu Frankenhausen und Sondershausen in Fragen devalvierter Münzsorten. Sein Vater amtierte zu dieser Zeit noch als gräflicher Kanzleidirektor in Arnstadt.[5]

Das Jahr 1684 bedeutete in seinem Leben eine tiefe Zäsur. Schon am 20. November 1681 hatte der Reichshofrat beim Nordhäuser Rat angemahnt, man solle den Kaufmann Schmid ernstlich examinieren, ob er nicht bei dem Münzmeister Henning Müller in Sondershausen aus gutem geringes Geld habe münzen lassen oder wisse, wie das von anderen geschehen sei. Nicht gesagt wurde, warum man Schmid verdächtigte. War es seine Herkunft aus dem Schwarzburgischen, war es seine gute Kenntnis des Münzwesens, die ihn in diesen Verdacht geraten ließ? Am 17. April 1682 ließ der Kaiser erneut beim Rat anfragen. Endlich erging von Linz aus am 24. Dezember 1683 – erst vor kurzem waren die Osmanen vor Wien geschlagen worden – ein kaiserliches Reskript an Nicolaus Christoph von Hünefeldt (1617–1685), Reichshofrat und Münzkommissar in Frankfurt am Main,[6] mit dem Befehl, den angeblichen Münzverleger Schmid in Arrest zu nehmen.[7]

Sein Anwalt Georg Fabricius nannte als Grund für seine Verhaftung, *weilen er ein Müntz-Verleger seyn sollte.* Fabricius, kein Ortsansässiger, berichtete später, dass sein Mandant am 26. Februar 1684 *auf daselbstigem Raths-Keller, mit hartem personal-arrest, schwerer custodi und vierfacher Wacht belegt und zur Hafft gezogen* wurde und dass ihm bis dato (14. April 1684) trotz angebotener Kaution weder der Zutritt seiner engsten Angehörigen noch Schritte zu seiner Verteidigung erlaubt worden seien.[8] Schmid beteuerte wiederholt, sich niemals mit dem Münzwesen, sei es durch Pacht oder Verlag, noch mit Wechsel oder Silberhandel befasst zu haben. Dann gelang es ihm – nach wieviel Tagen Arrest, ist nicht bekannt – zu fliehen und sich bis nach Leipzig durchzuschlagen. Daraufhin wären sofort sein

3 StadtA NDH, Best. 1.3./R J 28, Bl. 69 f. und 75.
4 Ebd., R Ja 37, Bl. 52.
5 LATh-StA Rudolstadt, 5-14-1120, Nr. 1338.
6 Vgl. Chronologische Liste der Reichshofräte, Verzeichnis der Online-Quellen.
7 RHR Miscellanea Münzwesen 50-4.
8 StadtA NDH, Best. 1.3./ R Ad 3, Bl. 120.

Crahm-Laden gesperret, sein Haus bewacht, ein Teil seines Gesindes an Händen und Füßen *gefänglich angeschlossen* sowie Frau und Kinder mit Arrest bedroht worden.

Nach einer gewissen Zeit, Schmid hatte inzwischen die Gnade des Kaisers angerufen und sich zu einer Kaution von 2.000 Gulden bereiterklärt, erbat sein Anwalt vom Magistrat freies Geleit (*salvus conductus*), ihm aus seinem Vermögen alles Notwendige für seine Kaution anzuweisen, ihm zu seiner Verteidigung alle Freiheit zu gewähren und zu erlauben, seinen *Cram-Laden* wieder zu eröffnen. Im März 1686 schätzte der Rat, dass Schmid in finanzielle Schwierigkeiten geraten und sein Kredit merklich gesunken sei.[9] Koch wusste zu berichten, dass Reichshofrat und Reichsfiskal von Schmid nur noch *andere complices, die des Müntzwesens schuldig, in erfahrung und gebührende abstraffung* bringen wollten. Ihr Interesse an ihm sei aber jetzt gesunken, die Sache mit Schmid eigentlich beendet.[10] Am 16. Februar 1687 teilte Koch dem Rat mit, *in puncto monetae* gegen Schmid zu verfahren halte der Reichsfiskal nicht mehr der Mühe wert.[11] Schmid werde wohl mit Erfolg um ein *Decretum absolutorium* anhalten. Seine finanzielle Lage hat sich dann wohl wieder verbessert.[12]

Noch einmal 1687 wurde Schmid in derselben Angelegenheit vernommen, und wieder musste der Rat Schmids Unschuldsbeteuerung vermelden. Am 4. September 1688 schrieb dieser an den Reichsvizekanzler Leopold Wilhelm[13]: Er müsse ansprechen, dass der Nordhäuser Rat nach einem neulich ergangenen kaiserlichen Reskript hart in ihn dringe, dass er aussagen solle, ob er wisse, dass Henning Müller, ehemals Münzmeister in Sondershausen, gute Reichstaler verschmolzen und in schlechte Güldener verprägt habe. *Ich habe mich bisher mit der Aussage aufgehalten, weil dadurch ein und anderer gewarnet und daßjenige, waß man billich in geheimb und verschwiegen halten soll, offenbahr werden dürffte.*[14]

---

9 1692 heißt es, *Christian Ernst Schmied modo* [jetzt, nunmehr] *Georg Arens habet uff seinem Crambause Capital*: von 100 Gulden der Kirche St. Nicolai, 30 Gulden des Hospitals St. Cyriaci und 30 Gulden des St. Elisabeth-Hospitals. Vgl. StadtA NDH, Best. 1.3./ R Ea 3, Bl. 18, Nr. 71.

10 Ebd., R Ad 3, Bl. 113 und 118.

11 Ebd., Bl. 142.

12 1688 zahlte er laut unvollständigem Türkensteuerregister am 6. April 21 Reichstaler, 23 Groschen, 6 Pfennige Türkensteuer und war somit am höchsten veranlagt. Ihm folgte Johann Caspar Arens, Bürgermeister seit 1687 aus der Gewandschnittergilde, mit 13 Reichstalern, 6 Groschen, 6 Pfennigen. Die Mehrzahl der Steuerpflichtigen zahlte unter einem Taler. Vgl. StadtA NDH, Best. 1.3./ R Ag 10, Bl. 2 f.

13 Leopold Wilhelm Graf v. Königsegg (1629–1694), Reichshofrat seit 1653, 1665/66 Reichshofratsvizepräsident, 1669 Reichsvizekanzler. Vgl. GSCHLIEßER, Reichshofrat, S. 265–267.

14 RHR Miscellanea Münzwesen 12-2, Bl. 464.

Es verwundert dann doch, dass Schmid trotz dieser Vorgeschichte 1690 zum ersten kaiserlichen Kurier-Postmeister Nordhausens ernannt wurde. Das kann nur mit seiner neuen Aufgabe, der Bekämpfung der Münzmalversationen, erklärt werden. Wie gerade ausgeführt worden ist, erlangte die Reichspost ja zu diesem Zweck eine besondere Bedeutung. Nicht bekannt ist, wann genau sein Sohn ihm im Amt gefolgt ist.

Man darf wohl daraus entnehmen, dass er seit 1690 als kaiserlicher Postmeister seinen Erwerb als Handelsmann bereits aufgegeben hatte und ausgerechnet Georg Arens sein *Cramhaus* erwarb und sein Nachfolger wurde, der später wegen Münzbetrugs angeklagt worden ist. Erwähnt wird, dass er im Zusammenhang mit der wieder neu gegründeten Schützenkompanie, die seit 1692 auf dem Bielenrasen vor Nordhausen ihre Übungen abhielt und 1695 ihre Statuten erhielt, einer der beiden ersten Schützenmeister war. Das heißt, er verfügte in der Stadt über einen gewissen Bekanntheitsgrad, ist jedenfalls kein ungeselliger Mensch gewesen und hat sich im Kreis seiner Schützengenossen sicherlich wohlgefühlt. Verheiratet war er mit Anna Margarethe Wiedolt. Einmal heißt es, er wohnte im Grimmel, ein andermal, er habe ein Haus des Stiftes St. Crucis bewohnt.[15]

Am 2. Dezember 1696 erwarb laut Bürgerrolle ein Christian Ernst Schmid das Bürgerrecht.[16] Hier kann nur sein gleichnamiger Sohn gemeint sein. HEINECK irrte, als er vermutete, Schmid sei vor 1702 verstorben, weil in diesem Jahr sein Sohn kaiserlicher Postmeister gewesen sei.[17] Christian Ernst Schmid junior führte am 8. Oktober 1700 einen Prozess vor dem Stadtgericht.[18] Und er hat in der Tat die Nachfolge seines Vaters angetreten, sogar in der Schützenkompanie als Schützenmeister.[19] 1702 geriet er in den Verdacht, unrechte Handlungen zu begehen. Reichspostmeister Maximilian Heinrich Freiherr von Kurtzrock in Hamburg teilte dem Nordhäuser Rat am 16. August 1702 mit, gegen den Postverwalter Schmid kämen *verschiedene wiedrige Klagten vor, vieler von Ihm bey der Post verübten Malversationen, dadurch Er dahsiger Ambts administration sich unwürdig gemacht haben solle.* Er ersuchte den Rat, Schmids *Wohl- oder Übelverhalten* zu untersuchen und wegen *Removirung des Postambts* zu berichten.[20] In einer von REINHARD-HORMUTH zitierten Kabinettssorder König Friedrichs in Preußen vom 14. Oktober 1702 wird davon gesprochen, der kaiserliche Postmeister Schmid junior dürfte *einiges ihm angeschuldigten üblen Verhaltens wegen, für eine Zeit*

15 Ebd., 19-3.
16 StadtA NDH, Best. 1.2./ II X 13. Die vorausgehende Bürgerrolle ist leider nicht erhalten.
17 Vgl. HEINECK, Postgeschichte, S. 11.
18 StadtA NDH, Best. 1.3./ R Ja 37, Bl. 52.
19 Vgl. BOHNE, Chronica, S. 52.
20 StadtA NDH, 1.3./ R C 15-2, Bl. 274.

absentiren.[21] Vielleicht saß er wegen eines uns unbekannten Deliktes sogar im Gefängnis. Die Urteilsfindung zog sich längere Zeit hin und endete mit seiner Amtsenthebung. Seit 2003 befindet sich im Nordhäuser Stadtarchiv eine stattliche Pergamenturkunde mit großem anhängendem Siegel in einer Holzkapsel, ausgestellt in Frankfurt am Main am 31. März 1704 von dem schon einmal erwähnten Generalerbpostmeister des Heiligen Römischen Reichs Eugenius Alexander Fürst von Thurn und Taxis. Darin heißt es, der bisherige Postverwalter Christian Ernst Schmid sei *wegen seines üblen comportements* (Verhaltens) abgesetzt und dagegen Franz Filter, der im kaiserlichen Postamt zu Braunschweig 16 Jahre lang treue Dienste geleistet habe, mit diesem Amt betraut worden.[22] Worin das *üble comportement* Schmid juniors bestand, bleibt wohl für immer ungeklärt; er selbst dürfte die Stadt für eine gewisse Zeit verlassen haben. Später, 1705, 1706, unterschrieb der Vater als Schmid senior, um nicht mit seinem gleichnamigen Sohn verwechselt zu werden, der wohl wieder in der Stadt aufgetaucht war. Am 13. Juni 1706 erklärte er, dass er den Junior *wegen seines ubeln Verhaltens* nicht mehr für seinen Sohn erkenne und dieser nunmehr seit vier Jahren sein Haus nicht betreten dürfe.[23]

Nicht unerwähnt soll bleiben, dass Friedrich Christian Lesser, Pfarrer und Polyhistor, in seinem Lebenslauf für die 1735 erfolgte Aufnahme in die Leopoldina, die Kaiserliche Akademie der Naturforscher in Halle, als den dritten Taufpaten seiner Taufe am 16. Mai 1692 Christian Ernst Schmid erwähnte, „Seiner Kaiserl. Majestät Münzkommissar und Kurierpostmeister“. Er nannte sich Münzkommissar, ein Patent für eine offizielle Ernennung liegt nicht vor. Welche Verbindung zwischen Schmid und der Familie Lesser bestand – Vater Lesser war Diakon an St. Blasii – ist heute nicht mehr eindeutig zu ersehen. Die Familie Lesser war durch mancherlei Beziehungen mit schwarzburgischen Territorien verbunden. Vielleicht war Vater Christian Schmid, der gräflich schwarzburg-hohensteinische Rat, mit dem gräflich schwarzburgischen Hofprediger Johann Elias Rothmaler in Rudolstadt gut bekannt, dessen Tochter der Nordhäuser Diakon Philipp Jacob Lesser am 12. Mai 1691 geheiratet hat. Magister Rothmaler in Rudolstadt war Friedrich Christian Lessers Großvater.[24]

Christian Ernst Schmid hatte sich aber in diesem Jahr 1692 durch seine Tätigkeit als substituierter Münzkommissar auch in Nordhausen, wie er selbst berichtete, Feinde gemacht, und zum Jahresende erging gegen ihn auf Veranlas-

---

21 REINHARD-HORMUTH, Postchronik, S. 15.

22 StadtA NDH, Best. 1.3./ FA 16-1 (vorläufige Signatur) Franz Hermann Filter (1670–1728), kaiserlicher Postsekretär in Braunschweig, im April 1704 zum Kaiserlichen Postmeister in Nordhausen berufen, 1721 Quatuorvir, 1727 Bürgermeister, † 15. Dezember 1728, begraben in St. Nicolai.

23 RHR Miscellanea Münzwesen 20-29.

24 Vgl. LESSER, Vorfahren, S. 34 f. und 65.

sung des Herzogs Moritz Wilhelm von Sachsen-Zeitz (1644–1718) ein kaiserliches Arrestmandat, so dass er fast ein Dreivierteljahr flüchtig und im Verborgenen leben musste. Aber er hatte sich durch seine Dienste, durch die von den Münzmalversanten, insbesondere auch von den Lieferanten (von denen es ja auch in Nordhausen einige gab) außerordentliche Strafgelder in die kaiserliche Kasse flossen, Zustimmung und Freunde erworben.

Für seinen Entschluss, seine kaufmännische Tätigkeit aufzugeben und sich den kaiserlichen Ermittlern gegen die Münzmalversanten zuerst als geheimer Informant zur Verfügung zu stellen und später als ein beharrlicher und erfolgreicher substituierter Münzkommissar zu operieren, gibt es wohl mehrere Gründe. Zunächst wollte er das kaiserliche Absolutorium erlangen; auch erhoffte er sich eine entsprechende Belohnung durch den kaiserlichen Fiskus. Und vielleicht erhoffte er sich anfangs auch eine Karriere im kaiserlichen Postdienst.

Carl Gustav Küchenmeister, Dänischer Obristwachtmeister, war in Branderode, in der Herrschaft Klettenberg, nicht weit entfernt von der Grenze zum braunschweigischen Stiftsamt Walkenried, begütert. Er hatte hier das ehemalige von Wattenrothsche Gut inne.[25] Er betätigte sich als „Denunziant“ auch unter von Obernitz, dem er am 10. August 1700 einen Bericht sandte.[26] Er verstarb bereits am 11. August 1701 im Alter von 55 Jahren.[27] Unbekannt ist, wann und unter welchen Umständen er Christian Ernst Schmid kennenlernte und welche Motive ihn zu seinem Handeln veranlassten. Auch bei ihm dürfte die Erwartung reichlicher Belohnung eine Rolle gespielt haben. Im Unterschied zu Schmid wird er nach 1691 nur noch selten erwähnt. Ernst Söldner als kurbrandenburgischer Münzkommissar hat dann in der Grafschaft mehr und mehr das Handeln bestimmt.

1688 nahmen Schmid und Küchenmeister wie eingangs erwähnt mit Wien Kontakt auf. Vom Spätsommer und Herbst dieses Jahres sind drei Briefe von Schmid und einer von Küchenmeister an den Reichsvizekanzler Leopold Wilhelm Graf von Königsegg-Rothenfels überliefert. Aus ihren Schreiben geht hervor, dass sie wohl zweimal persönlich nach Wien gereist sind. Am 4./14. September 1688 erwähnte Schmid in Nordhausen, bei seiner Abreise in Wien sei ihm befohlen worden, zu visieren, was hier im Münzwesen passiere. Aus einem Schreiben des Obristwachtmeisters, das er gestern erhalten habe, entnehme er, dass zu Klettenberg, Walkenried und Sondershausen stark gemünzt werde und große Posten umgemünzten Geldes jetzt auch durch diese Stadt (Nordhausen!) nach Leipzig zur Michaelis-Messe gehen. Er müsse auch erwäh-

25 Vgl. LASA Magdeburg, A 13, Nr. 1416c; und REICHHARDT, Grafschaft Hohenstein, S. 77.

26 RHR Miscellanea Münzwesen 20-29.

27 Nach freundlicher Mitteilung von Herrn Dr. Andreas Scholz.

nen, und das soll hier noch einmal wiederholt werden, dass der Rat nach einem neulich eingegangenen kaiserlichen Reskript hart in ihn dringe, dass er aussagen solle, ob er wisse, dass Henning Müller, ehemals Münzmeister in Sondershausen, wie auch andere Münzmeister, gute Reichstaler verschmolzen und in schlechte Güldener verprägt hätten.[28] Er bat den Grafen Leopold Wilhelm, dem Rat Einhalt zu tun und ihm ein Absolutorium zu erteilen.

Kurz darauf sind Schmid und Küchenmeister erneut nach Wien gereist. Am 15./25. September 1688 machten beide in Wien vor dem Reichshofratspräsidenten von Oettingen-Wallerstein,[29] dem Reichsvizekanzler von Königsegg und anderen bedeutenden Persönlichkeiten *wegen des falschen Münzwesens im Reich* folgende Aussagen. Inwieweit sie sich zu Übertreibungen hinreißen ließen, um ihre eigene Wichtigkeit zu unterstreichen, lässt sich nur schwer beurteilen. Sie werden sich bemüht haben, vor Ort, d. h. in Nordhausen und in der Grafschaft, Kontakte zu möglichst gut informierten Kreisen herzustellen. Die Bediensteten der Heckenmünzen hatten einen Eid auf strengste Verschwiegenheit abgelegt; aber vielleicht gab es ja doch in ihrem Umkreis Personen, denen man die eine oder andere Information entlocken konnte. Dennoch sind in den schriftlichen Aufzeichnungen Widersprüche und Ungenauigkeiten oder Verwechslungen von Namen aufgetreten.

Aussagen zu Klettenberg:
Graf Gustav habe eine Münzstatt zu Klettenberg, *alwo er Guldiner in der Jahreszahl 76 und 77 präget, da diese aber gewiss in den Jahren 87 und 88 geschlagen wurden.* Dieses Geld werde in hessischen Landen für mehr nicht denn 45 Kreuzer genommen, und in Kurbrandenburg und im Herzogtum Braunschweig gar nicht zugelassen, sogleich konfisziert und hinweggenommen. Kaufleute und andere kauften die guten Species, auch braunschweigische Guldiner allerorts im Reich gegen 30 % Agio und würden sie zu dieser Münzstätte bringen. Hier wären gewesen Andreas Beer (Bähr) von Goslar, von Beruf ein Seiler, sein Bruder Conrad, und des ersteren Sohn Hans Christoph wäre der Münzmeister von Klettenberg gewesen.

Aussagen zu Walkenried:
Die neue Münze zu Walkenried, welchen Ort der Herzog von Wolfenbüttel dem Herzog zu Sachsen-Gotha versetzt, wo Hans Christoph Beer (Bähr) seit

---

28 RHR Miscellanea Münzwesen 12-2, Bl. 464.

29 Wolfgang IV., Graf v. Oettingen-Wallerstein (1626–1708) gehörte der katholischen Linie Oettingen-Wallerstein an. 1653 zum Reichshofrat und 1683 zum Reichshofratspräsidenten ernannt, wurde er vor allem durch seinen Widerstand gegen die Verleihung der 9. Kur an Ernst August v. Hannover bekannt. Als geschickter Diplomat verhandelte er erfolgreich mit dem Osmanischen Reich (Friede von Karlowitz 1699). Vgl. GSCHLIEßER, Reichshofrat, S. 310 f.

zwei Monaten Münzmeister ist, wird von einem mit Namen Bräbitz (de Brebis) dirigiert, also und dergestalt, dass neben anderen unterschiedlichen Kaufleuten in Hamburg, Bremen und Frankfurt obbenannter Andreas Beer (Bähr) und dessen Bruder ihm Hans Christoph zu dieser Münze das gute Geld durch Goslar zuführen und nachmals das schlimm gemünzte Geld durch Nord- und Mühlhausen, auch durch die Grafschaften Mansfeld und Stolberg auf Leipzig, wo sie alsdann wiederum gutes Geld auftreiben und großenteils von dem schlimmen vieles allsofort von Leipzig nach Böhmen, Schlesien, Mähren, Polen und Moskau abführen. Die Münzmeister in dergleichen Heckenmünzen nehmen darleihungsweise Geld auf für 45 % die Woche [...] In dieser Münz zu Walkenried machten sie zum Schein gute lüneburgische Doppelgroschen, womit sie die Leute bezahlen, damit dieses gute Geld vor Ort auskomme, unter der Hand aber eine große Menge schlimmer Guldiner, welche sie nachmals verborgen in Fässern fortschickten. Dieses alles könnte vom Obristwachtmeister, der sein Gut zwischen Klettenberg und Walkenried besitzt und alle Ab- und Zuführung genau wisse und sehe und auf beide Münzstätten mit einem Musketenschuss gelangen kann, nicht geleugnet werden. Ausführlicher haben sich Schmid und Küchenmeister zu Walkenried nicht geäußert.

Aussage zu Nordhausen:
Über das Münzwesen in Nordhausen 1685 waren die beiden wohl nur unzureichend informiert. Sie berichteten: Bei Nordhausen seien drei Brüder wohnhaft, mit Namen Niebecker, davon einer Münzmeister, der andere Amtmann, der dritte sei in anderer Münzbedienung. Diesen dreien habe der Rat allda die Münze unter der Kondition verpachtet, dass sie nach des Reiches Schrot und Korn münzen sollten. Für diese drei sei der Lizentiat Eilhardt, *einer der Vornehmbsten aus dem Rath*, und der die Schwester der drei zur Ehe habe, gegen Aushändigung einer Kaution zum Bürgen geworden. Anfangs wurde gutes Geld, hernach aber schlimmes Geld gemacht, also dass der Rat ihm die Kaution nicht extradieren wollte, *in Besorgung, es möchte Ihnen Ihre Kayserl. Mayst. noch einesmahls dieser schlimmen Münze halber hinter sie kommen.* Wegen dieser Münze könnte man vom ehemaligen Münzmeister Andreas Titmar (Dittmar) die beste Erfahrung und Nachricht bekommen, zumal selbiger mit Widerwillen und zwar aus dem Grund davongegangen, weil die Stadt ihm wegen des schlimmen Münzens die Schuld beimessen wollte, er aber beständig sich entschuldigt habe, dass er es nicht, sondern die oben genannten vier Personen waren, denn er habe tun müssen, was diese wollten. Dieser Titmar sei danach auf unterschiedlichen Münzstätten gewesen und hielte sich zurzeit in Eisleben auf. Auch könne man von ihm die Namen der Lieferanten erfahren. Man könnte diese, die das gute Geld gegen Agio aufkauften und hernach das schlechte Geld von den Münzstätten

abführten, durch seine, des Obristleutnants (hier ist Küchenmeister gemeint), Kooperation leicht ergreifen.

Schließlich gaben sie noch Informationen über die Heckenmünze in Sondershausen. Sie habe ein gewisser Henning Müller dirigiert, der den Titel eines Bergrates führte. Er arbeite mit einem vornehmen Kaufmann in Leipzig namens Plattner zusammen.[30] Müller hatte, wie schon erwähnt, auch in Ellrich bzw. Klettenberg gemünzt. Über die Sondershäuser Münze, die als erste der Nordthüringer Heckenmünzen den Zorn des Kaisers zu spüren bekam, ist bereits an anderer Stelle ausführlicher berichtet worden.

Nach seiner Rückkehr meldete Küchenmeister am 23. September 1688 aus Branderode nach Wien: Bei seiner gestrigen Ankunft habe er sein Hauswesen in Unordnung vorgefunden. Die Klettenberger und Walkenrieder Münze

> *gehen in voller arbeit, und hetten bei iziger leipziger Michaelis meße einige Liveranten können angehallten werden, woferne man nachdrückliche order und befehl gehabt, auch versichert wehre, das alles in geheimb und verschwigen bleiben sollte, auch das man von dehme, was man auf Römisch kayserlichs Majestett Befehl wegnehmen würde, nicht allein Tertiam partem zugewarten, Sonder auch, was man künfftich per viam commissionis durch inquisition würde ohnfehlbar einbringen können, desgleichen zu genießen habe.*
> Nachschrift: Er habe einige neue Lieferanten mit guten Reichstalern ausfindig gemacht.

Man kann wohl seinen Ausführungen entnehmen, dass es ihm darum ging, möglichst viel von den zu beschlagnahmenden Geldlieferungen in die eigene Tasche stecken zu können.

Schmid informierte am 14./24. November 1688 den Reichsvizekanzler, dass seit seinem letzten Brief an den drei Orten kontinuierlich gemünzt worden sei, *und werden insonderheit die Clettenbergische Guldener, deren ein Stück noch nicht völlig 1 Lot wieget, in gar schlechtem Werthe gemacht, wie inliegende Probe ausweiset.* Er könnte mit Zuziehung des Obristwachtmeisters durch einen verschwiegenen Notar über Lieferanten Zeugen abhören oder diese auch mit nach Wien bringen, wenn ihm die Reisekosten erstattet würden.[31] Einige Wochen später wies Schmid noch einmal auf die geringhaltige Klettenberger Münzsorte hin und erbot sich, mit Zeugen nach Wien zu kommen, durch deren Aussage man vieles aufdecken könnte, und er bat, dazu die Spesen anzuweisen.

---

30 RHR Miscellanea Münzwesen 13-1.

31 Ebd., 12-2, Küchenmeisters Brief Bl. 465; ferner Schmids Brief Bl. 467.

3.2. Der Reichshofrat und die kaiserlichen Münzkommissionen

Der Reichshofrat in Wien war die vielleicht wichtigste oberste Reichsbehörde, wichtiger noch als das Reichskammergericht in Wetzlar oder der Reichstag in Regensburg. Zu seinen vielfältigen Tätigkeitsfeldern gehörten auch die kaiserlichen Regalien, namentlich auch das Münzregal. In seiner Ausübung und zur Durchsetzung der Münzgesetze, vor allem zur Bekämpfung der Münzverschlechterung, erließ er auf Grund von Anzeigen der Münzkommissare sowie auf Einschreiten des Reichshoffiskals unzählige Reskripte, Zitationen und Strafmandate.[32] Das soll am folgenden Beispiel verdeutlicht werden.

Die Informationen Schmids und Küchenmeisters waren für den Reichshofrat und den kaiserlichen Fiskus sehr vielversprechend und die Aussicht auf Strafzahlungen und die Möglichkeit, Geldtransporte mit tausenden von Gulden beschlagnahmen zu können, war äußerst verlockend, so dass der Reichshofrat mit Zustimmung des Kaisers die Bildung einer Münzkommission beschloss; und so wurde die Reichsstadt Nordhausen ausersehen, gleichsam deren Operationsbasis zu sein für ein Gebiet, das sich später von Goslar und Hildesheim über die Grafschaft Hohenstein hin bis nach Mühlhausen und Sondershausen, ja sogar noch bis in die ernestinischen Herzogtümer Thüringens erstreckte.

Auch diese Maßnahme deutet darauf hin, dass seit Mitte der 1680er-Jahre eine Wende in der Wiener Politik eingetreten war. Zwar wurden schon 1680/81 Münzfrevler vom Reichsfiskal vor den Reichshofrat zitiert, was jedoch für die Betroffenen keine unangenehmeren Folgen nach sich zog.[33]

Eigentlich hätte der Kaiser zur Bekämpfung der *Münzconfusion* im Reich schon längst schärfere juristische Maßnahmen ergreifen müssen, wie sie bereits die Peinliche Halsgerichtsordnung Kaiser Karls V. von 1532 (§ 111) vorsah, und auch vor dem Einsatz von Militär nicht zurückschrecken dürfen. Stattdessen erließ er Münzedikte und -mandate, ernannte als einen Münzinspektor den Freiherrn von Selb und bediente sich wenig wirksamer Instrumente wie der Reichspost, aber in der Praxis geschah wenig. Allem Anschein nach überließ er den Reichskreisen und einigen Reichsfürsten die Initiative. Das war an sich nicht ungewöhnlich, denn schon seit über einem Jahrhundert wurde die Münzpolitik des Reiches auf Kreisebene gemacht. Neben der Wahrung des Landfriedens, der Publikation und Vollstreckung neuer Reichsgesetze, der Aufstellung des Reichsheeres gegen äußere Feinde, der Einsammlung der für diese militäri-

---

32 GSCHLIESSER, Reichshofrat, S. 20. Sie füllen nun, wie er zählte, 46 Schachteln im Haus-, Hof- und Staatsarchiv in Wien. 2022 sind es bereits 52 Kartons. Eine Blattzählung ist nur bis Karton 12 erfolgt.

33 Vgl. SCHNEIDER, Lübeck, S. 128–130.

schen Zwecke bestimmten Reichssteuern, der Durchsetzung der Reichspolizeiordnungen gehörte die Aufsicht über das Münzwesen zu den Hauptaufgaben der Kreise.[34] Die drei Reichskreise Bayern, Schwaben und Franken z. B. arbeiteten auf dem Gebiet des Münzwesens eng zusammen, veranstalteten regelmäßig Münzprobationstage, erließen Münzrezesse, beschlossen Valvationen und Verrufungen. Einige benannten sogar die Kreismünzstätten für die münzberechtigten Kreisstände.[35] 1680 scheiterte Kursachsen auf einem obersächsischen Probationstag in Frankfurt/Oder mit der Initiative, die neu errichteten Münzstätten der kleineren Stände, die nichts weiter waren als Heckenmünzen, wieder aufzuheben.[36]

Hinter den kaiserlichen Bemühungen stand keine wirksame kaiserliche Exekutivgewalt, die den Beschlüssen und Appellen hätte Geltung verschaffen können. Hingegen begannen mächtigere Reichsfürsten auf eigene Faust gegen Heckenmünzen auf ihrem Territorium vorzugehen. Bereits Ende November 1687 zerstörte Kursachsen die Heckenmünze des Herzogs Heinrich von Sachsen-Weißenfels-Barby (1657–1728), die dieser gemeinsam mit dem Grafen Gustav von Sayn-Wittgenstein-Hohenstein zu Barby an der Elbe betrieb.[37] BUCHHOLZ hat in seiner Untersuchung über die Heckenmünzstätte Barby keine Verbindung zum Grafen Gustav gesehen. Arensburg prägte hier von August bis November 1687.[38]

Endlich gingen Kaiser und Reichshofrat 1686/87 dazu über, auch auf dem Gebiet des Münzwesens zu einem bereits seit langem erprobten und bewährten Instrument zu greifen, der Ernennung kaiserlicher Kommissionen (*Müntz-Inquisitions-Commissionen*). Diese boten dem Reichshofrat die Möglichkeit, ein so drängendes Problem wie die *Confusion im Münzwesen* unmittelbar und wirksam zu bekämpfen. Am 24. März 1687 stellte Kaiser Leopold I. dem Reichshofrat und kurtriererischen Kanzler Anton Sohler[39] ein Patent als Münzkommissar im Oberrheinischen Kreis aus. Sohler war sogar in der Lage, mit Hilfe von Polizeiaktionen das Heckenmünzenwesen im Oberrheinischen Reichskreis unter Kontrolle zu bringen.[40] Er hatte dieses Amt bis zum 5. Februar 1688 inne. In dem Patent, das Sohlers Abberufung verkündete, ernannte der Kaiser bereits eine

34 Vgl. SCHULZE, Kooperationsformen, S. 155 f.

35 Zur Münzpolitik der Reichskreise vgl. SCHNEIDER, Reichskreise, S. 287.

36 NICKLAS, Macht oder Recht, S. 305: Es handelte sich um die Münzstätten in Weimar, Gotha, Dessau, Zerbst, Plötzkau, Quedlinburg, Sondershausen, Eisleben und Schleiz.

37 SCHRÖTTER, Münzwesen, S. 80; SCHNEIDER, Vater der Heckenmünzen, S. 415.

38 BUCHHOLZ, Barby, S. 53–60.

39 Über Anton Sohler vgl. GSCHLIEßER, Reichshofrat, S. 357 f.

40 Vgl. SCHNEIDER, Münzwesen, S. 150–154. Zu Sohler vgl. SCHNEIDER, Anton Sohler, S. 8–10.

neue Münzkommission für den Oberrheinischen Kreis.[41] Doch schon regte sich Widerstand. Noch im selben Jahr erschien im Reich ein *Bedencken über die Frage: Ob eine Kayserl. Müntz-Inquisitions-Commission wider die Reichs-Stände statt habe.*[42]

Der Nordhäuser und Schwarzburger Reichshofratsagent Jobst Heinrich Koch unterschied zwei Wege des kaiserlichen Vorgehens gegen die Münzmalversanten. Er befürwortete eine Lösung *in via gratia: daß man ein Stück geld erlege, und dargegen ein kayserliches Absolutorium extrahire.* Er beobachtete um 1690 ein schärferes Vorgehen des Reichshofrates in der Münzpolitik, indem dieser dem Kaiser nahelege, *daß kein Müntzdelinquent in via gratia per Absolutoria durchgelaßen, sondern vielmehr in via juris, mittels fiscalischer actionen, in scharffe bestraffung, vigore der Müntzedicten, gezogen werden solle, wie denn auch albereith viel fiscalische Citationes, an verschiedene Reichs Stände abgangen.*[43]

Jetzt setzte der Kaiser vermehrt Kommissionen oder allein handelnde Kommissare ein und schreckte bald auch vor dem Einsatz von Militär nicht zurück, um die Heckenmünzen gewaltsam aufzuheben. Seit 1688 begannen kaiserliche Münzkommissionen endlich schärfer gegen die Heckenmünzen vorzugehen. Der Reichshofrat Freiherr von Fridag zu Gödens untersuchte 1688 die Heckenmünzen in Lauenburg, Ratzeburg, Mecklenburg-Schwerin, Kaltenhof, Barmstedt, Hamburg und Lübeck. Die Kommissare mit dem ihnen zur Verfügung gestellten Militär überfielen die Heckenmünzen, deren Zahl gestiegen war, „zerstörten sowie beschlagnahmten und verhafteten, was ihnen in die Hände fiel".[44] Dem kaiserlichen Beispiel folgten Kursachsen und Kurbrandenburg.[45] Eine eigene Kreismünzinquisitionskommission ist vom Oberrheinischen Reichkreis eingesetzt worden.[46]

Während über die kaiserlichen Debitkommissionen bereits Untersuchungen vorliegen[47] – auch zur Entsendung kaiserlicher Huldigungskommissare nach Nordhausen[48] – blieben die Münzkommissionen bisher bis auf einige Ausnahmen wie v. SCHRÖTTERS oder SCHNEIDERS Arbeiten unbeachtet. Auch die

---

41 LATh-StA Gotha, Kammer-Immediate Nr. 537, ohne Blattzählung. Vgl. HIRSCH, Münz-Archiv 5, S. 232; SCHNEIDER, Anton Sohler, S. 9.

42 HIRSCH, Münz-Archiv 5, S. 232 f. und 252–255. Diese kurze Erwähnung macht es unmöglich zu bestimmen, welche Mächte sich dagegenstellten.

43 StadtA NDH, Best. 1.3./ R Ad 6, Bl. 37.

44 Vgl. SCHNEIDER, Lübeck, S. 134.

45 Braunschweig-Wolfenbüttel hob Ende Mai 1689 die Münze in Walkenried auf, der Bischof von Paderborn auf kaiserlichen Befehl am 25. Juni 1690 die Heckenmünze des Abtes von Corvey zu Höxter; Kurbrandenburg zerstörte Anfang Mai 1690 die Klettenberger Münze.

46 Vgl. SCHNEIDER, Münzwesen, S. 160–166.

47 Vgl. ORTLIEB, Kommissionen, S. 48–55, WESTPHAL, Reichsgerichtsbarkeit, besonders von S. 256 an, und SCHLOMS, Schuldentilgung, S. 328–334.

48 Vgl. KUHLBRODT, Kaiserhuldigungen, S. 111–147.

Münzkommissare waren zumeist Angehörige des Kollegiums der achtzehn Reichshofräte. Es sollten laut Reichs-Hofrats-Ordnung wohlqualifizierte Fürsten, Grafen oder Herren, Rittermäßige, graduierte oder sonst gelehrte, wohlerfahrene, ansehnliche, fromme und geschickte Personen sein, guten Namens und Herkommens, in den Rechten und Reichs-Sachen wohl geübt, auch geschickt, um gerichtliche Prozesse zu referieren, schleunige und unparteiische Justiz zu administrieren.[49] Die Übernahme einer kaiserlichen Kommission gehörte zu ihren Dienstverpflichtungen.

Als Münzkommissare wurden in den 1680er- und 1690er-Jahren zum Beispiel Freiherr Johann Franz von Landsee, Franz Heinrich Freiherr von Fridag zu Gödens, Graf Georg August von Nassau-Idstein oder Christian Ernst von Reichenbach berufen, letzterer ursprünglich Sohn eines Superintendenten, ein hervorragender Jurist, nobilitiert, von Kaiser Leopold in den Freiherrnstand erhoben.

Ein tüchtiger Münzkommissar war Johann Heinrich von Obernitz (1646–1709), 1686–1687 kursächsischer Gesandter in Wien, Amtshauptmann zu Gräfental und Zelle, Kammerdirektor des Herzogs Johann Ernst von Sachsen-Coburg, 1693 Abgesandter von Sachsen-Merseburg am kaiserlichen Hof in Wien. Er ist als Münzkommissar auch mit Nordhausen in Beziehung getreten, wie noch ausgeführt werden wird.[50]

Einer der wenigen mit bürgerlichem Namen war Johann Hermann Maystetter (auch: Meyestetter, um 1630 – um 1703),[51] der in Nordhausen nach Theobald von Kurtzrock der Vorgesetzte Christian Ernst Schmids wurde. Auch er war Jurist, aber auch im Münzwesen erfahren, Fürstbischöflich Bambergischer Rat, 1673 Gesandter des fränkischen Reichskreises am Assoziationstag zu Dinkelsbühl, 1689–1691 deputierter Rat des Kurfürsten von Mainz am kaiserlichen Hof und am Reichstag zu Regensburg; 1691–1693 kaiserlicher Gesandter am sächsisch-gothaischen Hof. 1683 war er zum Reichshofrat ernannt worden. Wie noch gezeigt werden wird, war der Kaiser gewissermaßen der persönliche Auftraggeber der Kommission, vertreten durch den Reichshofrat, und er war auch nach der Ernennung der Kommission und Erteilung ihres Auftrages für alle Fragen zuständig, die sich im weiteren Verlauf im Zusammenhang mit der Erfüllung ihres Auftrages ergeben sollten.

Zum Zuständigkeitsbereich einer kaiserlichen Münzkommission konnte eine Stadt wie Frankfurt am Main oder eine größere Region gehören. Reichshofrat von Obernitz z. B. war 1697 erstmals als Münzkommissar berufen worden. Sein

---

49 Vgl. Reichshofratsordnung vom 16. März 1654, § 1 und 2. Siehe Verzeichnis der Online-Quellen.

50 Vgl. GSCHLIEßER, Reichshofrat, S. 328–330. Vgl. ebd., S. 312 f.

51 Vgl. ebd., S. 312 f.

Aktuar war Dr. Bartholomäus Schneider. Als die Münzkommission unter Kaiser Josef I. (1678–1711) erneut unter von Obernitz ihre Arbeit aufnahm, wurde auch Dr. Schneider wieder als Aktuar eingestellt. Er erklärte später, er habe mit dem Münzkommissar in Frankfurt a. M., Köln am Rhein, Braunschweig, Goslar, Nordhausen, Eger und anderen Orten Zeugen verhört und sonstige Arbeiten verrichtet.[52] Es ist also eine ausgedehnte Region gewesen, die eine anstrengende Reisetätigkeit erforderte.

Als Münzkommissar für Nordhausen wurde der Kaiserliche Rat und Resident in Bremen Theobald Edler von Kurtzrock ausersehen, *en qualité eines kaiserl. Müntz Commissarij*, der sich bereits in verschiedenen kaiserlichen Kommissionen bewährt hatte und im System der kaiserlichen Reichspost vernetzt war.[53] Was qualifizierte ihn für diese Tätigkeit? Er „stammte aus einer katholischen Adelsfamilie Thüringens, war also mit den regionalen Gegebenheiten einigermaßen vertraut. Sein nicht ungefährdetes Auskommen hatte er wie bereits sein Vater zunächst als Amtmann in Hildesheimer Diensten gefunden. Als Konfessionsfremder und zugleich Landeskundiger war er aus der Sicht der Reichskanzlei 1676 geradezu eine Idealbesetzung für die Residentenstelle in Bremen. Kurtzrock sollte das Vertrauen, das man in ihn setzte, nicht enttäuschen. Schnell entfaltete er eine überaus effiziente Tätigkeit als Diplomat und mehr noch als kaiserlicher Kommissar."[54] Man darf vermuten, dass er sich in der Region Nordthüringen relativ gut auskannte, und seine informellen Beziehungen zur kaiserlichen Reichspost wurden wohl ebenfalls als äußerst nützlich betrachtet. Durch seine konfessionelle Bindung stand er dem Rat der protestantischen Reichsstadt Nordhausen distanziert gegenüber, was ganz im Sinne seines kaiserlichen Auftrages war.

Wie üblich wurde ihm zu Beginn seiner Tätigkeit am 15. April 1689 ein kaiserliches Patent ausgefertigt – das gedruckte Originalpatent ist überliefert. Ein Patent für den Münzkommissar Hector Wilhelm Bauer von Eiseneck ist auch in vollem Wortlaut in HIRSCHS „Münz-Archiv" veröffentlicht.[55] Ferner erhielt Kurtzrock ein Schreiben Leopolds, in dem der Kaiser zunächst als Begründung ausführte: Ihm sei höchst missfällig vorgebracht worden, dass von einigen Ständen die guten und nach dem gewöhnlichen Schrot und Korn gemachten Münzsorten gegen 30 und mehr Prozent höchst strafbarer und verbotener Wei-

52 RHR Miscellanea Münzwesen 18-7.

53 Er war der Schwiegersohn des Hamburger Reichspostmeisters v. Treuenfeld und Schwager des Hildesheimer Postmeisters v. Ehrenfeld. Vgl. BEHRINGER, Reichspost, S. 287, Fußnote 1028. LAU, Diplomatie, S. 97–106, analysierte die Rolle der kaiserlichen Residenten bei innerstädtischen Konflikten in den Reichsstädten der Frühen Neuzeit vorwiegend am Beispiel Theobald v. Kurtzrocks.

54 LAU, Reichsstädte, S. 143; DERS., Diplomatie, S. 106 und DERS., Diplomaten, S. 274 f.

55 HIRSCH, Münz-Archiv 5, S. 284 f.

se eingewechselt, selbige auf die gräflich-sayn-wittgensteinische, auch die schwarzburgische Münzstätte, oft bei 20.000 Reichstaler, geführt, dort geschmolzen und geringhaltige Münzen geprägt und danach in das Reich und die Erblande geführt und an gewisse Kaufleute und andere dirigiert werden, was er, Kurtzrock, alles von einem dänischen Obristwachtmeister namens Küchenmeister, welcher nicht weit von besagten Münzstätten auf seinem adligen Gut Branderode wohnt und von diesen falschen Münzen alle Informationen hat, wie auch von einem Bürger in Nordhausen, Christian Ernst Schmid, erfahren werde.

Das kaiserliche Patent für von Kurtzrock vom 15. April 1689 fand ich nur einmal in einer Akte der Kanzlei Arnstadt.[56] Nach der Nennung des Namens des Münzkommissars wird gesagt, dass dieser einen Concommissar und einen oder mehrere Assistenten oder Substituierte zu seiner Unterstützung heranziehen könne.[57] Nach der präzisierten Aufgabenstellung folgt der Aufruf, dem Kommissar, seine Assistenten und Substituten bei der Festnahme der Schuldigen, der Konfiszierung ihrer Habe, ihrer Häuser, des geprägten Münzgutes usw. zur Hand zu gehen, sie mit Pässen zu unterstützen und ihnen bei Bedarf *einige Mannschaft* zu stellen. Der Subkommissar hatte „Denunzianten" aufzuspüren, die bereit waren, ihre Aussagen zu beeiden und mit Beweisen zu unterlegen. Ihnen wurde von den eingegangenen Strafgeldern ein Anteil versprochen; ihr Name sollte verschwiegen bleiben und sie sollten vor Gefahren oder Verfolgung geschützt werden.

Für seinen Auftrag erhielt von Kurtzrock volle kaiserliche Gewalt. Dass diese mehr auf dem Papier (oder Pergament) stand, hat er später beklagt. Er solle sich zunächst mit Zuziehung der beiden Informanten insgeheim vor Ort ein Bild machen und überlegen, wie die Sache zu gutem Erfolg geführt werden könne. Dem Obristwachtmeister solle er versichern, dass er bei erfolgreichen Konfiskationen einen finanziellen Anteil erhalten werde. Den Schmid aber solle er damit vertrösten, dass er wegen des ihm zugerechneten Deliktes des Falschmünzens, wobei er noch mit einer Kaution von 2.000 Gulden verhaftet sei, das kaiserliche Absolutorium, die Begnadigung, erhalten solle. Beiden solle er zu ihrer Sicherheit ein Assekurationsdekret aushändigen. Ein weiteres Schreiben des Kaisers an Kurtzrock enthielt all das, was Schmid und Küchenmeister am 15. September 1688 in Wien vorgetragen hatten.[58] Beide waren zunächst als bloße Informanten oder „Denunzianten" vorgesehen. Dass Schmid später zum

---

56 LATh-StA Rudolstadt, Kanzlei Arnstadt 5-14-1210, Nr. 1186, unpaginiert.

57 Schmid am 4. November 1689: Kurtzrock erhielt die Kommission *cum facultate sibi adjungendi Concommissarium aut substituendi unum vel plures* (RHR Miscellanea Münzwesen 12-2, Bl. 535).

58 Ebd., 13-1. Ab dieser Signatur ist keine Seiten- oder Blattzählung mehr vorhanden.

substituierten Kommissar ernannt wurde, war zu diesem Zeitpunkt noch nicht abzusehen.

Kurtzrocks Auftrag war zunächst gegen die Heckenmünze Klettenberg und nebenbei auch gegen das Münzwesen in Sondershausen gerichtet. Die Münze in Walkenried des Herzogs Friedrich I. von Sachsen-Gotha-Altenburg wird nicht erwähnt. Auch in den weiteren Untersuchungen Kurtzrocks spielt sie keine Rolle mehr, da sie ja bereits ihre Tätigkeit eingestellt hatte.

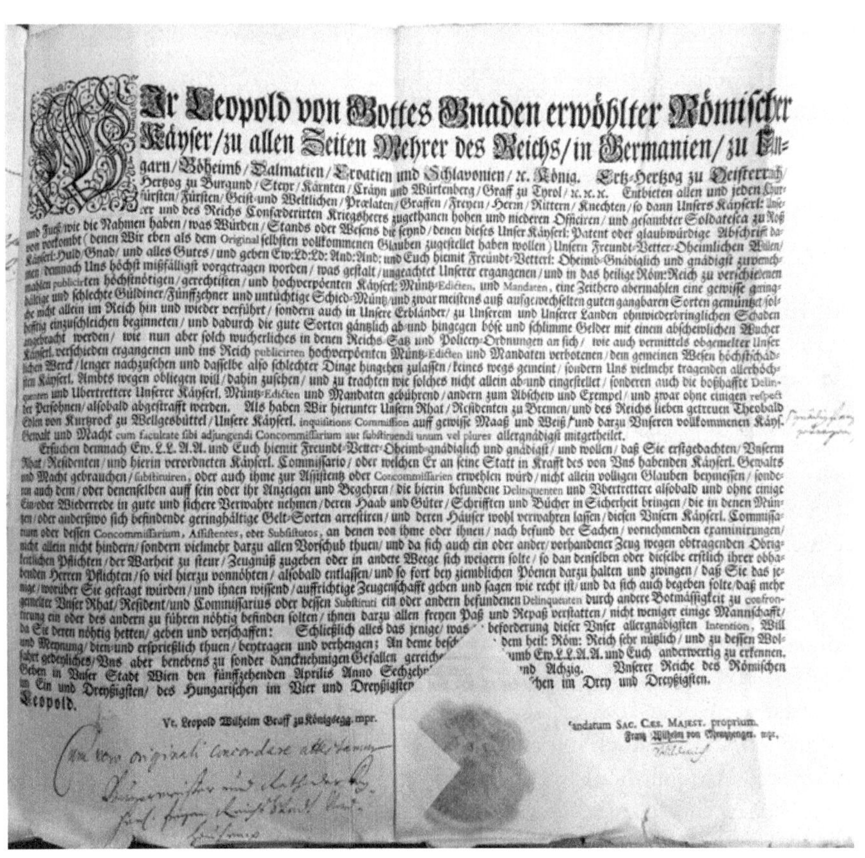

Wir Leopold von Gottes Gnaden erwöhlter Römischer Käyser/ zu allen Zeiten Mehrer des Reichs/ in Germanien/ zu Ungarn/ Böheimb/ Dalmatien/ Croatien und Schlavonien/ rc. König. Ertz-Hertzog zu Oesterreich/ Hertzog zu Burgund/ Steyr/ Kärnten/ Crayn und Würtenberg/ Graff zu Tyrol/ rc. rc. rc. Entbieten allen und jeden Churfürsten/ Fürsten/ Geist- und Weltlichen/ Prælaten/ Graffen/ Freyen/ Herrn/ Rittern/ Knechten/ so dann Unsers Käyserl: Unser und des Reichs Confœderirten Kriegsheers zugethanen hohen und niederen Officiren/ und gesambter Soldatesca zu Roß und Fuß/ wie die Nahmen haben/ was Würden/ Stands oder Wesens die seynd/ denen dieses Unser Käyserl: Patent oder glaubwürdige Abschrifft davon vorkombt (denen Wir eben als dem Original selbsten vollkommenen Glauben zugestellet haben wollen) Unsern Freundt-Vetter-Oheimlichen Willen/ Käyserl: Huld/ Gnad/ und alles Gutes/ und geben Ew: Ld: Ld: And: And: und Euch hiemit Freundt-Vetterl: Oheimb-Gnädiglich und gnädigst zuvernehmen/ demnach Uns höchst mißfälligst vorgetragen worden/ was gestalt/ ungeachtet Unserer ergangenen/ und in das heilige Röm: Reich zu verschiedenen mahlen publicirten höchstnötigen/ gerechtisten/ und hochverpöenten Käyserl: Müntz-Edicten, und Mandaten, eine Zeithero abermahlen eine gewisse geringhältige und schlechte Güldiner/ Fünffzehner und untüchtige Schied-Müntz/ und zwar meistens auß aufgewechselten guten gangbaren Sorten gemüntzet/ solche nicht allein im Reich hin und wieder verführt/ sondern auch in Unsere Erbländer/ zu Unserem und Unserer Landen ohnwiederbringlichen Schaden heffig einzuschleichen beginneten/ und dadurch die gute Sorten gäntzlich ab- und hingegen böse und schlimme Gelder mit einem abschewlichen Wucher angebracht werden/ wie nun aber solch wucherliches in denen Reichs-Satz und Policey-Ordnungen an sich/ wie auch vermittels obgemelter Unser Käyserl. verschieden ergangenen und ins Reich publicirten hochverpöenten Müntz-Edicten und Mandaten verbotenen/ dem gemeinen Wesen höchstschädlichen Werck/ lenger nachzusehen und dasselbe also schlechter Dinge hingehen zulassen/ keines wegs gemeint/ sondern Uns vielmehr tragenden allerhöchsten Käyserl. Ambts wegen obliegen will/ dahin zusehen/ und zu trachten wie solches nicht allein ab- und eingestellet/ sonderen auch die boßhaffte Delinquenten und Ubertrettere Unserer Käyserl. Müntz-Edicten und Mandaten gebührend/ andern zum Abschew und Exempel/ und zwar ohne einigen respect der Persohnen/ alsobald abgestrafft werden. Als haben Wir hierunter Unsern Rhat/ Residenten zu Bremen/ und des Reichs lieben getreuen Theobald Edlen von Kurtzrock zu Wellgesbüttel/ Unsere Käyserl. inquisitions Commission auff gewisse Maaß und Weiß/ und darzu Unseren vollkommenen Käys. Gewalt und Macht cum facultate sibi adjungendi Concommissarium aut substituendi unum vel plures allergnädigst mitgetheilet.

Ersuchen demnach Ew. L.L. A.A. und Euch hiemit Freundt-Vetter-Oheimb-gnädiglich und gnädigst/ und wollen/ daß Sie erstgedachten/ Unserm Rhat/ Residenten/ und hierin verordneten Käyserl. Commissario/ oder welchen Er an seine Statt in Krafft des von Uns habenden Käyserl. Gewalts und Macht gebrauchen/ substituiren, oder auch ihme zur Assistentz oder Concommissarien erwehlen würd/ nicht allein völligen Glauben beymessen/ sondern auch dem/ oder denenselben auff sein oder ihr Anzeigen und Begehren/ die hierin befundene Delinquenten und Ubertrettere alsobald und ohne einige Ein- oder Wiederrede in gute und sichere Verwahre nehmen/ deren Haab und Güter/ Schrifften und Bücher in Sicherheit bringen/ die in denen Müntzen/ oder anderstwo sich befindende geringhältige Gelt-Sorten arrestiren/ und deren Häuser wohl verwahren lassen/ diesen Unsern Käyserl. Commissarium oder dessen Concommissarium, Assistentes, oder Substitutos, an denen von ihme oder ihnen/ nach befund der Sachen/ vornehmenden examinirungen/ nicht allein nicht hindern/ sondern vielmehr darzu allen Vorschub thuen/ und da sich auch ein oder ander/ vorhandener Zeug wegen obtragenden Obrigkeitlichen Pflichten/ der Warheit zu steur/ Zeugnüß zugeben oder in andere Wege sich weigern solte/ so dan denselben oder dieselbe erstlich ihrer obhabenden Herren Pflichten/ so viel hierzu vonnöhten/ alsobald entlassen/ und so fort bey ziemblichen Pöenen darzu halten und zwingen/ daß Sie das jenige/ worüber Sie gefragt würden/ und ihnen wissend/ auffrichtige Zeugenschafft geben und sagen wie recht ist/ und da sich auch begeben solte/ daß mehrgemelter Unser Rhat/ Resident/ und Commissarius oder dessen Substituti ein oder andern befundenen Delinquenten durch andere Botmässigkeit zu confrontirung ein oder des andern zu führen nöhtig befinden solten/ ihnen darzu allen freyen Paß und Repaß verstatten/ nicht weniger einige Mannschafft/ da Sie deren nöhtig hetten/ geben und verschaffen: Schließlich alles das jenige/ was [illegible] beforderung dieser Unser allergnädigsten Intention, Will und Meynung/ dien- und ersprießlich thuen/ beytragen und verhengen; An deme besch[illegible] dem heil: Röm: Reich sehr nützlich/ und zu dessen Wolfahrt gedeyliches/ Uns aber benebens zu sonder danckneh[m]igen Gefallen gereich[illegible] umb Ew. L.L. A.A. und Euch anderwertig zu erkennen. Geben in Unser Stadt Wien den fünffzehenden Aprilis Anno Sechzeh[illegible] und Achzig. Unserer Reiche des Römischen im Ein und Dreyßigsten/ des Hungarischen im Vier und Dreyßigste[n] [illegible] [Böheimi]schen im Drey und Dreyßigsten.

Leopold.

Vt. Leopold Wilhelm Graff zu Königsegg. mpr.

[M]andatum Sac. Cæs. Majest. proprium.
Frantz Wilhelm von Menßhengen. mpr.

Abb. 7:
Kaiserliches Patent für Theobald von Kurtzrock vom 15. April 1689; Ernennung zum Leiter einer Inquisitionskommission im Münzwesen

Ebenfalls am 15. April 1689 wurden die Assekurationsdekrete für Küchenmeister und Schmid ausgefertigt.[59] Bis dahin waren sie nichts weiter als Spione oder Agenten im Auftrag des Reichshofrates.

Im Assekurationsdekret wurde dem Christian Ernst Schmid versichert, dass er wegen einer auf ihm in Sachen Münzwesen haftenden Kaution in Höhe von 2.000 Gulden ein Absolutorium erhalten werde und ihm auch anderweitige kaiserliche Gnade zuteil werde, sofern er dem kaiserlichen Kommissar mit Rat und Tat aufrichtig zur Hand gehen und zum Nutzen der kaiserlichen Kammer tätig sein werde. Dass ihm so wie dem Küchenmeister aus den Strafgeldern eine zehnprozentige Provision zufließen würde, ist ihm hier nicht direkt versprochen worden. Schmid wurde also als Gehilfe des kaiserlichen Münzkommissars eingestellt.[60] Wann er sein Absolutorium, seine Freisprechung, erhalten hat, ist nicht überliefert.

Im Dekret für Küchenmeister hieß es, er habe sich bei der Aufdeckung des verderblichen Münzwesens bereits Verdienste erworben. Er solle neben dem kaiserlichen Rat und Residenten zu Bremen, seinem verordneten Kommissar, dahin wirken, dass der Nutzen der kaiserlichen Kammer, aber auch der kaiserliche Respekt und seine Autorität stets beachtet werden. Im Gegensatz zu Schmid wurden ihm feste Anteile an den aufzubringenden Geldtransporten zugesichert. Wegen der von ihm aufzubringenden Mühe, auch der dabei zu befürchtenden gefährlichen Verfolgungen, aber auch, damit er seine Arbeit mit Eifer und größter Aufrichtigkeit ausführe, wurde ihm versichert, dass er bei einer Summe von bis zu 50.000 Talern den 5. Teil, bei 60.000 und mehr aber den 10. Teil unfehlbar empfangen solle.[61]

Aus allen ihm von Schmid und Küchenmeister zugekommenen Informationen entnahm der kaiserliche Fiskus, dass es möglich sei, durch Beschlagnahme der Geldtransporte in kurzer Zeit tausende Gulden zu erbeuten und mit ihnen wohl vor allem die kaiserliche Kriegskasse aufzufüllen. Doch das sollte sich als Trugschluss erweisen.

Aus dem Wortlaut der Schreiben geht auch hervor, dass Küchenmeister als Offizier als der wichtigere Teil angesehen wurde, dem man auch einen größeren Teil der Erträge zubilligen wollte. Schmid, bloß ein Handelsmann und Bürger, sollte lediglich eine untergeordnete Gehilfenrolle spielen. Es ging darum, Untersuchungen vor Ort vorzunehmen, Informationen einzuholen, Zeugen zu befragen, Dokumente zu sichern, also belastendes Material zu sammeln, das für die Zitation belasteter Personen zu ihrer Rechtfertigung vor den Reichshofrat nach Wien und einen eventuellen reichshofrätlichen Prozess und seine Urteilsfindung

[59] Ebd., 12-2, Bl. 460–463.
[60] Ebd., Bl. 460.
[61] Ebd., 12-2, Bl. 460 und 462 f.

als Grundlage dienen konnte. Prominenten Münzherren, hohe Standespersonen, die diese öffentliche Bloßstellung vermeiden wollten, bot die Kommission einen Vergleichsvertrag an, für den gegen eine entsprechende Geldzahlung – Gnade für Geld – nur noch die kaiserliche Konfirmation einzuholen war.

3.3. Strafbestimmungen für Münzfrevel

Münzfrevel wurde nach Reichsrecht bestraft!
In der CONSTITUTIO CRIMINALIS CAROLINA, der Peinlichen Halsgerichtsordnung Kaiser Karls V. von 1532, die als das erste allgemeine deutsche Strafgesetzbuch gilt und in vielen deutschen Gebieten noch bis Mitte des 19. Jahrhunderts angewendet wurde, finden wir unter § 111 folgende Strafbestimmungen:

> *Straff der Müntzfelscher / vnd auch der / so ohn habend Freyheit Müntzen*
> *In dreierley weiß wirt die Müntz gefelscht / Erstlich / wann einer betrieglicher weiß eines andern Zeichen darauff schlegt. Zum andern / wann einer vnrecht Metal darzu setzt. Zum dritten so einer der Müntz jre rechte schwere gefehrlich benimpt /*
> *Solche Müntzfälscher sollen nachfolgender masse gestrafft werden. Nemlich / welche falsche Müntz machen / zeygen / oder dieselbigen falsch Müntz auffwechseln / oder sonst zu sich bringen / vnnd widerumb gefehrlich vnd boßhafftiglich dem Nechsten zu nachtheil wissentlich außgeben / die sollen nach gewohnheit / auch satzung der Recht / mit dem Fewer vom leben zum todt gestrafft werden die jhre Heuser darzu wissentlich leihen / dieselben Heuser sollen sie damit verwirckt haben. Welcher aber der Müntz jhre recht schwere / gefehrlicher weiß benimpt / oder auch ohne habende freyheit Müntzte / der sol gefenglich eingelegt / vnnd nach raht am Leib oder Gut / nach gestalt der Sachen gestrafft werden.*
> *Wo aber jirgend einer eins andern Müntz vmbbreget / oder widerumb in Tigel brecht / vnd geringe Müntz darauß macht / der sol an leib oder Gut / nach gestalt der Sachen gestrafft werden. So aber mit der Herschafft willen vnd wissen das geschehe / so sol dieselbige Herschafft jre Müntzfreyheit verwirckt / vnd verloren haben.*[62]

Die Halsgerichtsordnung unterscheidet drei Arten der Münzfälschung: das Nachprägen, die Verwendung eines unrechten Metalls und das Beschneiden von Münzen. Wer des Fälschens überführt wurde, sollte mit dem Feuertod bestraft werden. Beschneider dagegen nur an Leib und Gut. Für unsere hier

---

62 CONSTITUTIO CRIMINALIS CAROLINA 1577. Siehe Online-Quellenverzeichnis.

behandelten Münzverbrechen ist der letzte Passus von Bedeutung: Wer die Münze eines anderen (Münzherren) umprägt oder wieder in Tiegel bringt und geringe Münze daraus macht, der soll an Leib oder Gut gestraft werden. Geschah es aber mit Wissen und Willen der Herrschaft, so soll diese ihre Münzfreiheit verwirkt und verloren haben.

Die Reichsmünzordnung von Augsburg 1559 musste feststellen: Trotz zweimal jährlich stattfindender Kreisprobationstage würde im Münzwesen durch Betrug unziemlicher Gewinn gesucht, *als das etliche die gülden vnd silbern Müntzen ringern / beschneiden / schwächen / abgiessen / außwiegen / der andern schläge abcontrafiguriren / durch auffwechsel / oder in andere wege / damit gefährlicher weise handeln / die in frembde Lande auff gewinn führen / oder practiciern.* Diese Münzverbrecher sollten an Leib und Gut gestraft werden.[63]

Der Reichstag zu Regensburg 1594 formulierte im Artikel über das gemeine Münzwesen: Alle Verbrecher und Vermünzer der guten, groben silbernen und goldenen Reichssorten sollen entsprechend der früheren Reichsabschiede gestraft werden.[64]

Das Kaiserliche Münzedikt vom 15. Juni 1676 äußerte zum Verbot der Heckenmünzen:

> *Wer dagegen handelt, soll nicht allein seines Müntz-Regals, ipso facto verlustiget seyn; sondern auch die Gelder confiscirt; so dann die Müntz-Meister und Gesellen / wie auch Goldschmied und andere / welche sich darzu gebrauchen lassen / nach gestalten Dingen an Ehr / Leib und Leben gestrafftv werden sollen / wie Wir dann auch in specie das Verschmeltzen und Aufwechseln der groben und anderer Geld-Sorten in geringern und schlechtern Sorten* […] *bey erstgemeldten Straffen / wie auch Verlust der sonsten bedienender Ehren Ämbter / Niederlag alles Gewerb und Kauff-Handels / Confiscirung und Wegnehmung der ausführender und eingewechselter Gelder / samt dem Aufwechsel-Geld hiermit verbotten und angestellet haben wollen.*[65]

Ähnlich lautete auch das Kaiserliche Münz-Edikt vom 6. November 1680, in dem Leopold I. feststellen musste, dass dem Münzedikt von 1676 *biß dato nicht allein nicht nachgelebet, sondern* […] *sowol die Hecken-Müntz / als auch Verpachtung der Müntz/städte / denen Reichs-Satzungen zuwider / dannoch continuiret* […] Das Edikt befahl den kreisausschreibenden Fürsten (d. h. den führenden Fürsten eines Reichskreises, welche die Kreistage ausschrieben und leiteten sowie die Kreisgeschäfte führten), die Heckenmünzen *nieder*[zu]*werffen, die dabey befindliche Münzmeistere, deren Helffern und Gesellen, so gleich in Verhafft zu nehmen, und wider dieselbe ob-*

63 EXTRACT 1597, Bl. 33 a/b. Siehe Verzeichnis der Online-Quellen.
64 Ebd., Bl. 60b.
65 Vgl. HIRSCH, Münz-Archiv 5, S. 64 f.

vermelte Reichs-Satzungs-mäßige Straffen, eines jeden Verbrechen nach, alsobald [zu] *vollziehen, das Münz-Gut aber durch obernannt unsere Fiscalen* [zu] *confisciren.*[66] Das Gleiche forderten die Kaiserlichen Münz-Mandate vom 21. Oktober 1682 und 21. Oktober 1689.

66 Vgl. ebd., S. 164.

4. Die Regulierung des Münzwesens im Nordthüringer Raum durch die kaiserlichen Münzkommissionen seit 1689

4.1. Ermittlungen vor Aufnahme der Kommissionsarbeit

Am 5. Mai 1689 meldete Kurtzrock dem Kaiser, dass er nach Erhalt des kaiserlichen Befehls sich sofort auf die Reise begeben wolle, dass er aber, um keinen Verdacht zu erregen, den Freiherrn von Fridag zu Gödens um einen Vorwand bitten wolle, etwa eine Aufforderung an den Rat zur pünktlichen Bezahlung der Römermonate.

MÜLLER-JAHNCKE/VOLZ führten aus, dass Kaiser Leopold den Residenten von Kurtzrock beauftragt habe, die Klettenberger Münze zu inspizieren, nachdem Herzog Ernst August von Hannover eine förmliche Klage am Wiener Hof eingebracht habe. Die Untersuchung durch von Kurtzrock am 16. April 1689 sei jedoch erfolglos gewesen. Ich habe dafür keinerlei Belege finden können.[1]

In Nordhausen eingetroffen, unterrichtete Kurtzrock den Kaiser am 15. Mai, dass er sich auf der Hinreise (also noch vor seinem Eintreffen in Nordhausen) mit dem Obristwachtmeister in einem nahe auf dem Eichsfeld gelegenen Kloster unter dem Vorwand der Anwerbung eines Regiments getroffen und mit ihm vertraulich konferiert, ihm auch *sein eventualiter assignirtes reichß praemium schriftlich vorgezeigt* habe. Küchenmeister habe sich über die Untätigkeit der Wiener Politik beklagt und dass man in Wien inzwischen verschiedene Gelegenheiten versäumt habe, da viele hunderttausend Reichstaler in die Erblande verschleppt, auch die Delinquenten *in futurum* sehr scheu gemacht würden und inzwischen die besten Vögel entflohen, schon ansehnliche Posten konfisziert seien, auch einige Delinquenten schon bestraft wurden, so dass man auf diesen Münzstätten bereits behutsam und sekret prozediere. Er wolle dennoch sein Bestes tun, *herum recogniscieren* und in einigen Tagen davon berichten.

Dann sei er, Kurtzrock, unter dem Vorgeben von Privatgeschäften nach Nordhausen gereist, ohne davon viel Aufhebens zu machen, und habe sich mit Schmid getroffen. Auch dieser habe sich über die Verzögerung gewundert, denn man hatte sich ja gerade von den Lieferungen zur Leipziger Messe viel versprochen. Und jetzt sei nach hartem Abstrafen ihr Vorhaben erschwert. Er wüsste, dass auf dieser Leipziger Messe mehr als dreimal hunderttausend Reichstaler in Fässern verborgen in die Erblande geschleppt wurden. Man ziehe ungescheut

---

[1] MÜLLER-JAHNCKE/VOLZ, Gräfliche Häuser Sayn, S. 32 und 108. Kurtzrock reiste von Bremen aus in der ersten Maihälfte incognito in den Südharz.

Gewinn daraus, indem man die Taler mit 30 % und die ¼-und ⅛-Gulden mit 6 % einwechsele und falsches Silber komponiere unter dem halben Gehalt, ohne Aufsicht, ohne Wardein, bloß nach dem Gefallen und Profit des Münzherren, des Münzmeisters und einiger Privat-Interessenten.

In einem zweiten Treffen Küchenmeisters und Schmids mit Kurtzrock berichtete Schmid, dass die Münzstätten zurzeit gleichsam lahm und still lägen und eine Inquisition oder Verwüstung von Kurbrandenburg befürchteten. Beide legten vor Kurtzrock einen Eid ab, dass sie dem Kaiser getreu und gehorsam sein und sein Bestes nach äußerstem Vermögen befördern wollten und *alleß in behöriger geheimnüß zu Dienst Ihrer Kayserlichen Mayestät* betreiben wollten. Kurtzrock erklärte, demnächst abreisen zu wollen. Beide sollten weitere Nachforschungen anstellen. Schmid solle demnächst in Leipzig die Lieferung des Geldes ausforschen und den Weg des Geldes in die Erbländer verfolgen.

Am 22. Mai informierte von Kurtzrock den Kaiser davon – er gebrauchte Schmids Worte –, dass beide Münzstätten Klettenberg und Sondershausen schon seit etwa drei Wochen still und lahm lägen. Das umgemünzte Geld (er bezog sich auf die Heckenmünze in Sondershausen) sei vor allem nach Leipzig gegangen, und zu größerer Sicherheit habe es der Graf von Schwarzburg selbst *durch verschiedene seine bagagie wagen* befördert. Es gebe also zurzeit keine Gelegenheit, eine namhafte Prise zu konfiszieren. Zur Bezeigung ihres Eifers seien beide von ihm *behörig substituirt undt willig gemacht worden*, um dem Geld nachzureisen, um zu erforschen, ob man vielleicht noch einen kleinen Rest zu Leipzig oder auf der Naumburger Messe zu Petri und Pauli oder auf den kaiserlichen Grenzen antreffen könnte.

Doch Schmids Bemühungen waren wenig erfolgreich, wie er gegenüber von Kurtzrock am 31. Mai, am 26. Juni und am 17. Juli eingestehen musste. Allein am 1. Juni 1689 konnte er nach Wien einen Erfolg melden, nämlich dass durch ihn ein Posten von 4.500 neuen Güldenern, die von der Münze in Klettenberg in drei versiegelten Beuteln durch das stolbergische Amt Hohnstein befördert wurden, vom Amtmann Johann Andreas Schwartze in Niedersachswerfen beschlagnahmt wurden. Er, Schmid, werde sich jetzt zur Naumburger Messe begeben, um vielleicht mehr über den Weg des Geldes in die kaiserlichen Erblande zu erfahren. Graf Gustav besaß sogar die Stirn, sich am 13. Juli wegen der Beschlagnahme des Geldes bei Kurtzrock zu beschweren und um eine Unterredung zu bitten. Dieser aber meldete ernüchtert am 1. August nach Wien, dass von Schmid nichts und noch weniger von Küchenmeister ausgerichtet und eingebracht worden sei.[2]

2 RHR Miscellanea Münzwesen 13-1 und 12-2, Bl. 541.

4.2. Die Untersuchung der Münz-Malversation der Reichsstadt Nordhausen 1689/90

Der Münzbetrug des Nordhäuser Rates lag zwar einige Jahre zurück, war aber noch längst nicht vergessen. Die Mühlen der Justiz mahlten im Alten Reich langsam, das wussten auch die Nordhäuser Bürgermeister, allen voran der erfahrene Conrad Fromann.

Im Frühjahr 1688 traf in Nordhausen ein kaiserliches Patent ein, das Leopold I. am 5. Februar des Jahres unterzeichnet hatte. Darin gab er zu erkennen, er habe *höchst mißfälligst* vernommen, dass entgegen den ergangenen und in das Reich publizierten höchst nötigen Münzedikten und Mandaten

> *eine Zeithero abermahlen gewisse ringhaltige und schlechte Guldiner Fünffzehner und Schiedmünzen, und zwar meistens aus ausgewechselten guten gangbaren Geld Sorten gemünzet, solche nit allein in dem Reich hin- und wider verspühret, sondern auch in unsere Erbländer häuffig zu Uns und unsere Landen unwiderbring*[lichen] *Schaden einzuschleichen beginnen, wordurch mithin die gute Sorten gänzlich ab- und hingegen böse und schlimme mit einem abscheulichen Wucher ausgebracht werden.*[3]

Zur Abstellung dieses Übels und zur Bestrafung der boshaften Delinquenten und Münzedikts-Frevler habe er dem Reichshofrat Anton Sohler eine kaiserliche Inquisitions-Kommission aufgetragen. Alle Reichsstände wurden ersucht, die Arbeit dieser Kommission zu unterstützen, die Frevler in Haft zu nehmen und ihrer Bestrafung zuzuführen. Wie schon erwähnt wurde: Schon ein knappes Jahr zuvor hatte der Kaiser dem Anton Sohler, Kanzler des Kurfürstentums Trier, das Patent als Münzkommissar zur Untersuchung des Münzwesens im Oberrheinischen Kreis ausgestellt.[4] Mit diesem Patent ist dem Nordhäuser Rat jetzt bereits angedeutet worden, dass sich die kaiserliche Politik hinsichtlich des Münzwesens nicht mehr auf bloße Worte beschränken wollte.

Wie aus einer Art Strategiepapier des Nordhäuser Rates hervorgeht, das zu dieser Zeit entstanden sein muss, einigten sich die Stadtoberen darauf, unbedingt eine Strafzahlung für den angerichteten Schaden zu vermeiden. Es heißt darin: *Bey dem punct des Münzwesens stehet in Zukunfft zu vigiliren und vorzubauen, damit nicht etwa ratione puncti indemnisationis* [einer Schadloshaltung] *die schadens ersezung der ringhältigen* [geringhaltigen] *Müntz Sorten ausprägung halber, von der re-*

---

[3] StadtA NDH, Best. 1.3./ R Ac 6, Bl. 1.

[4] HIRSCH, Münz-Archiv 5, S. 232 f. und SCHNEIDER, Münzwesen, S. 151 f. Als Leiter der Münzkommission im Obersächsischen Reichskreis wurde er am 5. Februar 1688 abberufen.

public [gemeint war die Reichsstadt Nordhausen] *gefordert, und darauf mit nachdruck bestanden werden mögte.*[5]

Noch bevor die kaiserliche Kommission in Nordhausen eintraf, wurde der Rat durch seinen Reichshofratsagenten Koch vor der heraufziehenden Gefahr gewarnt. Jobst Heinrich Koch Edler von Edersleben vertrat in Wien die Angelegenheiten nicht nur Nordhausens, sonder auch die der Reichsstädte Goslar und Mühlhausen sowie der Grafen von Schwarzburg-Sondershausen und wohl auch einiger ernestinischer Herzogtümer. Allein von Nordhausen erhielt er eine jährliche Grundgebühr (Jahresbestallung) von 16 Reichstalern. Doch nicht nur finanziell war er mit Nordhausen verbunden. Er stammte aus Edersleben in der Goldenen Aue, hatte das Nordhäuser Gymnasium besucht, wie jetzt auch seine Söhne, und sich vor Jahren vergeblich um das Amt des Nordhäuser Stadtsyndikus beworben.[6] Er war also mit den Problemen der Stadt gut vertraut. Sein Bruder Jobst Christian bekleidete das wichtige Amt des Fürstlich Sächsischen Amtsschössers von Sangerhausen.

17 Briefe Kochs, des Nordhäuser Bevollmächtigten beim Reichshofrat in Wien, an den Rat bzw. Bürgermeister Fromann (vertraulich) sowie 9 Antwortschreiben zwischen 1689 und 1692/1697 (1697 nur 1 Schreiben), geben darüber Auskunft, wie man in Nordhausen den Kopf aus der Schlinge zu ziehen gedachte. Aufschlussreich ist, wie Koch, der durch seine Beziehungen bei Hofe so manche Interna erfuhr, und der Rat sich bemühten, die Tätigkeit des Münzkommissars in ihrem Sinne zu beeinflussen.

Aus Kochs Briefen ging hervor, dass sich in Wien für die Münzverfälscher aller Stände ein Unwetter zusammenbraute.

Der erste Brief vom 12. Juni 1689 neuen Stils, ein vertrauliches Schreiben Kochs an Conrad Fromann, wirft zugleich ein bezeichnendes Licht auf den Reichshofratsagenten.[7] Koch teilte Fromann im Vertrauen mit, dass der Nordhäuser Rat *bey ietziger eyfrigen Müntz inquisition des schlechten außmüntzen halber denuncijret worden* sei. Wer den Rat in Wien denunziert habe, ist seinem Brief an Fromann vom 6. Februar 1690 zu entnehmen. Der Denunziant sei der Münzkommissar Christian Ernst Schmid.[8]

Der gerissene Agent Koch malte nun die missliche Lage des Nordhäuser Rates in schwarzen Farben: Es sei zu befürchten, dass die Stadt das Recht der Münzprägung verliere. Diese Gefahr abzuwenden werde große Kosten verursachen. Der Graf von Sondershausen – er bezog sich auf den Grafen Christian

---

5 StadtA NDH, Best. 1.3./ R Bc 4, Bl. 5.

6 Noch 1710 ist seine Tätigkeit für Nordhausen nachweisbar. Von keinem anderen Reichshofratsagenten sind so viele Briefe an die Stadt erhalten wie von ihm.

7 StadtA NDH, Best. 1.3./ R Hb 5, Bl. 39.

8 Ebd., R Bc 4, Bl. 12.

Wilhelm I., war der Münzmalversation überführt worden, habe sich dank seiner, des Reichshofratsagenten, Bemühungen in Güte mit der Kommission verglichen und dem kaiserlichen Fiskus 10.000 Reichstaler und 100 Dukaten gezahlt und sich auf diese Weise das kaiserliche *Decretum absolutorium*, die Begnadigung, erkauft.

Jobst Heinrich Koch prahlte am 2. Juni 1689, er traue sich zu, für Nordhausen eine gleiche Begnadigung für nur 5.000 Taler auszuwirken. Nun sei aber die Belastung der Stadt durch die vom Reich geforderten Gelder sehr hoch, so dass es ihr sicher nicht möglich sei, die 5.000 Taler aufzubringen. Daher rate er Fromann, seinen Vorschlag, den er ihm jetzt unterbreiten wolle, in Betracht zu ziehen. Er, Koch, wolle die Hälfte des Geldes dazulegen, doch anders nicht, *alß daß mir in dero Stadt ein oder ein paar Häuser oder Mühle, derer vermuthlich nach der leidigen contagion* [der Pestzeit und der Absperrung der Stadt 1681–1683] *dem Fisco verschiedentlich zugestorben seyn werden, nebst dem Bürgerrecht heimgeschlagen werden möchten.* Zwar lebe er in so gutem Stand, dass er keine Veränderung wünsche, aber er hoffe, dass sich einer seiner Söhne in Nordhausen niederlassen werde, zumal er längst vorhabe, für seine Kinder in der Nähe ein *Rittergütel* zu erkaufen.[9] Er scheute sich also nicht, aus der Zwangslage der Stadt einen möglichst hohen Gewinn herauszuschlagen.

Wäre der Rat auf Kochs Vorschlag eingegangen, hätte er offen zugegeben, 1685 in betrügerischer Absicht gemünzt zu haben. Er blieb also bei seiner altvertrauten Argumentation: Er sei unverschuldet zu Schimpf und Schaden der Stadt in diese Münzkalamität geraten. Durch ihre Flucht habe er die Schuldigen nicht vor Gericht bringen können. Der Rat bat den Agenten, bei der jetzt angestellten Münzinquisition dem Reichsvizekanzler und anderen Persönlichkeiten die Wahrheit über das Nordhäuser Münzgeschehen vorzutragen. Koch versprach am 17. Juli, sein Bestes zu geben, äußerte aber, er sei besorgt, dass die Stadt nicht so leicht davonkommen werde.

Am 3. September 1689 teilte der Rat mit, dass am 9. August 1689 alten Stils die kaiserliche Kommission zur Untersuchung des Münzwesens in Nordhausen eingetroffen war. Kurtzrock habe dem Rat sein Beglaubigungsschreiben übergeben, und Fromann merkte im Konzept an: *worinnen mehrentheils ihm wieder etl. Personen, so er angeben würde, an die Hand zu gehen, uns anbefohlen worden, jetzo aber extendiret er auch solches wieder die Stadt selbst, u. begehret, in einer bestimmten Frist die Münztätigkeit der Stadt von 1685 zu untersuchen und zu justifizieren.* Später ergänzte Fromann: Kurtzrock habe nach seiner Ankunft *die Sach dergestalt pressiret, ja gar nach dem Er einige* [Personen] *müntzverbrechens halber beschuldigt alhier Edictaliter offendlich an dem Rathause anzuschlagen befohlen.*[10]

---

9 Ebd., R Hb 5, Bl. 40.
10 Ebd., R Ad 6, Bl. 27.

Nun wurde es ernst. Für den Rat war Kurtzrock, bedingt durch seinen Auftrag, ein ausgesprochen ungern gesehener Gast, der nun im Namen des Kaisers vortrug: „Wir befehlen Euch, dass Ihr Unserm Rat und Residenten in allem, was er bei Euch suchen und begehren wird, unverzüglich an die Hand geht und beisteht, auch, falls er oder sie einigen Arrest auf Personen, Christen oder Juden, wie auch auf Geld, Häuser oder Güter, Habe und Vermögen anhalten sollten, solchen Arrest sogleich verrichtet und Euch in allem Übrigen solcher Gestalt bezeigt, dass durch Eure etwaige Renitenz oder Widersetzlichkeit Uns und dem Reich einiger Schade nicht zugefügt wird."

In seinem Vortrag vor Syndikus, Stadtschreiber und Vertretern des Rates am 22. August wurde Kurtzrock deutlicher: Aus dem kaiserlichen Reskript und dem Kommissionspatent hätten sie ersehen, dass ihm der Kaiser eine genaue Inquisition des Münzwesens der Stadt anbefohlen habe. Es sei unleugbar und sogar reichskundig, dass die bei hiesiger Stadt geprägten ⅔-Stücke wie auch andere Münze vielmals abgewürdigt und verworfen wurden. Daher finde er sich kraft kaiserlicher Kommission gemüßigt, Bürgermeistern und Rat samt den auch *maculirten* Mitbürgern hiermit zu befehlen, innerhalb der nächsten acht Tage bei der kaiserlichen Kommission einzukommen und ihren bisherigen Münzprozess rechtlicher Gebühr und Ordnung nach gemäß ihrem Münzprivileg zu vertreten und zu justifizieren.[11]

Wie aus dem Briefwechsel mit Reichshofratsagenten Koch hervorgeht, hat dieses Auftreten Kurtzrocks den Rat in ängstliche Aufregung versetzt. Die Kommission war zu ganz ungelegener Zeit erschienen. Der Rat benötigte jeden Taler, um die drängenden Forderungen des Herzogs Ernst August von Hannover zufriedenzustellen. Im Reichskrieg gegen Frankreich hatte die Stadt für die Unterbringung der Kriegsvölker in den Winterquartieren dem Herzog jährlich 4.000 Taler zu entrichten.[12]

Der Rat ersuchte den Agenten Koch am 3. September 1689, dem Kaiser in einem *beweglichsten Supplicat* die Umstände zu schildern, welche die Stadt 1685 quasi zum Ausmünzen gezwungen hätten, und sie nicht dafür zu bestrafen, was meineidige Münzbediente verschuldeten. Gemünzt werden sollte nach dem Zinnaer Interimsfuß gemäß dem niedersächsischen Kreisschluss, worauf Münzmeister, Wardein und sonstige Münzbediente verpflichtet wurden. Das Verbrechen sei allein meineidigen Bedienten anzulasten. Von dem wenigen und kurzen Ausmünzen habe man sich auch keinen einzigen Vorteil verschaffen können.[13]

---

11 RHR Miscellanea Münzwesen 13-1.

12 StadtA NDH, Best. 1.3./ R Ag 9, Bl. 57, 95–113.

13 Ebd., R Hb 5, Bl. 45 f.

Am 19. September musste Koch dem Rat mitteilen, der Baron von Fridag zu Gödens habe sich mit Kurtzrock *conjugiret*, was dem Rat zu Nordhausen um so stärker zusetzen werde, als jener sich die Unterstützung des Herzogs zu Celle, des Kreisobersten (des Niedersächsischen Reichskreises, zu dem auch Nordhausen gehörte) gesichert habe. Er, Koch, wolle veranlassen, dass eine Person mit Einfluss an den Residenten von Kurtzrock privatim schreiben und ihn ersuchen werde, in der Inquisition *von alzugroßen ernst* [zu] *abstrahiren*. Fromann gegenüber deutete er eine Wende in der kaiserlichen Münzpolitik an: Durch die Verbindung des Barons von Fridag zu Gödens mit dem Kreisobersten dürfte die Münzuntersuchung äußerst unbequem werden. Das Münzwesen werde nicht mehr nur *per viam gratiae* erledigt, sondern *per modum justitiae*![14]

Auf Bitten des Rates entwarf Koch eine Denkschrift an den Kaiser: Memorial *in Sachen Müntzwesen im Reich in specie die Kays. Reichs Stadt Northausen betr.* Sie enthielt noch einmal alle bisher schon vorgetragenen Argumente: Die Stadt habe sich in der Vergangenheit des Münzregals mit größter Mäßigung und gar selten bedient. Sie sei durch lange Einquartierung, durch die Pestzeit und die zweijährige völlige Isolierung von den Nachbarn, durch den großen Brand, der fast die ganze Neustadt zerstört habe, und durch hohe Steuerlasten in größte Armut geraten. Durch den Gebrauch des Münzregals habe man sich einige Erleichterung verschaffen wollen. Man habe kaum zwei Monate ausgemünzt, als man mit großem Entsetzen habe wahrnehmen müssen, dass allzu geringhaltige Sorten ausgemünzt wurden. Als man die Hauptschuldigen verhaften wollte, *seyen beede meineidige Vögel nacheinander durchgangen, so daß man ihrer nicht wieder habhafft werden können*. Das Ausmünzen habe sogleich aufgehört. Von diesem wenigen und kurzen Ausmünzen habe man sich keinen einzigen Vorteil verschaffen können. Daher bitte der Syndikus, die Stadt für unschuldig zu erklären und sie *mit ferner weiten anfechtung zu verschonen*.[15]

Am 21. September trugen Stadtsyndikus Johann Wilhelm Harprecht und Stadtschreiber Johann Martin Titius das überwiegend von Koch formulierte Promemoria (für dessen Abfassung er dem Rat 6 Reichstaler berechnete) mit den bekannten Entschuldigungsgründen weitschweifig und wortreich vor. Durch die leidige Contagion 1681/82 sei nicht nur ein guter Teil der Bürgerschaft hinweggerafft worden, sondern sie habe auch die Stadt von allen benachbarten Fürsten und Grafen *über zwey Jahre bannisiret*, so dass *dero ohnedem schlechte Nahrung gäntzlich darnieder geleget gewesen*. Es sei nach zinnischem Interims-Fuß gemünzt worden in Übereinstimmung mit dem Niedersächsischen Kreisbeschluss. Die Münzbedienten hätten kaum zwei Monate gearbeitet. In dieser Zeit *sei eine gar schlechte Summ außgemüntzet worden, so daß davon entweder gar nichts oder doch*

14 Ebd., Bl. 48 und 54.

15 Ebd., Bl. 49–52.

nur ein wenig wird vorgezeiget werden können.[16] Dieses Memorial ließ Koch später dem Reichshofrat überreichen.

Kurtzrock erwiderte auf diese Suada kurz und knapp: Das Delikt des mangelhaften Münzens liege unwidersprechlich zu Tage und bestehe in facto. Ob der Rat nun mit einer Strafe rechnen müsse, werde eine unparteiische Justiz ermitteln. Später äußerte er, wohl etwas spöttisch oder abfällig: Sie (der Nordhäuser Rat) vermeinen, wegen ihrer Armut, schweren Einquartierung und der Pest, auch, dass sie bei Bemerkung ihres Fehlers sich selbst weiterer Ausprägung enthalten hätten, dass die kaiserliche Milde sie entschuldigen würde, auch in Betracht, dass andere Münzstätten noch mangelhaftere Münzen und so lange Jahre geprägt hätten.

Auch das Reichshofratsgutachten vom 12. September 1689, unterzeichnet von den Reichshofräten von Herwarth, von Herberstein, von Eck, von Andlern, von Visintainer, von Nicolai und anderen,[17] musste den Stadtoberen schwer zu schaffen machen. Darin hieß es: „Die Stadt Nordhausen betreffend weil selbige wider die Reichskonstitutionen ihre Münzgerechtigkeit dem Christian Wilhelm Niebecker gegen Bezahlung jährlicher 1.600 Reichstaler überlassen, auch ihrem eigenen Privileg und den Reichssatzungen zuwider solche geringe Münzsorten geschlagen, dass sie diese in ihrer Stadt selbst nicht länger leiden könne, sondern alldort abwürdigen müsse, auch gute Reichssorten zu verschmelzen und umzusetzen sich unterstanden und dann solches ihr begangenes Münzdelikt und Verbrechen gleichsam selbst gesteht, als wäre Reichshofrat der Meinung, es könne Kaiserlicher Majestät Reichshoffiskal *wider die Stadt Nordthausen excusiren* und *bis auf Euer kaiserl. Majestät anderweitige Resolution und Verordnung derselben alles Münzen gänzlich inhibiren* [verbieten].[18]

Ein Mittel hatte die Stadt bisher noch nicht ins Auge gefasst, um die Strafe abzuwenden, nämlich die Bestechung, doch auch dieses sollte demnächst in Betracht gezogen werden.

Durch Kochs Bemühungen machte sich der Rat im Herbst 1689 neue Hoffnungen auf einen günstigen Ausgang. Wie er seinem Agenten am 2. Oktober schrieb, sei von Kurtzrock am 19. September wieder abgereist. Aus Anmerkungen aus Fromanns Hand geht hervor, dass den Residenten die Argumente

---

16 RHR Miscellanea Münzwesen 6-4, Bl. 327–329.

17 Vgl. Chronologische Liste der Reichshofräte: Herwarth, Johann Heinrich Freiherr v. Hohenburg, vgl. GSCHLIEßER, Reichshofrat, S. 287 f.; Andlern, Franz Friedrich v., Juraprofessor an der Universität Würzburg, DERS., S. 284 f.; Eck, Christian Freiherr v., DERS., S. 307; Nicolai, Dr. Franz Anton v., DERS., S. 307 f.; Visintainer, Alexander Franz v. Löwenberg, DERS., S. 320; Herberstein, Ferdinand Ehrenreich Graf v., DERS., S. 294 f. Siehe Verzeichnis der Online-Quellen.

18 RHR Miscellanea Münzwesen 13-1.

der Stadt teilweise zu ihren Gunsten beeinflusst hatten. Er habe vor seiner Abreise geäußert,

> *obwohln er aus allen umständen befinde, daß die Stadt keine intention gehabt, gantz geringhaltige müntze zu schlagen, sie auch sich treflich wohl verwahret hetten mit ihren contracten, als er bei keiner Stadt getroffen, über das auch ihre ursachen, warumb sie gemüntzet, so bewant, daß sie zu hören weren, jedoch wenn es zu keiner Einigung über die Strafe komme, müsse er davon Bericht erstatten und den kaiserlichen Fiscal excitiren, gemäß rechtlicher Ordnung gegen die Stadt zu verfahren.*[19]

Allerdings schloss Kurtzrock noch immer eine Strafe nicht aus. Der Rat hatte wohl erwogen, dem Residenten eine *Discretion* zukommen zu lassen, ihn also mit einer größeren Geldsumme zufrieden zu stellen. Denn Koch schrieb am 10. Oktober, es sei richtig gewesen, Kurtzrock nicht zu bezahlen.[20]

Ein weiteres Mal hat Koch in einem vertraulichen Schreiben an Fromann einen Bestechungsversuch angedeutet. Anfang Februar 1690 sprach er davon, dass er sich in der Münzsache *reale Danckbarkeit* erkaufen müsse, die aber mit weniger als 300 Talern nicht zu erhalten sei, allerdings sei strengste Geheimhaltung geboten. Über den Münzkommissar Schmid bemerkte er abfällig, dieser sei vor sechs Wochen in Augsburg am kaiserlichen Hof gewesen. Weil aber seine versprochenen goldenen Berge (d. h. Strafgelder für den kaiserlichen Fiskus) bisher ausgeblieben seien, dürfte sein Kredit schon merklich *caduc* (verfallen) sein, *und seine denunciationes ihm ferner wenig nuzen schaffen.* Dass sich Schmid im Herbst 1689 in Augsburg aufhielt, beweist auch eine andere Quelle. Am 4. November bat er dort um ein kaiserliches Protectorium, einen Schutzbrief.[21]

Am 13. April 1690 wandte sich Koch erneut in der Münzsache an Fromann und musste ihm mitteilen, dass für einige Reichskreise scharfe kaiserliche Verordnungen ergehen würden, durch die *eine große Strafe aufgeleget und eingetrieben werden solle, worunter auch dero Reichs Stadt Northausen impingiret* (getrieben) *seye.* Es würde ihm *hertzlich leid seyn*, wenn diese Anfechtung für die Stadt ihren Fortgang nehme.[22] Noch einmal versuchte Koch am 10. September 1690 neuen Stils mit dem Rat ins Geschäft zu kommen und von ihm *wegen des Müntznegotiums* einen lukrativen Auftrag zu bekommen. Hatte er am 13. April die Angst vor schwerer Bestrafung geschürt, so erwähnte er jetzt, *in waß harten Stand der Hr. Graff von Wittgenstein zu Cöln, seiner schlechten Müntze halber gerathen*, was sich später als Falschmeldung erwies. Für die Verteilung von Diskretionen müsse er vom Rat

---

19 StadtA NDH, Best. 1.3./ R Hb 5, Bl. 57.

20 Alle hier zitierten Briefe befinden sich unter StadtA NDH, Best. 1.3./ R Hb 5.

21 RHR Miscellanea Münzwesen 12-2, Bl. 535.

22 StadtA NDH, Best. 1.3./ R Bc 4, Bl. 12 f.

wenigstens mit 300 thlr. secondiret werden.[23] Am 5. Oktober 1690 räumte er schließlich ein, *es werde alles so ablaufen, daß man ein stück geld erlege, und dargegen ein Kayl. Absolutorium extrahire.* Er konnte sich aber nicht versagen zu behaupten, er habe schon vor drei Monaten angeboten, dass er eine solche Lösung preiswerter erwirken könne, als der Graf von Klettenberg dafür bezahlt habe. Am 12. Oktober teilte er mit, dass er die Denkschrift des Rates beim Reichshofrat einreichen ließ.[24]

Wie Schmid dem Reichsvizekanzler am 19. Oktober 1689 schrieb, wäre von Kurtzrock unlängst nach Hamburg abgereist und hätte ihm als dem Substituierten zunächst die weitere Arbeit überlassen. Er konnte vermelden, dass bereits einige Erfolge sichtbar geworden seien. Andreas Behr (Bähr) halte sich im Amt Walkenried auf. Dessen Sohn, Johann Christoph, bisher Münzmeister in Klettenberg, wolle sich gegen Erhalt eines Absolutoriums erklären, das heißt, alles aussagen, sofern er eine Begnadigung erhalte. (Schmid ist hier wohl über Vater und Sohn Bähr nicht ganz richtig informiert.)

Der Rat zu Nordhausen habe nur etwa einen Monat münzen lassen unter der Inspektion Christian Wilhelm Niebeckers. Eilhardt habe seine Kaution beizeiten aufgesagt und sich erboten, sofern man ihn und Niebecker freisprechen wollte, ein Leidliches an Geld zu erlegen oder die Sache *per viam juris* auszumachen. Sogar der Graf von Klettenberg biete eine Strafzahlung an. Bei längerer Verzögerung aber dürfte der Kurfürst von Brandenburg ins Mittel treten, die Münze des Grafen ruinieren und die Strafe an sich ziehen. Auch wollte er wissen, in welchem Umfang die an den Münzhändeln beteiligten Juden, die in der Grafschaft und im Halberstädtischen ansässig waren, zur Untersuchung zu ziehen wären.[25]

Wie sich die Münzkalamität im Alltag der Reichsstadt auswirkte, soll an folgendem Beispiel gezeigt werden. Durch Verhandlungen, die Stadtschultheiß Johann Wilhelm Sommer in Hannover führte, war es gelungen, von den im Reichskrieg gegen Frankreich aufzubringenden Quartierbeiträgen den Betrag von 4.000 Talern auf 3.000 Taler zu reduzieren. Doch auch die zu zahlenden Raten waren nicht pünktlich aufzubringen. Hinzu trat die Schwierigkeit, dass man nur überwiegend geringhaltige Münzen auftreiben konnte, die herzogliche Hof- und Kriegskasse aber gute Münze forderte. Am 12. September 1690 bat die Stadt um einen weiteren Aufschub, zumal sie *an die urgirten Müntz Sorten unmöglich seithero gelangen* könne.

Am 28. November 1690 meldete der Rat nach Hannover, dass die verarmte Bürgerschaft mit großer Mühe und Sorge 700 Reichstaler zusammengebracht

23 Ebd., R Ad 6, Bl. 15.

24 Ebd., Bl. 17 und 21.

25 RHR Miscellanea Münzwesen 12-2, Bl. 536 f.

habe und das Geld an die herzogliche Kammer anweisen wolle mit der Bitte, dass *diese Gelder an denen Sorten, wie sie eingebracht, und bey Unß vorhanden, auffgenommen werden, und Wir nicht ferner Verlust davon leyden dürffen.* Denn es sei geschehen, dass den herzoglichen Offizieren *auff jedes Hundert so und so viel Thaler lagio gereichet werden müssen.* Der Rat hatte also mit geringhaltiger Münze bezahlt und musste deshalb ein Aufgeld entrichten. Er versicherte, dass an guter kur- und fürstlicher Münze *wenig alhier zu finden* sei. *Von fürstl. Braunschw. lüneb. Groten aber keines zu sehen sey.*[26]

In einer Instruktion für den nach Hannover abzuordnenden Schultheiß Sommer vom 12. Januar 1691 erinnerte der Rat daran, dass er bei den bisherigen Geldzahlungen die Verdrießlichkeit erfahren musste, dass die Offiziere nur lüneburgisches Geld annehmen wollten. So musste die Stadt ein Aufgeld von 60 Reichstalern entrichten. Sommer sollte in Hannover erreichen, dass der geforderte Geldbetrag *an hiesigen Orts Currenten Müntzen angenommen* würde. Aber Kurfürst Ernst August bestand am 19. Dezember 1691 auf einer Bezahlung *in guten in Unsern Fürstenthumen und Landen ohnverrufenen und ohnabgewürdigten harten Sorten.* Ebenso am 13. April 1692 auf der Zahlung *in guten und in Unsern Landen gäng- undt gebigen ohnverbottenen und ohnabgewürdigten groben Sorten.*[27] Am 21. Februar 1695 bestand er erneut auf *guten und in Unsern Landen Vollgültigen groben Sorten.* Am 6. April 1695 zeigte die Stadt an, dass sie die fälligen 500 Reichstaler fast in lauter 2-Gutengroschen-Stücken und etwas gröberen Sorten bezahlen wolle.[28]

4.3. Das kaiserliche Absolutorium für den Grafen Christian Wilhelm I. von Schwarzburg-Sondershausen und der glimpfliche Ausgang für seinen Bruder Anton Günther II.

Am 8. Juni 1689 ließ Kaiser Leopold das *Decretum absolutorium* für den Grafen Christian Wilhelm ausfertigen. Darin verkündete er: Weil der Graf sich an den kaiserlichen Münzedikten vergangen und sein Münzregal missbraucht habe, seien gegen ihn und seine Münzbediensteten gebührende Strafen anzuordnen. Nachdem er aber erhebliche Entschuldigung beigebracht und eine freiwillige Buße von 10.000 Reichstalern angeboten und bezahlt habe, habe der Kaiser befohlen, ihn und seine Gehilfen von allen fiskalischen Anforderungen, Kom-

[26] Groten waren 4-Pfennigstücke im Niedersächsischen Reichskreis.
[27] StadtA NDH, Best. 1.3./ R Af 11, Bl. 48 und 58.
[28] Ebd., R Ag 9, Bl. 107–163.

missionen usw. in kaiserlichen Gnaden zu absolvieren und loszusprechen. Sollte er in Ausübung seines Münzregals in Zukunft erneut gegen Münzgesetze verstoßen, so solle er das Absolutionsdekret wieder verlieren.[29]

Reichshofratsagent Jobst Heinrich Koch hatte in einem vertraulichen Schreiben an den Nordhäuser Bürgermeister Fromann geprahlt, der Graf habe nur dank seiner Bemühungen das Absolutorium für 10.000 Reichstaler und – im Dekret nicht erwähnt – 100 Dukaten das Absolutorium erhalten. Koch stand von 1681 bis 1701 auch in Diensten der Grafen von Schwarzburg-Sondershausen.[30] Aus seinen Briefen geht hervor, wie sehr er sich – natürlich gegen Bezahlung – bemühte, den Grafen Anton Günther II., wie er sich ausdrückte, *aus der Müntz persecution zu salviren.* Ausführlich konferierte er mit dem Grafen unter vier Augen Ende Juni 1689 in Prag, als dieser sich auf einer Badereise in Karlsbad aufhielt.[31] Kochs Absicht war es, das Absolutorium Christian Wilhelms auf seinen Bruder auszudehnen.

Seit Juli 1689 drängte der Reichshofratsagent zur Eile, die er Anfang August mit den folgenden Worten begründete: Das *Müntz negotium* sei in einem solchen Stande, dass diejenigen, *so bißher per viam gratiae durchzukommen Bedencken getragen, sich numehr in viae justitiae werden stellen müßen, wie denn leider alle praeparatoria hierzu gemachet seynd.* Es stehe zu befürchten, dass Graf Anton Günther nicht mehr in seines Bruders Absolutorium eingefügt werden könne. Danach schrieb er dem Grafen, er habe noch einen Versuch unternommen und der Münzkommission erklärt, dass er bereits im Juni für das hochgräfliche Haus Schwarzburg ein Absolutorium *per viam gratiae extrahiret* habe; es wäre aber bei der Expedition *ex errore* nur Graf Christian benannt worden, obgleich es doch zugleich seinen Bruder anginge. Es sei nun eine Frist von einem Monat gewährt worden, in der das Absolutorium für beide Grafenbrüder umgefertigt werden solle. Die Kosten würden nur 1.000 Reichstaler betragen (plus Gebühren und den notwendigen Diskretionsgeldern). Mitte August drängte Koch noch einmal, die Sache möglichst bald abzuschließen. Mecklenburg-Güstrau habe es mit Schaden bereut, sich nicht rechtzeitig *deliberiret* zu haben; *ietzo geben sie gern dreymal so viel, wennß köndte angehen.*

---

29 LATh-StA Rudolstadt, 5-14-1120, Nr. 1343; Kanzlei Arnstadt 5-14-1210, Nr. 1186, Kopie.

30 Vgl. Kanzlei Sondershausen, 5-14-1120, Nr. 1942. 1681 hatte Koch für die Grafen von Schwarzburg-Sondershausen eine Interims-Bestallung erhalten. Es folgte 1684 ein Bestallungs-Brief, ausgestellt von den Grafen Albrecht Anton, Christian Wilhelm und Anton Günther II., als „Agent am kaiserlichen Hof", gegen ein Jahressalär von 50 Reichstalern. Ein erneutes Bestallungsschreiben vom Dezember 1692 sicherte ihm ein Salär von 100 rheinischen Gulden zu, wogegen sich Koch verpflichten musste, *unserer Sachen biß in seine Grufft verschwiegen zu behalten.*

31 Das Folgende ist dem materialreichen Konvolut Nr. 1186 entnommen.

Inzwischen hatte sich in Sondershausen und Arnstadt die Nachricht vom Eintreffen des Residenten von Kurtzrock in Nordhausen verbreitet, der in der dortigen Gegend sich im Münzwesen sehr exponiere, *auch von einigen Delinquenten Geldbußen erzwinge und absolutoria ertheile, da er doch eines theiles hierzu nicht gevollmachtiget.* Der Nordhäuser Rat sandte ein Exemplar des gedruckten kaiserlichen Patentes für Kurtzrock nach Arnstadt. Der Reichshofratsagent warnte aus durchsichtigen Motiven den Grafen, sich mit Kurtzrock wegen eines Absolutoriums *zu accordiren.*

Anton Günther war nicht bereit, sich den Absichten Kochs zu fügen. Er wollte nicht mit seinem Bruder in einem Absolutorium genannt werden, und er hielt eine Summe von 3.000 Talern für ausreichend, im Vergleich zu anderen, *die so viel tonnen geldes gemünzet und noch fortfahren, auch darvon sehr großen gewinst gehabt, und noch haben, dennoch aber nur wenige 1000 thl pro abolitione geben.* Hier wird er wohl an den Grafen Gustav gedacht haben.

Von Koch erfuhr der Graf im Dezember 1689, Gotha, Weimar, Eisenach, Wittgenstein und die Nachbarschaft suchten sich *ietzo per viam gratiae* zu retten. Und am 6. April 1690 ergänzte Koch, dass sich Mecklenburg-Güstrow mit 12.000 Reichstalern, Sachsen-Weimar mit 14.000 Reichstalern und Holstein mit 22.000 Reichstalern *eliberiret* hätten.

Beim Reichshofrat regten sich Widerstände. Jemand hatte geäußert, man hätte vom Hause Schwarzburg wohl 100.000 Taler herausholen können. Ein Frankfurter „Denunziant“ namens Vogel soll in Kochs Abwesenheit das Sondershäuser Absolutorium angefochten und die Münzkommission zu überreden versucht haben, den Grafen Anton Günther bei einem Absolutorium nicht so billig davonkommen zu lassen. Er habe von schwarzburgischen Ministern erfahren, dass der Graf gern 12.000 Reichstaler zahlen würde.

Anfang Juli 1690 drängte Koch: Er benötige dringend das Geld *pro obtinendo Absolutorio* und wollte es sogar vorschießen, um die Erledigung zu beschleunigen, weil die Sache nun keinen Verzug mehr leide, auch die *Citationes* bereits dem Reichsfiskal *ad insinuandam* zugestellt worden, und wenn diese einmal insinuiert seien, sei keine Hoffnung mehr, *in via gratiae* fortzukommen, wohl aber *coram inquisitione* stehen und des richterlichen Spruches und der *condemnatio* erwarten zu müssen.

Koch hatte nicht zu schwarz gemalt, denn nun traf das am 21. Oktober 1690 ausgefertigte kaiserliche Strafdekret ein, das den Grafen beschuldigte, sich mit Ausmünzung geringhaltiger Geldsorten den Reichsgesetzen widersetzt und dem Reich und seinen Ständen einen unwiederbringlichen Schaden zugefügt zu haben. Es befahl dem Grafen, sich von jetzt an bis auf fernere kaiserliche Resolution allen Münzens zu enthalten und das Münzregal in keiner Weise zu gebrauchen. Ein gleiches Strafdekret erhielt am selben Tag auch Graf Gustav.

Am 3. Januar 1691 wandte sich Anton Günther hilfesuchend an den Kurfürsten Johann Georg III. von Sachsen (1647–1691). Der Kaiser habe ihn per Dekret seines Münzregals *priviren* wollen und ihm solches bis auf weiteren Befehl *inhibiret.* Nun habe er fast in acht Jahren weder gute noch geringhaltige Münzsorten prägen lassen (nachträglich eingefügt: *so vorher geschlagen worden*), noch gehöre er zu denjenigen, welche *die unintereßirten Stände mit unwiederbringlichen Schaden beschweret,* vielfältige geringhaltige Sorten ausgemünzt und die angedrohte kaiserliche Ungnade *sich über den Halß gezogen.* Daher nehme er zum Kurfürsten und seinem hohen kreisausschreibenden Amt seine Zuflucht und Bitte, sich seiner Unschuld anzunehmen und den Kaiser dahin zu bewegen, das Privations-Dekret zu kassieren, dass er bei seinem Münzregal gelassen, die Reichs- und Kreisobservanz beachtet und er dagegen nicht beschwert werde.

Kurz darauf erhielt Anton Günther das am 7. November 1690 ausgestellte kaiserliche Zitationsschreiben. Der kaiserliche Fiskal Wolfgang Maximilian Bell forderte ihn auf, innerhalb der nächsten zwei Monate zum angesetzten Gerichtstag entweder selbst oder durch einen bevollmächtigten Anwalt zu erscheinen und zu sehen und zu hören, dass er die kaiserliche Münzedikte violiert, oder dagegen zu sprechen und endlich *entscheidts und erkantnus daruber zu gewartten.*[32]

Nach Eintreffen der fiskalischen Ladung richtete Graf Anton Günther von Arnstadt aus am 1. Mai 1691 ein *allerunterthänigstes Supplicat* an den Kaiser *wegen der Kurtzrockischen Commission und kaiserlichen Inhibition der Müntze halber.*[33] Er versicherte, bei Ausübung des Münzregals vorschriftsmäßig gehandelt zu haben. Als aber vor etwa sieben Jahren – das wäre etwa 1684/85 gewesen – von einigen Ständen sehr geringe ausgemünzt wurden, habe er diese Praxis in unverantwortlicher Weise nachgeahmt, jedoch nach den ersten Reichs- und Kreis-Dehortationen alles Münzen eingestellt und seitdem keinen Heller, weder gut noch böse, mehr ausmünzen lassen. Umso mehr treffe ihn die kaiserliche Ungnade, da er durch den Kommissar v. Kurtzrock zu einer namhaften Poen und Auslieferung seiner Münzbedienten verurteilt worden sei. Ferner sei ihm per Dekret sein Münzregal entzogen worden. Dazu sei ihm eine fiskalische Anklage zugestellt und er vor den Reichshofrat geladen, er also in einer einzigen Sache auf drei verschiedenen Orten angegangen worden. Anton Günther bat den Kaiser, die von dem von Kurtzrock gegen ihn betriebene Kommission *zu revociren,* das Privationsdekret zu kassieren, den fiskalischen Prozess aufzuheben und ihm zu seiner Sicherheit ein *Decretum cassatorium* bzw. *absolutorium* auszufertigen.

32 Vgl. RHR Miscellanea Münzwesen 8-9, Bl. 110–144.

33 LATh-StA Rudolstadt, 5-14-1120, Nr. 1320.

Wichtiger war jedoch, dass Kurfürst Johann Georg III. von Sachsen sich beim Kaiser für ihn einsetzte und sich bei dieser Gelegenheit heftig über den Münzkommissar von Kurtzrock beschwerte. Am 21. Januar 1691 hatte sich der Kurfürst zunächst beschwerdeführend an die gräflich-schwarzburgischen Räte in Arnstadt gewandt. Vorausgegangen waren Forderungen Kurtzrocks und Christian Ernst Schmids, den Amtsschreiber Johann Bode in Keula sowie den Juden Bendix Levin aus Hamburg, der sich oft bei ersterem aufhielt, zum Verhör nach Nordhausen zu überstellen, da sie beschuldigt wurden, wiederholt beträchtliche Geldlieferungen auf die Münze in Klettenberg gebracht zu haben. Schmid forderte am 20. September 1690 die Regierung in Arnstadt auf, alle Mobilien und Immobilien des Amtsschreibers mit Arrest zu belegen. Der Kurfürst hatte davon erfahren und den Räten mit großer Verärgerung erklärt, dass sich solche Unternehmungen für ihn sehr nachteilig auswirken, sein *Jus de non evocando subditos* wie auch *Appellationis* beschädigen würden. Er verbot ihnen, diesen Forderungen nachzukommen.

In seinem Brief an den Kaiser, Dippoldiswalde, am 17. Februar 1691, betonte Kurfürst Johann Georg, er könne *mit Wahrheits Grunde bezeugen*, dass Anton Günther *seines Orts eine geraume Zeit und in die acht Jahr lang einige Münz Sorten* nicht anfertigen ließ. Allerdings habe er erfahren müssen, dass ein gewisser Kommissar Kurtzrock ihm im Obersächsischen Kreis seine Rechte beschnitten und die Untertanen *immedietè zu citiren und wieder sie zu verfahren* sich erdreistet habe. Er bat den Kaiser, den Grafen bei seinem Münzregal zu belassen, *jemehr Er mir Versicherung gegeben, nicht allein nach dem Fus wie derselbe im Ober Sachs. Creyß endlich würde gefast werden und meiner und Chur-Brandenburg. Ld. Münze gleich* prägen werde. Ebenso wolle auch er, Johann Georg, alles zur Beibehaltung guter Ordnung und Abwendung öffentlichen Schadens unternehmen.

Anfang März 1691 brachte sich Koch noch einmal in Erinnerung und versicherte, es sei noch immer möglich, das Absolutorium des Bruders auf Anton Günther auszudehnen. Er traue sich zu, die Sache in *via gratiae* beim Kaiser durchzubringen. So begann sich nun alles für den Grafen zum Guten zu wenden. Am 10. Oktober beantragte der Reichsfiskal alleruntertänigst, die dem von Kurtzrock aufgetragene Kommission zu *revociren*, das Privationsdekret zu kassieren, den fiskalischen Prozess aufzuheben und dem Grafen ein kaiserliches Absolutionsdekret ausfertigen zu lassen. Das ursprüngliche Dekret für Christian Wilhelm wurde auf Anton Günther ausgedehnt, und unter dem alten Datum des 8. Juni 1689 hieß es nun: *Nachdem aber gedachte Herren Grafen nicht allein eine und andere Entschuldigung beygebracht, sondern sich auch zu einer freywilligen Buße von 20.000 Gulden von selbsten angeschicket und würcklich erlegt haben* [...].

In Arnstadt, wo er seit 1681 alleiniger Inhaber der Münzstätte war, ließ der Graf von seinem Münzmeister Hille Münzen verschiedener Nominale prägen. Er war ein eifriger Münzsammler und begründete ein Münzkabinett von europäischem Rang, das er 1712 an den Herzog von Sachsen-Gotha-Altenburg für 100.000 Reichstaler verkaufte. Seine Ehefrau Auguste Dorothea (1660–1751) hinterließ in Arnstadt die Puppenstadt „Mon plaisir" mit 82 Schaukästen.

Ihr Münzbetrug hat dem Ansehen der Grafen in Wien nicht geschadet. 1697 sind beide Brüder vom Kaiser in den Reichsfürstenstand erhoben worden.

4.4. Die kaiserliche Begnadigung für die Nordhäuser Münzmalversanten und die Gebrüder Niebecker

1690 war Theobald von Kurtzrock weniger mit dem Nordhäuser Münzwesen von 1685 als mit den langjährigen Münzverbrechen des Grafen Gustav, aber auch mit den weiter entfernten Heckenmünzen, mit einzelnen Münzmeistern und Lieferanten beschäftigt. In diesen Angelegenheiten war ihm Christian Ernst Schmid ein wichtiger Helfer.

Am 13. Juni 1690 erging ein kaiserliches Dekret an die Stadt Nordhausen, sich wegen des Münzdeliktes vor der kaiserlichen Kammer zu verantworten und die Untersuchung obrigkeitlich zu unterstützen. Doch erst Anfang 1692 schickte Reichshofratsfiskal Wolfgang Maximilian Bell seine Forderung an den Kaiser, die Stadt nach Wien zu zitieren, mit der für derartige Schreiben immer gleich lautenden Formel: *ad videndum, declarari, se incidisse in poenas Constitutionibus Imperii et Monetariis Edictis insertas*; das heißt, um zu sehen, dass sie in solche Poen (Strafe) gefallen sei oder ob erhebliche Gründe dafür sprächen, dass eine solche Erklärung nicht geschehen könne. Der Reichsfiskal begründete seine Forderung damit, Bürgermeister und Rat von Nordhausen hätten sich 1675 (!), *und zwar, gleich sie vorgeben, umb Ihren benöttigten statum dardurch zubestreiten, auch einige Ausmünzung Newer gelltsorten vorgenomben, von welchen doch aber selbige, weilen sie sehr geringhaltig gewesen. Und nit angenommen werden wollen.* Mit ihrer schädlichen Münzausprägung hätten sie gegen Reichskonstitutionen und Münzedikte verstoßen und sich dadurch strafbar gemacht. Dass hier die auf Schmid zurückgehende falsche Jahreszahl 1675 noch immer verwendet wurde, zeigt, wie oberflächlich die Ermittlungen bisher geführt worden waren.

Dasselbe wurde dem Rat noch einmal im Namen des Kaisers mitgeteilt mit der angehängten Ermahnung, innerhalb der nächsten zwei Monate von Verkündigung dieser Ladung an solle der Rat einen Vertreter an den kaiserlichen

Hof entsenden, sich rechtfertigen und eine Entscheidung erwarten. Wien, 7. Januar 1692.[34]

Im Falle Nordhausens kam es nur darauf an festzustellen, wem ein größerer Teil Schuld beizumessen wäre, dem Rat als dem Münzherren, dem Christian Wilhelm Niebecker als dem „Oberdirektor" des Münzwesens, dem Johann Christoph Eilhardt, der die Kaution geleistet, oder dem Münzmeister Andreas Dittmar und seinem Wardein Nicolaus Altmann. Entsprechend hoch sollte dann die zu entrichtende Geldstrafe ausfallen.

Nach und nach gelang es, einige eidliche Aussagen von ehemals Beteiligten aufzutreiben, die bei der Frage nach der Höhe der Schuld hätten mit berücksichtigt werden müssen: die Eidesformel der Arbeiter auf der Nordhäuser Münze, ferner die eidliche Aussage des Münzmeisters Andreas Dittmar und die Aussage des Joachim Mann aus Sülzhain über die Nordhäuser Münze des Jahres 1685. Sie befinden sich im Anhang.

Bei der Ermittlung der Schuld des Christian Wilhelm Niebecker und die Höhe seiner Strafzahlung entstand eine nicht geringe Verwirrung um die Frage, wer von den Niebecker-Brüdern denn daran beteiligt war. Im Kontrakt der Stadt vom 16. September 1685 war allein Christian Wilhelm Niebecker, cand. jur., zum „Oberdirektor" der Münze bestellt worden. In ihrem Bericht in Wien am 5./15. Mai 1688 hatten Küchenmeister und Schmid von drei Brüdern gesprochen, denen der Rat die Münze verpachtet hätte, und damit wohl den Grund für die nun folgende Verwirrung gelegt. Das Reichshofratsgutachten vom 12. September 1689 nannte nur Christian Wilhelm Niebecker. Der Reichshoffiskal Bell ging in seinen Untersuchungen von vier Brüdern Niebecker aus. Und selbst in der kaiserlichen Begnadigung vom 13. Januar 1694 ist von mehreren Brüdern die Rede. Ernst Söldner hatte in seiner bereits zitierten Äußerung irrtümlich den Johann Gerhard Niebecker beschuldigt. Die bereits zitierten Zeugenaussagen sind allerdings eindeutig und belasten allein den Christian Wilhelm Niebecker, kamen aber erst nach der Begnadigung ein und hätten ohnehin nichts geändert.

Christian Wilhelm bemühte sich am 4. September 1692 in einem ausführlichen Schreiben an den Kaiser um eine Rechtfertigung und führte Folgendes aus: Anno 1685 entschloss sich der Rat, das Münzregal zu exerzieren. Sein Schwager Eilhardt habe ihn vermocht, sich als Verleger anzugeben und ein gewisses Kapital vorzuschießen. Als Direktor sei er befugt gewesen, auf die Münzbedienten ein wachsames Auge zu haben und dass zum Nachteil des Rates nichts geschehen möchte. Auch wurden zwei Ratspersonen bestellt, die der Beschickung und Schmelzung beiwohnen und davon eine Probe in die Fahrbüchse nehmen mussten, damit der Rat sicher sein konnte, dass der gesetzte

[34] RHR Miscellanea Münzwesen 10-18, Bl. 1–3.

Fuß nicht überschritten werde. Als nun ungefähr drei Wochen auf diese Weise gemünzt wurde, sei der Münzmeister Andreas Dittmar mit mehr als 2.000 Reichstalern heimlich geflohen. Darauf sei die Arbeit ins Stocken geraten. Weil nun wegen anderer geringer Münzung der Silberpreis sehr hoch gestiegen sei, der Rat aber den einmal gesetzten Fuß nicht erhöhen wollte, kam das Ausmünzen sofort zur Ruhe. Es habe insgesamt nicht über 5 bis 6 Wochen gedauert.

Er habe als Verleger selbst den größten Schaden erlitten, denn dieses Geschäft sei nicht seine Profession gewesen, er habe davon nicht die geringste Wissenschaft gehabt, habe sich aber *spe ficti honesti cujusdam lucri* verleiten lassen! Er habe versucht, den Münzmeister Dittmar als einen Dieb in Erfurt und Merseburg arretieren zu lassen. Die (Münz-) Kommission habe behauptet, Dittmar habe ihr zwei Stück der Nordhäuser Münze zugeschickt, die nicht nach dem gesetzten Fuß geprägt waren. Es sei aber bekannt, dass Dittmar bei seiner Flucht 2 Stock und Eisen von der Nordhäuser Münze mitgenommen, und es sei keineswegs unmöglich, dass er noch viel mehr selbst geprägt habe, um die Nordhäuser Münze ins Unglück zu stürzen. Wenn sich zwei solche geringhaltige Stücke finden, so sei doch nicht sicher, dass diese aus der Nordhäuser Münz-Offizin kommen. Auch hätte die im Münzwesen gebräuchliche Fahrbüchse darüber Auskunft geben müssen. Er, Christian Wilhelm Niebecker, habe zum Zeitpunkt des Nordhäuser Münzwesens noch nicht das 21. Jahr erreicht gehabt und sich zu diesem Handel verführen lassen. Gänzlich ruiniert, habe er den Kriegsdienst wählen und bei gegenwärtigem Feldzug in Brabant sich als Volontär gebrauchen lassen müssen.[35]

Er beauftragte den einzigen für ihn erreichbaren Bruder Johann Gerhard, sich um Klarstellung zu bemühen. Dieser erklärte am 4. August 1692 für sich und im Namen seiner Brüder Julius Conrad und Friedrich Christoph, Julius Conrad habe sich 1684 in Kriegsdienste begeben, unter anderem beim Herzog Ernst August von Hannover, habe eine Hauptmannsstelle erlangt und sei mit den hannoverschen Truppen in die spanischen Niederlande gezogen. An anderer Stelle heißt es, er habe von 1682 bis 1689 in königlich französischen Diensten gestanden.[36]

Friedrich Christoph habe 1685, noch bevor in Nordhausen das Münzen begann, in Leipzig seine Studien fortgesetzt und danach in England fünf Jahre Kriegsdienste angenommen. Seit vier Jahren wisse man nicht, ob er noch am Leben sei. Später wurde ergänzt, er sei 1685 in Leipzig an der Universität ein junger Mensch von 15 Jahren gewesen, danach habe er in französischen Diensten in Katalonien, dann in englischen Diensten in Irland gestanden.

---

[35] RHR Miscellanea Münzwesen 6-4, Bl. 353 f.

[36] Ebd., Bl. 431.

Er selbst, Johann Gerhard, sei auf kurbrandenburgischem Gebiet in Haferungen wohnhaft. Zur Zeit, als die Nordhäuser Münze betrieben wurde, sei er bei dem Grafen Christoph Ludwig zu Stolberg (1634–1704) und auch anderwärts in Diensten gestanden und erst vor einem Jahr wieder zurückgekehrt.[37]

Sie schworen, dass sie weder mit dem Nordhäuser noch einem anderen Münzwesen etwas zu tun hätten. In Abwesenheit seiner Brüder betrieb Johann Gerhard Niebecker deren Sache und beauftragte zu seiner Unterstützung den Reichshofratsagenten Johann Franz von Bernardi. Ein gedrucktes *Mandatum Procuratorium* befindet sich in den Akten.[38]

Auch auf ihre Schwester soll hier noch einmal hingewiesen werden, Elisabeth Niebecker, die den gräflich hohensteinischen Kanzler Johann Heinrich Reppel geehelicht hatte.

Da der Hoffiskus außer gegen die Niebecker auch stets Klage gegen Johann Christoph Eilhardt geführt hat, soll zunächst auf ihn näher eingegangen werden. Zur Erinnerung sei hier erwähnt, dass Eilhardt, Lizentiat beider Rechte, Ratsvierherr und Rat des Grafen Gustav, am 16. September 1685 ein schriftliches Dokument über eine Kautionsleistung beim Rat hinterlegte und für die Einhaltung des Kontraktes und aller Verpflichtungen mit seinem Vermögen, Hab und Gut, bürgte.

Nachdem die Kommission ihre Arbeit aufgenommen hatte, wurde der Ton zwischen dem Rat und Eilhardt zunehmend rauer. Ersterer wälzte alle Schuld auf die Geflohenen ab und sah es nicht ungern, dass Kurtzrock in Münzdirektor Niebecker und dem Bürgen Eilhardt ebenfalls zwei mit großer Schuld beladene Delinquenten ausmachte, im Rat der Reichsstadt aber den weniger schuldigen Part sah. Wie schon einmal erwähnt, vertrat der Rat die Auffassung, dass Eilhardt *einig und allein, mit vielen Vorstellungen großen Nutzens Vor die Stadt Unß Zum Müntzen verleitet.*[39] Sehr zu seinem Ärger erfuhr der Rat, wie aus seinem Briefwechsel mit dem Reichshofratsagenten Koch hervorgeht, von Eilhardts Bemühen in Wien, sich von seiner ehemals geleisteten Bürgschaft zu befreien. Er forderte, der Bürge *(fideiussor)* dürfe nicht *aldorten*, sondern müsse *bey Unß alhier, allwo Er sothane Bürgschafft geleistet, solcher hinwieder sich entladen.*[40] Vergeblich beschwor Eilhardt am 12. September 1689 verärgert den Rat, er habe die geforderte Akteneinsicht und *in specie der Fideijussion* (Bürgschaft) nicht erhalten. Und im Übrigen gehe ihn die kaiserliche Untersuchung nichts an, weil er weder Münzer noch Silberlieferant war noch Gewinn aus dem ganzen Unternehmen

---

37 Ebd., Bl. 430.

38 Johann Franz von Bernardi war von 1665 bis 1696 als Reichshofratsagent tätig. Vgl. die Liste der Reichshofratsagenten, Online-Quellenverzeichnis.

39 StadtA NDH, Best. 1.3./ R Ad 6, Bl. 39.

40 Ebd.

gezogen habe. Die Münze sei nur sechs Wochen betrieben worden. Der flüchtige Münzmeister habe einen Stock und Eisen mitgenommen.[41]

Wohl nicht ungern übermittelte der Rat am 1. September 1690 seinem Ratsfreund Eilhardt von Kurtzrocks dringende Botschaft. Der Kommissar, der die Verschleppungstaktik Eilhardts und Niebeckers satt hatte, forderte am 30. August 1690 energisch, dem kaiserlichen Befehl zufolge die Münzdelinquenten Eilhardt und Niebecker innerhalb von drei Tagen der Kommission zu überstellen oder deren Haus, Habe und Güter in sicheren Beschlag zu nehmen, *daß mit denenselben Confiscando et Subhastando executivè verfahren werden könne.* Er, Eilhardt, solle sich noch heute, spätestens morgen der Kommission stellen und die Angelegenheit ohne Beitrag des Rates ausmachen. Diese Drohung wirkte und war auch auf Christian Wilhelm Niebecker gemünzt.

Der Rat war mit dem bisher erreichten Stand seiner Bemühungen unzufrieden. Sein Agent Koch musste ihm am 1. Februar 1691 neuen Stils mitteilen, dass er wegen des verschärften Vorgehens des Reichshofrates noch keine positive Resolution erreichen konnte. Die kaiserliche Absolution für die Stadt werde aber ergehen trotz der jetzigen *scharffen Müntz procedur*. Der Rat klagte noch einmal gegenüber seinem Agenten am 16. März 1691. Herr von Kurtzrock sei bei seiner letzten Anwesenheit *sehr hart* vorgegangen. So wie er bei anderen verfahren sei, die er wegen des Münzwesens beschuldigte, habe er gedroht, den Rat öffentlich anzuschlagen und vor die Münzkommission zu zitieren. Man habe auf die vertröstete kaiserliche Resolution bisher vergeblich gewartet.[42] Doch auch er musste sich noch bis zum Herbst 1693 gedulden.

Am 7. Januar 1692 endlich bat Reichsfiskal Wolfgang Maximilian Bell den Kaiser, gegen Eilhardt Zitation ergehen zu lassen. Auch Niebecker erhielt diese Ladung am 20. Juni 1692, hielt sich aber zu diesem Zeitpunkt im Fürstentum Wolfenbüttel auf. Eilhardt erhielt sie sogar erst am 4. August, konnte sie aber wegen Krankheit nicht wahrnehmen und bat um Verlängerung des Termins um zwei Monate. Aber er dachte nicht daran zu reisen, sondern beide wählten Johann Andreas Schwartze, den Amtmann von Niedersachswerfen – der die drei Beutel mit Geld des Grafen Gustav beschlagnahmt hatte – zu ihrem Bevollmächtigten. Durch diesen ließen sie am 4. September 1692 erklären: Angesichts der harten Prozedur des Kommissars und des gewalttätigen Verfahrens des Rates hätten sie sich gezwungen gesehen, dem Kaiser für sich beide eine Summe von 1.500 Reichtalern anzubieten.[43] Sie wollten damit andeuten, dass sie dieses Geld zu zahlen bereit wären, nicht weil sie sich schuldig fühlten, sondern gleichsam erpresst worden seien. Ihr Angebot müssen sie dem Kommissar von

41 RHR Miscellanea Münzwesen 13-1.

42 StadtA NDH, Best. 1.3./ R Ad 6, Bl. 37, 39–41.

43 RHR Miscellanea Münzwesen 6-4, Bl. 353–359.

Kurtzrock spätestens im 1. Halbjahr 1691 unterbreitet haben, denn dieser stellte bedauernd fest: Die Stadt Nordhausen und der Lic. Eilhardt haben ein sicheres Geld offerieren lassen. *Ich glaube auch, daß da man die güte stringirt hette, man eines undt anderß noch auff ein mehrers hette pringen khönnen.*[44]

Davon informiert, wandte sich Reichshoffiskal Bell mit der Nachricht an den Kaiser, die Beklagten Niebecker und Eilhardt hätten am 21. November 1692 um eine Kommission gebeten, um sich in Güte abzufinden, und sie wollten 1.500 Reichstaler zahlen. Im September 1693 teilte Eilhardt mit, dass das Geld durch Vermittlung des Hofjuden der Welfenherzöge in Hannover Levman (Leffmann) Behrens über den Wiener Hofjuden Samuel Oppenheimer nach Wien ausgezahlt worden sei.

Kurtzrocks Nachfolger, der im Münzwesen sehr kundige Reichshofrat Johann Hermann Maystetter,[45] fasste am 9. November 1693 den Ermittlungsstand zusammen. Sein Bericht enthält einige neue Aspekte: Er sei vor einigen Wochen nach Nordhausen gekommen und habe dem Magistrat noch einmal klargemacht, dass durch sein schlechtes Münzen *dem gemeinen Wesen undt vielen armen leuthen ein großer schaden geschehen seye* und er sich strafbar gemacht habe. Ferner habe sich der Magistrat bereits vor zwei Jahren mit dem Kommissar von Kurtzrock abfinden müssen, und dieser habe sich mit der Stadt auf eine Strafzahlung von 200 Talern geeinigt, mit der Entschuldigung, der Magistrat habe nur einen Anfang gemacht und die Münzung nicht fortgesetzt, als er bemerkte, dass er damit eine Verantwortung auf sich lade. Er habe dem Kurtzrock bereits 50 Taler bezahlt. Dieser habe im Gegenzug versprochen, beim Kaiser zu vermitteln, dass er die Stadt aus der kaiserlichen Ungnade entlasse. Dagegen habe er den Eilhardt um so schärfer angefasst und ihn beschuldigt, er hätte als Bürge für die Niebecker bessere Aufsicht führen müssen, und sich mit ihm schließlich auf 1.000 Reichstaler geeinigt, die inzwischen auch bezahlt wären (außerdem 500 Reichstaler für Niebecker). Der Magistrat bitte nun den Kaiser inständig, dass es bei den restlichen 150 Reichstalern bleiben möge. Auch habe er von Eilhardts Ersuchen erfahren, dass seine Kaution kassiert werde. Der Rat hatte sich bisher geweigert, ihm diese auszuhändigen.

Zum Abschluss deutete Maystetter an, warum auch er dafür plädiere, die Stadt mit nur 200 Talern zu belasten. Dass der Magistrat an der entstandenen *gefehrde* keine Schuld habe, bezeuge auch die Aussage seines zu Mainz gefangenen Münzmeisters Andreas Dittmar. Eilhardt und die Niebecker hingegen hätten den Betrug veranlasst, der ihnen auch zum Vorteil gediehen; sie wären aber nicht geständig, sondern würden nach wie vor alle Schuld auf die flüchtigen

44 Ebd., 20-11.

45 Johann Hermann Maystetter beschloss als Vertreter des Fränkischen Reichskreises im Dezember 1679 den Münzabschied zu Nürnberg.

Münzbedienten abwälzen. Und der Rat wolle dem Eilhardt seine Kaution nicht zurückgeben, weil das einige Ratsverwandte verhinderten, die nicht wollten, dass Eilhardt wieder frei über sein Vermögen verfügen könne. Abschließend befürwortete auch Maystetter eine *allergnädigste Abolition* der Stadt.[46]

Nordhausen ist mit den 200 Reichstalern Strafgeld gut bedient gewesen. Es deutet alles darauf hin, dass von Kurtzrock und Maystetter bewusst die Höhe so niedrig angesetzt haben. Schließlich hatte die Stadt gerade zu dieser Zeit Steuern an das Reich in nicht unbeträchtlicher Höhe, insbesondere zur Finanzierung des Defensionskrieges gegen Frankreich, nach Hannover abzuführen.

Nachdem das Geld geflossen war, unterzeichnete Kaiser Leopold I. am 13. Januar 1694 das kaiserliche Absolutorium für Christian Wilhelm Niebecker, Johann Christoph Eilhardt *und andere drey Gebrüder Niebecker*. Er verzieh ihnen, dass sie sich strafbar gemacht hatten, und deswegen sollten sie in Zukunft auf keine Weise beschwert, beleidigt oder gegen sie prozessiert werden, und er befahl insbesondere der Stadt Nordhausen, den Johann Christoph Eilhardt wegen der von ihm gestellten Kaution – *welche wir hiermit annulieren und für nichtig erklären* – weder an seinen Gütern, seiner Ehre und künftigen Beförderung im geringsten zu beeinträchtigen.[47] In der Tat ist Eilhardt schon 1694 in den erlauchten Kreis der Bürgermeister aufgenommen worden.

Aber gab es nicht noch mehr Bürger, die vom betrügerischen Münzwesen 1685 profitiert haben? Über deren Beteiligung an den Münzstätten der Grafschaft konnte die kurbrandenburgische Kommission unter der Leitung von Ernst Söldner Beweise beschlagnahmen. Doch offenbar gab es auch Verstrickungen in den städtischen Münzbetrug. Am 20. September 1690 schrieb Christian Ernst Schmid an Kurtzrock: *Die Kaufleute alhier, Andres Arens, Offeney und Wolframb jubiliren noch dazu und vermeinen, weil sie einmal vor der Kommission gewesen und verhört worden, man nun an dieselben weiter nichts prätendiren werde.* Schmid bat darum, diese Leute schärfer anzufassen und ihnen mit Arrest und anderen scharfen Prozeduren zu drohen.[48] Erstmals wird hier auch das Handelshaus Wolffram genannt, das im Gegensatz zu den Arens und Offeneys in Nordhausen bis in die jüngere Zeit in der Stadt präsent war.

Der Verdacht gegen Angehörige der Familie Wolffram konnte zu Kurtzrocks Bedauern nicht durch Beweise erhärtet werden. Einen Hinweis gibt es jedoch, der auch ihre Verstrickung in den Münzbetrug beweist: In der von Herzog Heinrich von Sachsen-Römhild (1650–1710) Ende 1690 eingerichteten Heckenmünze gehörte ein Johann Andreas Wolfram aus Nordhausen zum Personal. Nach Schließung der Römhilder Münze wurde er am 1. August 1692

46 RHR Miscellanea Münzwesen 6-4, Bl. 417–419.

47 Ebd., Bl. 442 und 445.

48 Ebd., 13-1.

bei der Eisenacher Münze *als Beihelfer und Silberkäufer* angestellt.[49] Aber auch Münzarbeiter der Klettenberger Münze sind auf die Eisenacher Heckenmünze *verschrieben* worden und arbeiteten dort gleichsam als „Gastarbeiter" längere Zeit.[50] Auch an diesen Beispielen kann man nur erahnen, wie ein weitverzweigtes Netzwerk entstanden war mit dem einzigen Ziel, durch Münzbetrug möglichst schnell maximale Gewinne zu erzielen, dass es enge Kontakte zwischen den Betreibern der Heckenmünzen gab, dass Personal, Spezialisten aller Art, vom einfachen Münzknecht bis zum Münzmeister und Silberhändler, von Münzstätte zu Münzstätte wechselten.

Immerhin einem von ihnen dürfte das „Jubilieren" vergangen sein. Georg Friedrich Offney (in den Quellen variiert die Schreibung Offney/Offeney) wurde wegen der Lieferung (von Silber) überführt. Maystetter notierte am 25. Mai 1694 in Nordhausen, Friedrich Offeney hätte eingewendet, dass er die Lieferungen in der angegebenen Menge nicht getan, er auch wenig Vorteil daran genossen hätte, auch der Magistrat sich für ihn als seinen Bürger stark *interponiret*. Doch es half ihm alles nichts, er musste in einen Vergleich einwilligen und zu seiner gänzlichen Abolition 2.000 Gulden Reichsmünze zahlen, also etwa 1.333 Reichstaler. Erst dann erhielt er das kaiserliche *Mandatum absolutorium*.[51]

Nichtsdestoweniger wurden ihm, wie er in einer Bittschrift an den Kaiser am 13./23. Dezember 1694 klagte, im Oktober in Ellrich in der Grafschaft Hohenstein seine Waren, die er auf öffentlichem Jahrmarkt feilgehabt, mit der Begründung beschlagnahmt, er hätte zur Klettenberger Münze einige Lieferung getan. Offney beteuerte, er sei aber doch vom Kaiser gänzlich *aboliret* worden, dergestalt, dass er weder vom Reichsfiskal in Wien, noch zu Wetzlar (vor dem Reichskammergericht) noch von irgendeinem Stand des Reichs beklagt oder beeinträchtigt werden dürfe. Dennoch seien ihm seine sämtlichen Kramwaren vorenthalten worden. Er bat den Kaiser, der Halberstädter Regierung zu verfügen, ihm seine Waren nebst Schaden auszuliefern und zu ersetzen.[52] Obgleich er also die kaiserliche Begnadigung erhalten hatte, beantragte Reichsfiskal Bell am 15. April 1695 seine Ladung nach Wien und begründete seinen Antrag damit, dass Offeney durch seine Bedienten auf die Ellricher und Klettenberger Münze mehrere Silberlieferungen gebracht habe. Bell bat darum, diese Vorladung möglichst bald zu ermöglichen, *weilen besagter Offeney dem gegebenen Bericht nach ein sehr*

49 KADE, Römhild, S. 164.
50 Vgl. Anhang, Nr. 5.
51 RHR Miscellanea Münzwesen 12-2, Bl. 478–480.
52 Ebd., Bl. 477 und 482.

betagter und alter Mann und auf sein etwas erfolgendes baldiges absterben bey seinen Erben dißfalß wenig zu erhalten sein würde.[53]

Hier muss Folgendes klargestellt werden: In dem von Ernst Söldner sichergestellten Dokument über Silberlieferungen an die Ellricher Münze ist vom *alten Offeney* die Rede. Es handelt sich um Friedrich Wilhelm Offeney (1630–1697), in Nordhäuser Quellen auch als Wilhelm Friedrich Offney, Wollhändler, Kauf- und Handelsmann und Gildemeister der Gewandschnitter in Nordhausen genannt. Von seiner Bedeutung zeugt, dass er eine der Gewandkammern unter dem Rathaus besaß. 1646 erbte er von seinen Eltern allerhand Länderei in der Stadtflur. 1692 erwarb er die alte Kapelle an der Spendekirche – *olim das Meyenburgische Begräbnis* – für 50 Reichstaler zu einem Erbbegräbnis.[54] Er hatte in der Tat, nach den Worten Bells, nicht mehr lange zu leben.

Wilhelm Friedrich hatte einen Sohn aus seiner zweiten Ehe mit Clara Elisabeth Kellner aus Heringen, den Christoph Wilhelm (1670–1715), Gewandschnitter, seit dem 6. Januar 1712 Bürgermeister. Dieser heiratete am 5. Februar 1695 Anna Margaretha Reinecke (1679–1709), die Tochter des Christian Ludolph Reinecke, des gräflich-hohensteinschen Amtsverwalters zu Benneckenstein und eines der wichtigsten Beteiligten am Münzbetrug des Grafen Gustav, wie aus Verhören noch deutlich werden wird. Hier wird wieder einmal die Verflechtung von Nordhäuser und Hohensteiner Familien deutlich. Noch nicht Bürgermeister, heiratete Christoph Wilhelm in zweiter Ehe 1710 Anna Margarethe Riedel, deren Mutter die Witwe des Seidenhändlers Peter Andreas Arens war, der ebenfalls wegen Münzbetrugs an den kurbrandenburgischen Fiskus eine Strafzahlung leisten musste.

Wilhelm Friedrichs Sohn Georg Friedrich Offney (1658–1725) aus dessen erster Ehe mit Margarethe Elisabeth Nebelung († 1664) war zu Recht des Münzbetrugs angeklagt, wie ebenfalls noch bewiesen werden wird. Im November 1690 klagte die kaiserliche Kommission den Heinrich Ludwig Reppel an, dem als Gegenprobierer auf der Klettenberger Münze Graf Gustav in einer Instruktion vom 21. Oktober 1689 besondere Verantwortung aufgetragen hatte, in einer Zeit, als dort besonders stark gemünzt wurde.[55] Auch die Güter seiner Ehefrau ließ die Kommission mit Arrest belegen.

Angehörigen der Familie Arens konnte der Reichsfiskal Bell keine Beteiligung am Nordhäuser Münzbetrug nachweisen. Die Ermittlungen Ernst Söldners bis in die Jahre 1697 und 1698 haben auch hier mehr Erfolg gehabt, was noch ausführlicher besprochen werden wird. Höchst aufschlussreich ist, dass

---

53 RHR Miscellanea Münzwesen 17-2. Für die Übermittlung der genealogischen Daten zu den Angehörigen des Offeney-Geschlechtes danke ich Herrn Andreas Lesser, München.

54 StadtA NDH, Best. 1.2., II Wa 2, Bl. 288r; Best. 1.3., R/ Ea 3, Bl. 19.

55 Vgl. LASA Magdeburg, A 13, Nr. 778, Bl. 22.

auch Georg Arens, ein Sohn des Bürgermeisters Johann Caspar Arens, mit einer Tochter Christian Ludolph Reineckes verheiratet war und wie auch der Vater selbst vom Münzbetrug profitiert hat.

Am selben Tag, an dem er für Eilhardt und die Brüder Niebecker die Zitation erwirkt hatte, erbat Reichshoffiskal Bell noch eine weitere Zitation vom Kaiser, und zwar für Andreas Dittmar. Nach Abschluss der Untersuchungen gegen den ehemaligen Nordhäuser Münzmeister war er zu folgendem Ergebnis gekommen:

> *das der so genante Andreas Tittmar auff der Münzstatt zu Northausen vor einen Münzmaister sich gebrauchen lassen: Weilen nun aber in so ged. Münzstatt geringhaltige Gelltsorten ausgeprägt worden. Und mithin bemellter Tittmar zu solcher Ausmünzung ein Helffer gewesen, und denen Münz Edictis hierdurch sträfflich zugegen gehandelt.*

Und so endete auch Bells abschließende Begründung mit den Worten *Fiat petita Citatio! 7. Januarij 1692.*[56] Dittmar sollte sich am genannten Tag vor dem Reichshofrat verantworten. Dass er nicht erschienen ist, kann als sicher gelten. Seinen Werdegang, seine Herkunft aus Burgörner in der Grafschaft Mansfeld, Kindheit, Lehre bei seinem Schwager, einem Münzmeister, die Tätigkeit später auch bei ihm in Stettin usw., 1694 seine Haft im darmstädtischen Gießen wegen des falschen Münzens in Mainz und Aschaffenburg, und seine Entlassung im Januar 1694, berichtet er später an anderer Stelle.[57]

4.5. Die Untersuchung des Münzwesens in der Grafschaft Hohenstein durch die Kommissare des Kaisers und Kurbrandenburgs (1689–1695)

Nachdem der kaiserliche Resident zu Bremen Theobald Edler von Kurtzrock als Münzkommissar am 9./19. August 1689 in Nordhausen eingetroffen war, hatte er dem in Branderode ansässigen Carl Gustav Küchenmeister vor allem die Grafschaft Hohenstein als Operationsgebiet zugewiesen. In Nordhausen, einer Reichsstadt, also einer Stadt des Kaisers, konnte er sich heimisch fühlen; das hohensteinsche Territorium aber war kurbrandenburgisches Gebiet, und wie groß sein Handlungsspielraum dort war, das war ihm nicht ganz klar defi-

---

56 RHR Miscellanea Münzwesen 5-2, Bl. 51.

57 Ebd., 7-2, Bl. 244 und die folgenden.

niert worden. Am 31. August/11. September wandte er sich fragend an den Kaiser, ob er Christen oder Juden aus den kurbrandenburgischen Landen, etwa von Halberstadt oder Ellrich, kraft seines Kommissions-Patentes nach Nordhausen zum Verhör zitieren dürfe oder wie er sich gegenüber den kurfürstlichen Regierungen, etwa von Halberstadt (Fürstentum Halberstadt) oder der von kurfürstlichen Gnaden, der gräflich-sayn-wittgen- und hohensteinischen Regierung, verhalten solle.[58] In diesen Wochen führte er auch umfangreiche Untersuchungen gegen den Münzmeister Binnenböse in Goslar. 1692 sandte der kaiserliche Fiskal Wolfgang Maximilian Bell an Bürgermeister und Rat von Goslar eine Vorladung wegen der in der Stadt begangenen Münzverbrechen.[59] Über weitere Schritte und eine zu entrichtende Strafzahlung ist nichts bekannt. Die Münzvergehen der Reichsstadt stellten sich offenbar als unbedeutend heraus. Lediglich die nach 1673 geschlagenen Gulden (16 Gutegroschen bzw. 24 Mariengroschen) waren nicht ganz vollwertig. Laut einem Münzedikt des Herzogs Rudolf August von Wolfenbüttel durften sie nicht höher ausgegeben noch angenommen werden als zu 22 Mariengroschen. Doch am 12. März 1680 verkündete ein Münzedikt des Herzogs Georg Wilhelm von Celle, dass sie für voll genommen werden sollten. Ähnlich urteilten auch spätere Münzedikte der Jahre 1687, 1689 und 1690.[60] So ist auf eine weitere Verfolgung verzichtet worden.

Eine der ersten Amtshandlungen der kaiserlichen Kommission bestand darin, am 20. August den Amtmann von Klettenberg aufzufordern, den Schneider Christian Böse wegen Angelegenheiten der Münze zum Verhör nach Nordhausen zu entsenden. Am 23. August weigerte sich der Amtmann, dieser Aufforderung nachzukommen. Als nächstes beabsichtigte sie, gegen zwei Schutzjuden aus Ellrich zu untersuchen. Noah und Jochim Seligman seien durch glaubhafte und fast unwidersprechliche Indizien und Zeugen beschuldigt worden, Silber auf die Münze geliefert zu haben. Sie sollten sich innerhalb Monatsfrist, vom 4. September 1690 an gerechnet, in Nordhausen stellen und rechtfertigen. Es ist nicht bekannt, welche Antwort von Kurtzrock aus Wien erhielt. Fest steht aber, dass es keinem Bewohner der Grafschaft erlaubt wurde, sich in Nordhausen zu Verhören einzufinden.

Natürlich wusste die Halberstädter Regierung, dass sich ihre Schutzjuden am Silberhandel beteiligt hatten, obwohl Kurfürst Friedrich Wilhelm am 22. Dezember 1685 allen Bewohnern seines Staates jeglichen Gold- und Silberhandel verboten hatte, worauf schon einmal hingewiesen worden ist. Um der kaiserli-

58 Ebd., 13-1.

59 Vgl. ebd., 10-34, Bl. 421–426. In der Münzgeschichte der Reichsstadt Goslar von 1995 wird davon nichts erwähnt.

60 Vgl. BUCK/BÜTTNER/KLUGE, Goslar, S. 71 und 102 f.

chen Kommission den Wind aus den Segeln zu nehmen und dem Fiskus eine zusätzliche Einnahme zu verschaffen, befahl der Kurfürst, inzwischen Friedrich III., am 6. Februar 1690, allen in der Grafschaft Hohenstein lebenden Schutzjuden nach dem Beispiel der Halberstädter Juden einen Eid abzunehmen, dass sie sich künftig des verbotenen Silberhandels für immer enthalten wollten. Die Vereidigung fand am 6. März 1690 in Anwesenheit des Halberstädter Rabbiners Salomon Jonas auf der kurfürstlichen Kanzlei in Halberstadt statt. Doch einige fehlten. Am 24. März 1690 mussten auch Jochim Seligman, Joseph Simon, Magnus und Alexander Susman, alle aus Ellrich, ihren Eid schwören. Ihnen wurde bedeutet, dass sie ihren Schutzbrief mit 500 Reichstalern auslösen müssten gleichsam als Strafe für ihr verbotenes Handeln. Einige bekannten, sie wären arme Leute und könnten das Geld nicht aufbringen. Darauf wurde dem Noah Seligman und dem Joseph Salomon erklärt, dass sie so lange in Halberstadt bleiben müssten, bis die Gelder erlegt seien. Am 27. März erschienen die letzten hohensteinschen Juden Iltz Levin von Obergebra, Joseph Liebman von Niedergebra und Meyer Susman von Sollstedt und legten den Eid ab.[61] In der noch zu erwähnenden Liste der Strafzahlungen tauchen Hohensteiner Schutzjuden nicht mehr auf. Man gewinnt den Eindruck, dass die kurbrandenburgische Regierung auf sie Rücksicht nahm, da sie für die Geld- und Silbergeschäfte des Kurfürsten bzw. der Halberstädter Regierung unverzichtbar waren.

Küchenmeister hatte einen schlechten Start. Am 19. Oktober 1689 sandte er an die hohensteinsche Regierung, Kanzler Heinrich von Strombeck, eine *Rechtliche Anzeige und dienstliche Bitte.* Ihr Inhalt klingt für heutige Leser fast unglaublich. Er zeigte an, es sei der gräflichen Regierung bekannt, dass er als Concommissar einer kaiserlichen Kommission in Eid und Pflicht genommen wurde. So habe er zu diesem Zweck Erkundigungen eingezogen und Reisen unternommen. Bei seiner letzten Reise, die nach Leipzig führen sollte, sei er in Merseburg angehalten, seine Chaise visitiert worden, und unter dem Vorwand, er habe mit devalvierten Geldern gehandelt, sei er gleichsam als ein Übeltäter festgenommen, verhört und ihm sein Mandat, das ihn legitimierte, abgenommen worden. Wegen der angestrebten Abolition des Grafen Gustav hätten seine Leute 2.450 Reichstaler bei sich gehabt, die bei einem Leipziger Kaufmann deponiert werden sollten. Dieses Geld wäre als Abschlag auf die Freisprechung des Grafen gedacht, aber er selbst hätte damit nichts zu tun gehabt. Schließlich sei er zu einem Eid gezwungen worden und habe schwören müssen, in gewisser Zeit 10.000 Taler nach Merseburg zu bringen. Er habe einen Eid geleistet, um der Gewalt zu entkommen. Küchenmeister ließ in seiner Anzeige und Bitte viele Fragen offen, schrieb weder, welche Leute ihn begleiteten und wer genau ihn in

[61] LASA Magdeburg, A 13 Nr. 774, Bl. 23.

Merseburg festnahm.[62] Auf Nachfrage der Ellricher Regierung nannte Küchenmeister als einen seiner Begleiter den August von Schwartzenstein, der, wie noch deutlich werden wird, ein wichtiger Helfer des Grafen bei seinen Münzbetrügereien war. Wie dieser Merseburger Zwischenfall ausging, ist leider nicht bekannt.

Gleichfalls am 19. Oktober 1689 wies Christian Ernst Schmid – von Kurtzrock war nach Hamburg abgereist – den Reichsvizekanzler darauf hin, dass der Graf zu Klettenberg eine Strafzahlung anbiete. Bei längerer Verzögerung aber dürfte der Kurfürst von Brandenburg ins Mittel treten, die Münzstätte ruinieren und die Strafe an sich ziehen.[63] War das nur ein Täuschungsmanöver des mit allen Wassern gewaschenen Sayn-Wittgensteiners, der bereits intensiv daran arbeitete, in Stettin eine neue Heckenmünze zu eröffnen? Denn am 21. Dezember 1689 musste Schmid Kurtzrock mitteilen:

> *Zu Clettenberg gehet es noch immer fort, der Graf helt 12 biß 18 bewehrte Man, so die Müntze tag und nacht bedecken müßen, undt darff sich Niemand so verdächtig alda sehen laßen, weßwegen ich auch wenig erfahre, alß daß starcke liefferung geschehen, so aber allemahl mit bewehrter hand ab – undt zu convoyrt werden. Ich erwarte mein protectorium mit verlangen.*[64]

Hans Unger, Tischler des Grafen in Klettenberg, sagte im Verhör aus, zur Münz-Wache hätten acht bis zehn Mann gehört, und ihr Offizier wäre der Cornett Fischer gewesen.[65] Angesichts dieser bewaffneten Macht an der Klettenberger Münze musste Schmid schon um seine Sicherheit besorgt sein. Am 4. November hatte er, wie bereits erwähnt, am Kaiserhof zu Augsburg um ein Protectorium ersucht.

Graf Gustav muss inzwischen gespürt haben, dass durch das energische Vorgehen der kaiserlichen Kommission und die drohende Gefahr aus Berlin seine betrügerischen Projekte ernsthaft gefährdet waren. Auch auf kurbrandenburgischer Seite wurde seit Februar 1690 die Bedrohungslage immer ernster, wie bereits gezeigt worden ist.

Am 17. Februar 1690 ersuchte der gräfliche Hofrat Friedrich Samuel Jesseus im Auftrag seines Herrn, *Illustrissimi*, den Kommissar von Kurtzrock wegen des schlechten Gesundheitszustandes des Grafen um seine rasche Abolition gegen Barzahlung der schon früher offerierten 3.000 Reichstaler. Wie Subkommissar Schmid am 18. Februar an Kurtzrock schrieb, habe Jesseus ihn am Tag zuvor

---

62 Ebd., Nr. 778, Bl. 6–9.

63 RHR Miscellanea Münzwesen 12-2, Bl. 537.

64 Ebd., Bl. 534.

65 LASA Magdeburg, A 13, Nr. 1414, Bl. 73.

aufgesucht und ihm dieses Angebot unterbreitet. Jesseus hätte ihm offen zu verstehen gegeben, dass Graf Gustav besorgt sei, dass Kurbrandenburg ihn wegen des Münzwesens in Strafe ziehen werde, aber weil auch der von Witzendorf die Auszahlung der Gelder des versetzten Amts Klettenberg hart dringe, wodurch ihm die Mittel ganz aus den Händen gespielt werden würden und bei weiterer Verzögerung der Abolition er zur Zahlung *incapabel* würde. Sonst sei noch zu erwähnen, dass sich der alte Bähr in Gieboldehausen und der Münzmeister Bähr in Walkenried aufhalten. Graf Gustav muss mit baldigem Ende seiner Klettenberger Münze bereits fest gerechnet haben. Wie schon erwähnt wurde, ist diese Anfang Mai 1690 endgültig zerstört worden. Am 28. August befahl Graf Gustav seinem Rat Jesseus, sofort mit Kurtzrock in seiner Sache Verhandlungen aufzunehmen.

Von Jesseus erfuhr von Kurtzrock Anfang September, dass Graf Gustav am 15./25. August 1690 ein kaiserliches Reskript erhalten hatte, worauf er seinem Rat sofort eine Verhandlungsvollmacht erteilt habe. Die Halberstädter Regierung allerdings habe ihm in zwei Reskripten befohlen, keinen der Münzbedienten an die kaiserliche Kommission zu überstellen. Der Graf dürfe also keines Ungehorsams beschuldigt werden. Es stehe der Kommission jederzeit frei, in die Grafschaft zu kommen und die Leute des Grafen zu verhören. Gustav offerierte nunmehr dem Reichshofrat 5.000 Reichstaler *pro impetranda abolitione* und bat inständig, dass er, Kurtzrock, *ie eher ie lieber die allergnädigste abolitionem befördern helfen möge*. Er bat von Kurtzrock sogar, in Wien *aufs Tapet zu bringen*, in den drei Reichsstädten Goslar, Mühlhausen und Nordhausen ein Regiment zu Fuß zu stationieren.

Von allen Seiten spürte Gustav heftigen Gegenwind. Auch Kurbrandenburg ging jetzt scharf gegen ihn vor. Wie Kurtzrock am 6./16. September an den Kaiser schrieb, hätte sich Jesseus bei ihm beklagt, dass ihm kurbrandenburgische Reiter nachstellten und ihn gefangen nehmen wollten, weil er sich an die kaiserliche Kommission gewandt und gewisse Delinquenten, darunter einige Ellricher Juden, denunziert habe. Er, Kurtzrock, hätte ihm daher ein Tutorium und Passbrief erteilt. Graf Gustav habe einige seiner Münzbedienten zur kaiserlichen Kommission überstellt. Einer seiner Münzmeister mit Namen Koch sei beim Kloster Ilfeld unter der Jurisdiktion des Grafen von Stolberg anzutreffen.

Ebenfalls am 6./16. September wandte sich Jesseus an von Kurtzrock und erklärte, der Kaiser habe am 3./13. Juni 1690 seinem Herrn bei Strafe von 100 Mark lötigen Goldes befohlen, alle Münzmeister, Lieferanten und Operanten vor die kaiserliche Kommission in Nordhausen zu bestellen. Darauf habe er sich zusammen mit dem gräflichen Sekretär Johann Friedrich Mengewein auf gräflichen Befehl zur Kommission nach Nordhausen begeben und Aussagen gemacht. Aus diesem Grund werde ihm jetzt von der Halberstädter Regierung hart zugesetzt. Ein Advokat namens Ernst Söldner – dieser war ein erfahrener

Ellricher Stadtschultheiß – und ein gewisser Georg Steinmetz, der zuletzt das Klettenberger Münzwesen dirigiert habe, hätten seine Wohnung *mit Soldaten umbrennet*, alle seine Möbel versiegelt, seine Wohnung noch immer mit sechs Soldaten besetzt und nicht einmal seine Frau aus der Stube gehen lassen wollen. Er bitte daher eindringlich um einen Schutzbrief, um ferner allergnädigst dienen zu können.

Auch Kurfürst Friedrich III. setzte eine Münzkommission ein, deren Leitung als Münzkommissar ein gewisser Johann Georg Prinz innehatte, und forderte am 24. Juni 1690 Zeugenverhöre, Inquisition und Arrest der gräflichen Münzbedienten und Lieferanten. Ein Insider, der vor der Münzkommission geständig war, Hans Ernst Wenzel, hatte auf der Klettenberger Münze als Schmelzer gearbeitet. Ihm wurde versichert, dass er wegen dieses Münzwesens nicht bestraft werden solle, denn man erhoffte sich von ihm quasi als Kronzeugen belastbare Aussagen. Am 4. Oktober 1690 stellte ihm Johann Georg Prinz in Ellrich einen Schutzbrief aus.[66]

Die Tätigkeit der kaiserlichen Kommission in der Grafschaft war dem Kurfürsten ein Dorn im Auge, da sie, wie er meinte, Eingriffe in die kurfürstliche territoriale Gerechtigkeit verübte. Am 12. Oktober 1690 befahl er der Halberstädter Regierung, derartige Eingriffe nicht mehr zu gestatten und selbst gegen die Delinquenten nachdrücklich zu verfahren (besonders gegen Johann Gerhard Niebecker) und seine zur Untersuchung der Münzverbrechen verordneten Kommissare zu unterstützen.[67] Noch einmal am 23. September 1691 befahl die Regierung in Halberstadt den Untertanen in der Grafschaft Hohenstein, nicht Folge zu leisten, falls sie von der kaiserlichen Kommission nach Nordhausen zitiert würden, insbesondere diejenigen, die bei dem gräflichen Münzwesen *bedienet gewesen*.[68] Über die Tätigkeit der kurbrandenburgischen Münzkommission berichtete Schmid am 20. September 1690 seinem Chef Kurtzrock: Sie zitiere die Münzbedienten nach Ellrich und aboliere die meisten mit einer gar leichten Strafe, so gestern auch Joachim und Noah (Seligman) aus Ellrich. Etliche Münzbediente hätten 50 Reichstaler, einige 30, 20, ja auch nur 5 Reichstaler Strafe zahlen müssen. Hier wird ein einziges Mal auf Strafzahlungen einfacher Münzbediensteter hingewiesen. Diese Leute, auf die noch im Zusammenhang mit den Verhören durch den späteren Münzkommissar Ernst Söldner eingegangen wird, hatten ebenfalls – wenn auch nur in geringem Umfang, vom Klettenberger Münzgeschäft profitiert.

Ernst Söldner war noch nicht Münzkommissar, als er am 19. September 1690 Paul Friedrich Liebenroth aus Ellrich, die Ellricher Juden Joachim Selig-

---

66 LASA Magdeburg, A 13, Nr. 777, Bl. 11.

67 Ebd., Nr. 1412 (unpaginiert).

68 Ebd., Nr. 778, Bl. 23.

man, Alexander Susman, Joseph Simon, Magnus Susman und Levin Liebman verhörte, ferner aus Sollstedt Hertz Pein, Salomon und Mordechay, aus Obergebra Joseph und dessen Söhne, Johann Ludwig Reppel, zurzeit in Tettenborn, Hans Jürgen Seidenstricker, Niclas Wieck aus Klettenberg und andere.

Am 22. November 1690 ersuchte Ernst Söldner die gräflich-schwarzburgische Regierung in Sondershausen, den Schafmeister Otto Schultes und seine Ehefrau, beide zurzeit in Ebeleben wohnhaft, zu einem Zeugenverhör vorzuladen. Der Schafmeister war im Amt Großbodungen beschäftigt gewesen und nach Söldners Meinung geeignet, betrügerische Praktiken des gräflichen Hofrates Johann Julius Jesseus aufzudecken. Dieser wird im Zusammenhang mit Klettenberg nur hier erwähnt. Der Schafmeister sollte aussagen, ob er den Hofrat oft in Großbodungen gesehen, bei wem er sich aufgehalten und was er dort getrieben habe. Söldner verdächtigte den Jesseus, des Nachts Geld von der Klettenberger Münze in das im Westen angrenzende schwarzburgische Amt gebracht und in Fässern in der Schäferei von Großbodungen gelagert zu haben, um es dem brandenburgischen Zugriff zu entziehen. Er habe wohl auch gutes Geld durch das Amt nach Klettenberg geführt. Eine Zeit lang sei Jesseus auch wöchentlich einmal in das Amt gereist, habe in Großbodungen übernachtet und dann im nahen Neustadt mit einem Steuereinnehmer namens Stephani aus Heiligenstadt verhandelt.[69] Ein Ergebnis des Verhörs ist in den Akten nicht überliefert. 1695 berichtete Schmid in Wien, der kurmainzische Steuereinnehmer zu Heiligenstadt Steffen Matthias und sein Faktor Ignatio Pfeiffer seien überführt, Silber nach Klettenberg geliefert zu haben.[70]

Nachdem von Kurtzrock Schmids Informationen erhalten hatte, wandte er sich noch am 20. September, zunehmend verärgert ober die eigene Ohnmacht, an den Kaiser und klagte, *wie man in wiederlichen Sachen ohne Rechtshülff undt execution wenig vortkhomen khan.* Die gräfliche Regierung lehne es ab, die zur Untersuchung angeforderten Personen der Kommission zu überstellen. Durch das kurbrandenburgische Militär würden die Leute abgeschreckt und eingeschüchtert. Jesseus beklage sich wehmütig, dass sein Haus und seine Frau mit militärischer Exekution sehr graviert werden, bloß weil er sich nach der kaiserlichen Kommission gerichtet und den einen oder den anderen denunziert habe. Es sei davon die Rede, dass der Kurfürst den Grafen wegen des Münzdeliktes ebenfalls *exequiren* (gerichtlich beitreiben) lassen werde; deswegen begehre Jesseus seinen eigenen Schutz, den man ihm wohl nicht versagen könne.[71]

So ist die kaiserliche Kommission in ihrer Arbeit stark behindert worden, daher ist in den Akten von ihr nur wenig zu spüren. Den Christian Ernst

---

69 LATh-StA Rudolstadt, 5-14-1120, Nr. 1344.

70 RHR Miscellanea Münzwesen 12-2, Bl. 496–500.

71 Ebd., 13-1.

Schmid wiederum beschuldigte die Halberstädter Regierung, *mit Nachstellung und Wegnehmung einiger abgewürdigten und verrufenen Geldsorten* die kurfürstlichen Rechte in der Grafschaft *violiret* zu haben.[72]

Kurtzrock musste es immer wieder erleben, dass seine Anforderungen an die gräflich-hohensteinische Regierung ablehnend beantwortet wurden. In Hamburg notierte er am 11. Oktober 1690, dass alles der kaiserlichen Kommission beschwer- und verdrießlich gemacht, die *Müntzlastere gestärckt, in efectu auch denen Delinquenten Lufft undt Zeit geben wirdt, sich undt ihre beste sachen zu salviren.* Ohne Kursachsen und Brandenburg, auch ohne die Herren Herzöge von Braunschweig-Lüneburg möchte es schwerfallen, die Strafen ordentlich zu determinieren noch ohne Exekutionshilfe dieselben beizutreiben. Ein jeder klage über das zerfallene Münzwesen, doch gleichwohl erschwere oder verweigere man der kaiserlichen Kommission die benötigte Hilfe.[73] Am 11. Juli 1691 berichtete er von Hamburg aus über die Tätigkeit seiner Kommission, die Untersuchungen zum Münzwesen des Bischofs von Hildesheim, des Herzogs von Sachsen-Gotha, der Grafen von Schwarzburg und Sayn-Wittgenstein. Die kaiserlichen Zitationen des Reichsfiskals seien öffentlich affigiert worden. Doch bei seiner Arbeit habe er *fast mehrer Hindernüß und cunctiren, alß würckliche assistentz genoßen.* Am 9. September 1691 schrieb er verärgert: *Wie man doch ohne ordentliche Hülff, ohrdentlich nicht procediren, weniger recussiren kan.* Es wäre zu überlegen, ob man vielleicht bei Kurmainz, Kurbrandenburg, den Herzögen von Braunschweig-Lüneburg *in capite* oder bei deren Regierungen und Münzkommissaren Unterstützung suchen *oder wie man sich in ein und dem anderen eigentlig verhalten solle?*[74]

Besonders ärgerte ihn die obstringente Politik des Kurfürsten von Brandenburg. Auf seine Klagen hin beauftragte Leopold I. seinen Gesandten in Berlin, den Freiherrn von Fridag zu Gödens, einen erfahrenen und geschickten Diplomaten, zu untersuchen, ob der Kurfürst dazu das Recht hätte. Fridag antwortete am 15./25. Februar 1692 dem Kaiser, dass der Kurfürst dazu umso mehr berechtigt sei, als durch den Frieden (1648) zwischen Kaiser und Schweden, Art. 11 (Frieden von Osnabrück, Artikel XI, 2, Grafschaft Hohenstein), die Grafschaft *guten theils nicht nur jure feudi, sondern jure proprietario, dem Fürstenthumb Halberstadt zugeeignet worden, und die wider solche disposition, von dem abgelebten Hern Churfürsten dem Gräfl. Hause Witgenstein geschehene alienatio et infeudatio, den jetzigen nicht binden köndte.*[75]

72 LASA Magdeburg, A 13, Nr. 1412, Bl. 5.
73 RHR Miscellanea Münzwesen 13-1.
74 Ebd., 20-23.
75 Ebd., 20-11.

Bereits am 7. Januar 1692 hatte sich Kaiser Leopold beim Kurfürsten von Brandenburg beschwert, dass die kurfürstliche Regierung in Halberstadt sich unter dem unstatthaften Grund einer vorgesetzten Feudalität unterstehe, die Arbeit seiner Münzkommission im Niedersächsischen Kreis zu behindern.[76]

Nur kurze Zeit ist noch von Aktionen Küchenmeisters gegen die Münzdelinquenten in der Grafschaft die Rede. Überliefert ist seine Unterstützung der Verhaftung des Justus (August) von Schwartzenstein im Januar 1691, dem vorgeworfen wurde, mit seinen bewaffneten Leuten Silbertransporte aus dem Harz zu den Münzstätten des Grafen eskortiert zu haben. Dass ihn der Ellricher Schultheiß Ernst Söldner unter Mithilfe einiger Ellricher Bürger in das Stadtgefängnis (bei den Ellrichern hieß es „die Hölle") einlieferte, empfand Schwartzenstein als eine für einen Kavalier und Cornett in landgräflich-hessischen Diensten respektlose, schimpfliche Behandlung. Wegen dieser großen *Imprudenz* (Unüberlegtheit) und Unhöflichkeit beschwerte sich nicht nur er bei der Halberstädter Regierung. Es beschwerten sich auch einige vom Adel der Grafschaft, an der Spitze Bodo Heinrich von Mützschefahl, Erb- und Burgsass zu Klettenberg und zugleich gräflich-wittgensteinischer Hofmeister, der eine Kaution von 500 Talern stellte, worauf die Halberstädter Regierung Schwartzensteins Freilassung befahl.[77] Dieser beschimpfte Ernst Söldner, beteuerte seine eigene Unschuld und völlige Unkenntnis vom Münzwesen des Grafen, bei dem er einst Page gewesen sei.[78] Wohlweislich verschwieg er, dass Graf Gustav sein Onkel und er selbst ein unehelicher Sohn von Gustavs Bruder Otto von Sayn-Wittgenstein-Hohenstein war.[79]

Seine Verleumdungen Söldners haben diesem jedoch nicht geschadet. Im Gegenteil: Am 8. Februar 1691 erklärten im Namen der hohensteinischen Regierung Kanzleidirektor Heinrich von Strombeck und Sekretär Lucas Reiff, dass dem Ellricher Advokaten Ernst Söldner von der Halberstädter Regierung Kommission (zur Bekämpfung der Münzmalversanten) erteilt wurde. Alle, die bei der Klettenberger Münze zu tun gehabt, solle er ergreifen und in Haft bringen. *So seind solche Leute alle flüchtig worden.*[80] Am 12. Februar 1691 wurde er zum kurbrandenburgischen Münzkommissar ernannt. Seitdem nahm die Münzinqui-

---

76 Ebd., 5-7. Die Reichsstadt Nordhausen gehörte zwar dem Niedersächsischen, die Grafschaft Hohenstein aber dem Obersächsischen Reichskreis an.

77 Laut Kirchenbuch wurde Bodo Heinrich v. Mützschefahl am 5. August 1714 in Klettenberg begraben. Vgl. BEITRÄGE, § 21.

78 REICHARDT, Beitrag Münzwesen, hat diese Geschichte wörtlich aus den Akten entnommen, ohne sie jedoch in einen Zusammenhang einzuordnen und zu kommentieren.

79 Otto Graf v. Sayn, Wittgen- und Hohenstein (1639–1683), ein Sohn von Graf Johann VIII., hinterließ drei uneheliche Kinder, die den Namen von Schwartzenstein erhielten.

80 RHR Miscellanea Münzwesen 6-1, Bl. 61.

sition Fahrt auf.[81] Bei aller Tüchtigkeit, auf die mehrfach hingewiesen wird, hatte sein Lebenswandel wohl auch einige Schwachpunkte.[82]

Graf Gustav, der sich auf seinem Schloss Wittgenstein verkrochen hatte, ließ alle an ihn gerichteten Schreiben unbeantwortet und sich durch seinen Rat Jesseus, der ebenfalls nach Wittgenstein geflohen war, wegen heftiger Zahnschmerzen entschuldigen. Der Graf nahm erstmals am 28. März 1691 in einem Schreiben an Landeshauptmann von der Ramée, Direktor und Räte der hohensteinschen Regierung, äußerst hinterhältig und wahrheitswidrig zu seinem betrügerischen Münzwesen Stellung. Er habe erfahren müssen, dass

> *er von theilß deren dabey bestelt gewesenen Arbeitern ziemlich hintergangen, unsere Müntze nicht nach dem gegebenen Fuß ausgeprägt worden, anbey auch gewiße Nachricht erhalten, daß Zeit unseres Müntzwesens unter andern auch der Jude Jochim Seligmann und deßen Weib, ingleichen Jochims Brüder sehr viel und in mancher Woche zu 2, 3 undt mehrmalen mit dem Futterschneider Hanß Ernst Wentzelln zu Branderoda correspondirten.*

Er behauptete also, von allem nichts gewusst zu haben, und, wie es seine Standesgenossen, Fürsten wie Grafen, praktizierten, schob er alle Schuld auf untergeordnete Münzbedienstete und natürlich auf die Juden, die wieder einmal als Sündenböcke herhalten mussten.[83] Den Kronzeugen Hans Ernst Wenzel versuchte er in ein schlechtes Licht zu stellen. Er sei quasi einer der Hauptschuldigen am Münzbetrug, sei einst blutarm gewesen, auch ein Dieb, sei jetzt wohlhabend, halte sich sogar Reitpferde. Gustav bemühte sich, seine Leute sowohl

---

81 Ernst Söldner, Jurist und langjähriger Ellricher Schultheiß, heiratete am 15. September 1696 Catharina Margaretha Reiff, die Tochter des gräflich-hohensteinschen Assessors und Sekretärs Lucas Reiff. Nach deren Tod 1703 ehelichte er Anna Ursula Schincke. Ihre am 7. Oktober 1710 geborene Tochter Sophie Eleonore war die spätere Geliebte des Fürsten Leopold I. v. Anhalt-Dessau. Aus dieser Verbindung entstammt Georg Heinrich von Berenhorst (1733–1814), ein Militärtheoretiker und Kritiker des preußischen Königs Friedrich II. Ernst Söldner, bis 1717 als Schultheiß nachweisbar, verstarb am 5. Januar 1721. Vgl. KUHLBRODT, Alt-Ellrich, S. 109 f.

82 Darauf deutet folgende Notiz hin: Am 31. März 1703 ersuchte die königlich preußische Regierung der Grafschaft (von der Ramée, Friedrich Anton Heinichen) den Rat zu Nordhausen, zwei Frauen, die wegen begangenen Ehebruchs mit dem Schultheiß Ernst Söldner geflohen waren und sich in der Reichsstadt aufhielten, nach Ellrich zu überstellen und auf der Wertherbrücke zu übergeben. Vgl. GStA PK, I. HA Rep. 33 Halberstadt, Nr. 147-2d, Paket 2.

83 In einer Sayn-Wittgensteiner Familiengeschichte von 1979, Autor Franz Prinz zu Sayn-Wittgenstein, endet der Bericht über die Münzbetrügereien des Grafen Gustav mit der abschließenden Bemerkung: „Im Jahre 1700 gelang es ihm, sich von aller Schuld reinzuwaschen, indem er die Schuld anderen zuschob, vor allem den Frankfurter jüdischen Händlern." (S. 60) Wie hier gezeigt wird, hat Gustav das auch bereits früher praktiziert.

gegen Wenzel als auch gegen die genannten Schutzjuden aufzuhetzen und sie zu kriminellen Aktionen zu verleiten. Sie sollten gegen sie ermitteln, ja sich sogar Wenzels Sohnes bemächtigen, ihn zu Aussagen zwingen und an einem geheimen Ort gefangen halten.

Einer von Gustavs Leuten, der Amtsverwalter Andreas Erhard Röpenack, später seit 1701 Stadtschultheiß in Nordhausen, versuchte im April 1691 einen in Zorge lebenden Zeugen zu Aussagen gegen Wenzel zu bewegen. Er sollte aussagen, dass Wenzel den Juden Silber verkauft und diese wiederum Silber auf die Münze geliefert hätten. Auch sollte er den Verdacht äußern, dass Wenzel dieses Silber aus der Münze gestohlen habe.

Man kann sich übrigens des Eindrucks nicht erwehren, dass Graf Gustav die ganze hohensteinsche Regierung für seine Münzgeschäfte eingespannt hat. So erfahren wir, dass sich Landeshauptmann von der Ramée[84] in Angelegenheiten der sayn-wittgensteinschen Münzprägung in Schwedisch-Pommern in Hamburg aufhielt und Kontakt zum Generalgouverneur Nils Bielke unterhielt, der ihn darüber informierte, dass auch über das Jahr 1690 hinaus in Stettin gemünzt werden sollte.[85] Sehr aufschlussreich ist in diesem Zusammenhang ein Bericht des neuen Nordhäuser substituierten Münzkommissars Stressner vom 22. November 1706 an seinen Chef von Obernitz. Als in diesem Jahr die Erbhuldigung der Grafschaft Hohenstein mit ihren beiden Herrschaften Lohra und Klettenberg für König Friedrich I. in Preußen stattfand, haben die hierzu verordneten Kommissare eidlich erklärt, dass Herr de Ramée, bis zu dieser Zeit der *Haubt-Autor* dieser Grafschaft, in die von dem schwedischen Gouverneur und Grafen Bielke betriebene Münz-Malversation verwickelt gewesen sei,

> *und hätte Er nicht allein in des Schwed. Residenten Wagners Logis zu Hamburg, den Contract dieserwegen aufgesezet, sondern auch von Zeit zu Zeit große Summen Gelder, Schwed. Schlags, von dannen abgeholet und abholen laßen. Dahingegen dann de Bielcke Witgenstein. falsche Guldiner zugesandt worden, also an 2. Orten falsche Münzen, und zwar in fast unglaubiger Summa gepräget worden.*

So sei das kaiserliche Interesse missachtet, das Münzregal missbraucht und so viele falsche Sorten ins Reich gebracht, dadurch aber viel tausend Menschen

---

84 Georg Bernhard Ramus war 1684 vom Kaiser mit dem Beinamen von der Ramée (auch: de la Ramée) in den Adelsstand erhoben worden, als Kanzleirat in Anhalt-dessauischen Diensten, 1691 Geheimer Rat am Hof in Sachsen-Meiningen gewesen. Vgl. NLA Wolfenbüttel, 1 Alt 31 Hohnstein Nr. 28.

85 Vgl. KRÜGER, SCHWEDEN, S. 233. Vgl. zu Bielke af Akerö außer KRÜGER z. B. http://de-academic.com/dic.nsf/dewiki/537906 (letzter Zugriff: 17.04.2023).

betrogen worden.[86] Diese Enthüllung dürfte mit dazu beigetragen haben, dass in der Folgezeit gegen den Landeshauptmann weitere schwere Anschuldigungen vorgetragen wurden. Am 21. Juli 1707 forderten Ritterschaft und Stände seine sofortige Amtsenthebung.[87] Doch von der Ramée konnte sich bis zum Jahr 1714 halten. Als König Friedrich Wilhelm I. Anfang 1714 die Regierung der Grafschaft auflöste und diese künftig von Halberstadt aus verwalten ließ, war auch Ramées Zeit abgelaufen. Er machte sich über Mackenrode aus dem Staube, schrieb SCHMALING.[88]

Ernst Söldner, der neue Münzkommissar, der Gustavs Absicht durchschaute, erklärte am 3. April 1691 der hohensteinschen Regierung in scharfem Ton: Ihm sei am 12. Februar des Jahres auf Spezialbefehl der kurfürstlichen Regierung zu Halberstadt die Münzkommission aufgetragen worden. Eigentlich hatte er gedacht, dass ihn niemand daran hindern würde, das kurfürstliche Interesse wahrzunehmen, zumal bekannt sei, *mit was hohen Eyfer S. Churfürstl. Durchl. zu exstirpirung* [Ausrottung] *der hierunter sich hervorgethanen schändlichen und landverderblichen Küpperey die Inquisition fortgesezt wißen wollen.* Insbesondere, und an Gustavs Adresse gerichtet, da die *Haupt-Malversanten bis dato subterfugiren* [Ausflüchte machen] *und der Gnäd. Animadversion* [hier: Bestrafung] *sich entziehen.* Er, Söldner, müsse erkennen, dass gegen das kurfürstliche Interesse gehandelt wurde. Es sei ihm ein Leichtes, zur Durchsetzung seiner Befehle brandenburgische Soldaten vom Regenstein herbeizuholen.[89]. Der Regenstein, einst eine mittelalterliche Grafenburg, war im letzten Drittel des 17. Jahrhunderts zur kurbrandenburgischen Festung ausgebaut worden.

Bisher war offenbar nur wenig geschehen, um die Schuldigen überführen und bestrafen zu können. Weder war Beweismaterial beschlagnahmt worden, noch waren Zeugen befragt oder gar offensichtliche Täter in Haft genommen und verhört worden. Doch das änderte sich jetzt. Die kurbrandenburgischen Untersuchungen zur Tätigkeit der Klettenberger Münze, die vornehmlich in Halberstadt stattfanden, sind aktenmäßig festgehalten worden. Die Verhaftung des Justus von Schwartzenstein bewirkte einen regen Schriftverkehr, der hier übergangen werden soll. Es folgten Verhörprotokolle ehemaliger Münzbediensteter und Halberstädter sowie Ellricher Schutzjuden. Auch prominente Persönlichkeiten der Reichsstadt hatten sich zu verantworten. Schmid schrieb in einem Brief an Kurtzrock vom 23. August 1691, Eilhardt beklage sich sehr, dass er und sein Schwager Niebecker von den kurbrandenburgischen Kommissaren

86 RHR Miscellanea Münzwesen 20-29. Vgl. auch: Prozess der Landstände gegen v. d. Ramée, LASA Magdeburg, A 17 Io Nr. 60. Zur Erbhuldigung der Grafschaft Hohenstein für Friedrich I. 1706 vgl. GStA PK, I. HA Rep. 33 Nr. 109a, Paket 10929.

87 Vgl. ebd.

88 SCHMALING, Hohnsteinisches Magazin, S. 371.

89 LASA Magdeburg, A 13, Nr. 777, Bl. 15–26.

hart ahngefochten würden. Sie drohten ihnen gar mit Wegnahme ihrer Güter! Sie beide wären auch mehrmals nach Halberstadt zitiert worden.[90] Ernst Söldner nahm zahlreiche Verhaftungen vor. 1695 saßen Heinrich Ludwig, Pfarrer zu Wiedermuth, sein Schwager Wolrad Röder, Bürger und Kramer zu Nordhausen, der gräfliche Hofmeister Jesseus, der Schlößer Steinmetz, Lorenz Müller, Heinrich Ludwig Reppel und andere im Ellricher Arrest. Über sein manchmal mehr als gründliches Vorgehen schrieb Söldner am 31. Januar 1695 dem späteren Nordhäuser Stadtschultheiß und Hofrat Pfeil: Betreffs der Feuersbrunst bei dem Juden Noah Seligman in Ellrich sei zu vermuten, dass damit eine *heimlich geübte Müntze* ausgelöscht und ihre Spur vernichtet werden solle. Er wolle beim Aufräumen der Brandstätte und durch Befragung der Nachbarn nach Beweisen für seinen Verdacht suchen. Doch der Verdacht hat sich nicht bestätigt.[91]

Hier folgen einige ausgewählte und gekürzte Auszüge.

Joseph Seligman aus Ellrich sagte aus, dass er nach Klettenberg fünfmal an den Hofrat Jesseus und dreimal an den Schlößer Reinecke Silber geliefert habe (ein Schlößer, heute Schlosser genannt, gehörte neben dem Eisenschneider und den Prägern zum Stammpersonal einer Münze), die höchste Lieferung an den Hofrat mit 3–400 Pfund. Dieser hätte für die Mark fein 12 Reichstaler 6 Gutegroschen gegeben.[92]

Heinrich Ludwig Reppel, ehemaliger Gegenprobierer auf der Klettenberger Münze, Nordhäuser Bürger,[93] gab zu Protokoll: Ein Halberstädter Jude hätte Brandenburger und Lüneburger ⅔-Taler geliefert, aber auch Joachim Seligman aus Ellrich und ein Jude in Hamburg. *In Nordhausen Offney hätte auch geliefert.*[94] Mit dem Juden aus Hamburg war Bendix Levin gemeint. In der benachbarten Grafschaft Schwarzburg, wo in Keula im Schloss gelegentlich Graf Anton Günther residierte, war Levin aus Altona bei Hamburg beim Amtsschreiber Bode ein häufiger Gast. Er war der Sohn des Bendix Mayer, eines brandenburgischen Schutzjuden in Halberstadt. Im Mai 1690 in Keula in Arrest genommen, bekannte Bendix Levin am 16. Juni 1690, er habe gutes Geld auf die Klettenberger Münze geliefert und dafür gräfliches Geld angenommen. Es habe sich um insgesamt 6.000 bis 7.000 Reichstaler gehandelt. Am 23. Juni 1690 wurde Levin gegen Zahlung von 2.400 Reichstalern aus der Haft entlassen.[95]

---

90 RHR Miscellanea Münzwesen 20-23.

91 Vgl. LASA Magdeburg, A 13, Nr. 1414, Bl. 207 und 226.

92 Ebd., Nr. 1414, Bl. 24.

93 Heinrich Ludwig Reppel besaß Ländereien südlich der Stadt in der umstrittenen Flur zur Helme und Salza. Vgl. StadtA NDH, Best. 1.3./ R Ef 28, Bl. 81.

94 LASA Magdeburg, A 13, Nr. 1414, Bl. 29.

95 LATh-StA Rudolstadt, Kanzlei Arnstadt, Nr. 1188. In Keula ließ Graf Anton Günther auch gegen den Amtsschreiber Bode ermitteln, der ebenfalls gutes Geld auf die Kletten-

Hans Unger aus Branderode, ehemals gräflicher Hoftischler, erklärte: Als er in Klettenberg gearbeitet, wäre Friese aus Goslar Münzmeister gewesen, vordem Münzschreiber in Halle, nach diesem Arensburg(er) von Magdeburg, nach ihm Bähr, dann der kleine Schichtmeister Meyer. Weiter hätten auf der Münze gearbeitet Hans Ernst Wenzel, Lemmer aus Liebenrode, Nickel Wyck, Christian Schneider und Hans Henrich Fischer.

Hans Jürgen Urpach aus Sachsa ergänzte: Johann Daniel Friese aus Goslar war Münzmeister, der Ohm hieß Johann Andreas Eckhard, wäre von Clausthal gewesen, hätte nur ein Auge gehabt. Jesseus der Hofrat wäre in der Münze gewesen, hätte helfen anordnen.

Christoph Spicher, Bürger und Tagelöhner in Sachsa, sagte am 14. August 1691 aus: Er hätte vor etwa 7 bis 8 Jahren auf der Münze gearbeitet, wäre Eisenschläger gewesen, hätte die Woche 1 ½ Reichstaler bekommen. Christoph Urpach, Bürger und Schwarzfärber in Sachsa, fügte hinzu: Zu Klettenberg wäre er vor 4 oder 5 Jahren einmal 5 Tage auf der Münze gewesen, als Eisenschläger, da hätten sie doppelte Groschen gemacht. Kanzleidirektor Heinrich von Strombeck beteuerte am 21. April 1693, *daß Er von dem Clettenbergischen Müntzwesen gar keine Wissenschaft hätte.*

Heinrich Ludwig Reppel wurde im Verhör auch über den Verwalter Christian Ludolph Reinecke befragt. Es sei wahr, dass Reinecke früher ohne Vermögen gewesen sei. Es sei auch wahr, dass Reinecke jetzt *von großen Kapitalien sey und hin und wieder viele tausend Thaler außgethan, sonst aber ohne dem noch viele Bahrschafft habe. Es hätte derselbe vor nicht unweniger Zeit unter anderm 2.000 thlr. uf Hartzungen gethan, ohne was sonsten in hiesiger Grafschaft bekandt wehre.* Reppel bestätigte auch, dass Reinecke viel Kupfer auf die Münze fahren ließ. Als er noch in Klettenberg gewesen sei, hätte Reinecke *eine große Parthey Kupffer, das* [Pfund] *zu 8 Gr., durch Johan Mittentorffen nach dem Klettenberge liefern lassen.* Reinecke wurde auch beschuldigt, einen großen Beutel Geld in einem Haus im schwarzburgischen Teil von Benneckenstein deponiert zu haben.[96]

Christian Ludolph Reinecke war gräflicher Amtsverwalter in Benneckenstein und zeitweise Pächter der gräflichen Eisenhütte. Ein neuer Hoher Ofen war im Bau, und die Anlage wurde Ende der 1680er-Jahre Gustavshütte genannt.[97] Er ließ das Eisen in Nordhausen verkaufen, hielt sich wohl auch selbst oft in der Stadt auf. Wahrscheinlich lebten auch seine Töchter hier. Die eine, Anna Margarethe, heiratete den Kaufmann Christoph Wilhelm Offney, eine andere den

---

berger Münze lieferte. Dorthin brachte sein Diener mehrmals wöchentlich auch altes Kupfer.

96 LASA Magdeburg, A 13, Nr. 1414, Bl. 73, 83 f., 86, 101 und 151.

97 Ebd., Nr. 1408: Nachrichten von der Anlage eines hohen Ofens, Gustavshütte genannt, zu Benneckenstein 1689/1690.

Georg Arens. Als die Klettenberger Münze aufflog, versteckte sich Reinecke im Stiftsamt Walkenried.

Dass Christian Ludolph Reinecke die Lieferung von Kupfer und Silber an die Klettenberger Münze organisierte, wird auch aus Folgendem deutlich: Anna Middendorf, Ehefrau des Johann Middendorf in Hesserode, erklärte am 11. April 1695: sie wüsste wohl, dass ihr Mann dem Verwalter Reinecke Kupfer auf die Münze gefahren habe. Er, Reinecke, *wäre auch nach der Zeit zu ihnen kommen und hätte gesagt, sie solten doch nur all ihr Kupfer Wergk nehmen und auch dahin bringen. Jetzund gäbe es* [viel] *Geld. Er hätte weder Keßel noch Kupfer Wergk in seinem Hause, sondern alles dahin verkaufft.* Johann Middendorf berichtete, er hätte während der Münzzeit Dämmholz aus Benneckenstein nach Klettenberg fahren müssen. Frau Reinecke hätte ihn gebeten, einen alten beschädigten Kupferkessel mitzunehmen und Reppel zu übergeben. Bald darauf hätte Reinecke bei ihm in Hesserode übernachtet und dabei zu ihm und seiner Frau gesagt, ob sie nicht alte Kessel hätten, sie sollten solche doch nach Klettenberg bringen, da gäbe es Geld genug dafür, dass man wieder neue kaufen könnte. Er, Reinecke selbst hätte kein Kupfer mehr im Hause, sondern alles nach Klettenberg auf die Münze gebracht.

Matthias Fuhtz aus Stöckey sagte am 20. April 1695 aus, er und sein Bruder hätten altes Kupfer nach Klettenberg verhandelt, *wüste aber eigentlich nicht, wie offt und wieviel.* Sie hätten ihn deswegen hart angelegt und manchmal gleichsam gezwungen, Kupfer heranzuschaffen. *Alt Meßing hätte Er auch viel dahin bracht, aber alles nur in das Laboratorium, wozu sie es aber gebraucht, wüste er nicht.* Dagegen wandte der Schlößer Steinmetz ein, *daß vorgedachter Keßelführer aus Stöckey alles Kupfer, so auf der Clettenberg. Müntze verbraucht worden, geliefert, worzu er sich sattsam getrungen. Er, Steinmetz selbsten, hätte ihm große Parthien Geld dafür zugezehlt. Das Kupfer und Meßing hätte Er nicht in das Laboratorium, sondern in die Müntze gebracht.* Er hätte den Gebrüdern Fuhtz jeweils 60, 70 und mehr Taler dafür bezahlt.[98]

Wegen ihrer Bedeutung für die Geschichte der Reichsstadt Nordhausen muss eine eigenhändige Bemerkung Ernst Söldners besonders hervorgehoben werden:

Vorige Lieferungs-Summa, welche binnen 3 Monathen von dem alten Offeney in Nordhausen, und Bürgerm. Arendsen daselbst durch Herrn Andreas Ernsten auff die Ellrische Müntze geliefert worden, habe aus dem original der damahligen Müntz-Rechnung, bey der Kayserl. Commission extrahiret d. 16. Febr. 1693. Aus diesem Dokument, das von der kaiserlichen Kommission 1690/91 beschlagnahmt worden war, geht hervor, dass Wilhelm Friedrich Offney, Kauf- und Handelsmann, Wollhändler, und Johann Caspar Arens, Bürgermeister seit 1687, durch den Ellricher Schultheiß Andreas Ernst am 24. Oktober 1674 5.300 Reichstaler, danach 2.420 Reichsta-

[98] LASA Magdeburg, A 13, Nr. 1414, Bl. 183 f. und 191.

ler, am 21. November 2.000 Reichstaler, am 5. Dezember 3.100 Reichstaler, noch einmal 1.000 Reichstaler, am 28. Dezember 3.929 Reichstaler, und am 6. Dezember 1675 2.300 Reichstaler, 800 Reichstaler und am 28. Dezember 1675 3.886 Reichstaler, also in 9 Lieferungen insgesamt 24.735 Reichstaler in die Ellricher Münze einlieferten.[99] Aus der Anklageschrift des Reichshoffiskals Bell geht hervor, dass Georg Friedrich Offney, 1695 *ein sehr betagter Mann*, Silber an die Klettenberger Münze geliefert hat. Er wurde zu einer Strafzahlung von 2.000 Gulden verurteilt. Es kann sich nur, wie bereits festgestellt, um Wilhelm Friedrich Offney handeln. Georg Friedrich war sein Sohn aus erster Ehe.

Ebenso sagte der damals inhaftierte gräflich-sayn-wittgenstein-hohensteinische Hofmeister Friedrich Samuel Jesseus unter Eid aus, dass er in der Zeit der Klettenberger Münztätigkeit von dem jungen Georg Friedrich Offney, Krämer in Nordhausen, in fünf- bis sechsmaliger Lieferung, jedesmal zu zwei- bis dreieinhalbtausend Taler,

> *mehren Theils biß auf ein Weniges in lauter fein bestehend, auff 16 biß 17 000 Thaler* [...] *nacher Clettenberg an Reppeln und Steinmetzen gebracht, und die Marck fein ihme mit zwölff Thaler 18 ggr. bezahlet, undt auf gn. Befehl außgewechselt habe, und halte dafür, daß derselbe Zeit wehrender solcher Handelung gantz wohl etzl. tausendt Thaler profitiret habe, wie solches Lorentz Müller, so gegenwertig, nebst dem Schichtmeister Seipen satsahm auch bezeugen wirdt.*[100]

Sie hätten wohl Verdacht geschöpft, dass er ihnen auf die Spur gekommen sei, hätten einen Kaufmann namens Moring zu ihm geschickt, um ihn auszuhorchen. (Es handelt sich hier nicht um den an anderer Stelle genannten kaiserlichen Agenten Möring in Halberstadt.) Er aber habe sich nichts anmerken lassen. Moring aber habe sich nicht getraut, seinen Verdacht offen auszusprechen und stattdessen *eine Discretion offeriret, damit sie sicher passiren möchten.*[101]

Es wurde berichtet, dass die kurfürstliche Münzkommission den Bediensteten der Klettenberger Münze, Fuhrleuten und ähnlich weniger belasteten Münzschuldigen, Strafzahlungen von 20 bis 50 Talern auferlegte. Auch die beteiligten Schutzjuden hatten Strafzahlungen zu leisten.

Eine Liste der Halberstädter Regierung vom 6. Mai 1698 nannte folgende Namen von Schuldigen und die Höhe ihrer Strafzahlung:

> Bürgermeister Andreas Ernst in Ellrich: 20 Reichstaler laut Schein vom 30. Mai 1693;

---

99 Ebd., Bl. 222.

100 Vgl. Anhang, Nr. 1.

101 LASA Magdeburg, A 13, Nr. 1414., Bl. 220 f. und 182.

die Gebrüder Arens in Nordhausen laut Schein vom 19. September 1695 200 Reichstaler;
Wilhelm Friedrich Offney laut Schein vom 24. Juli 1695 450 Reichstaler;
der junge Offney laut Schein vom 12. März 1695 442 Reichstaler;
Niebeckers Erben laut Reskript vom 19. Juli 1695 1.000 Reichstaler;
der Müller Eßiger in Nordhausen laut Schein vom 26. Mai 1697 50 Reichstaler;
Paul Friedrich Liebenroth zu Ellrich laut Schein vom 30. Mai 1693 50 Reichstaler;
Johann Georg Schmidt 750 Reichstaler;
der Amtmann Günther Pflüger 1.000 Reichstaler;
Hans Georg Steinmetz laut Schein vom 11. Mai 1693 50 Reichstaler;
Cornett Fischer laut Schein vom 2. Mai 1693 25 Reichstaler.[102]

Über eine Bestrafung Christian Ludolph Reineckes und Heinrich Ludwig Reppels befinden sich in den Akten keinerlei Hinweise.

4.6. Das Münz-Absolutorium des Reichsgrafen Gustav von Sayn-Wittgenstein-Hohenstein 1691

Da die Erlangung dieses kaiserlichen Gnadenaktes unmittelbar mit der Tätigkeit der kaiserlichen Münzkommission in Nordhausen verbunden war, soll sie hier behandelt werden.

Selbst dem Grafen Gustav scheint klar geworden zu sein, dass Kaiser und Kurfürst jetzt Ernst machten und es ihm womöglich an den Kragen ging. Bekanntlich war ihm bereits im Oktober 1689 das Münzrecht entzogen worden. Jetzt ließ er seinen Kanzleidirektor Johan Georg des Georges mit Münzkommissar Schmid verhandeln, um ein kaiserliches Münz-Absolutorium zu erhalten, das heißt, sich wie Graf Anton Günther von Schwarzburg und andere durch Zahlung einer größeren Geldsumme freizukaufen. Er hatte für seine Begnadigung im Februar 1690 3.000 und im August 1690 sogar 5.000 Reichstaler geboten. Wenn hier einmal auch von 4.000 Reichstaler und dann wieder von 5.000 Reichstalern die Rede ist, so hat das folgende Bewandtnis: Für die Ausstellung der Begnadigungsurkunde, des Absolutoriums, fielen zusätzliche Gebühren an: 80 Gulden *taxa absolutorij* und für den Fiskus (fiskalische Quote) der 10. Teil des

102 LASA Magdeburg, A 13, Nr. 779, Bl. 4 f.

vereinbarten Quantums. Sie werden auch in einem noch zu erwähnenden Schreiben des Kaisers an den Kommissar Maystetter genannt.[103] Gustav zahlte in geringhaltigen Gulden, musste also ein beträchtliches Aufgeld entrichten. Für das Auswechseln der schlechten in gute Münze waren ebenfalls Zahlungen zu leisten. Am Ende flossen dann ca. 4.000 Reichstaler in guter, vollwertiger Münze in die kaiserliche Kasse.

Nun erging an den Grafen am 7. November 1690 die Vorladung an den Reichshofrat nach Wien zum 7. Januar 1692. Fiskal Bell begründete diesen Schritt damit, dass bei der vom Kaiser dem kurtriererischen Kanzler Anton Sohler über die neuerlich geprägten Geldsorten in Anno 1686 aufgetragenen Inquisitions-Kommission die vom Grafen Gustav zu Klettenberg *zu nit geringem Schaden für das Reich* geprägten Münzen als sehr geringhaltig befunden wurden. In der Begründung heißt es noch: Er ließ Guldiner ausmünzen, deren eine Sorte 42 Kreuzer, die andere 40, die 3. Sorte aber nur 30 Kreuzer Wert besaß, den Gulden zu 60 Kreuzern gerechnet.[104]

Ebenfalls zum 7. Januar 1692 nach Wien zitiert wurden Johann Christoph Bähr, Münzmeister der Klettenberger Münze, wegen Ausprägung geringhaltiger Geldsorten, ebenso Melchior und Andreas Bähr, sowie Johann Leonhard Arensburg, Münzmeister und Silberlieferant des Grafen Gustav.[105]

Anfang Mai 1690 war die Klettenberger Münze von kurbrandenburgischen Soldaten zerstört worden. Graf Gustav verließ fluchtartig die Grafschaft und hielt sich jetzt, wie erwähnt, weit entfernt auf Schloss Wittgenstein auf. Aus Furcht vor weiteren gegen ihn gerichteten Maßnahmen des Kurfürsten Friedrich III. drängte er zur Eile und ließ durch seinen Kanzleidirektor Johan Georg des Georges die Verhandlungen wegen einer kaiserlichen Begnadigung mit dem Münzkommissar Christian Ernst Schmid führen.

Mit Vertrag vom 13. Mai 1690 einigten sich der Kanzlei-Direktor und Christian Ernst Schmid darauf, dass Graf Gustav als Pfand im Nordhäuser Rathaus acht Stück Silber hinterlegt, die der Rat solange in Verwahrung zu behalten hatte, bis die kaiserliche Absolution hier eingetroffen war. Dann sollte Graf Gustav dem Kaiser 4.000 Reichstaler zahlen und ihm dafür sein Silber wieder ausgehändigt werden. Die acht Stück Silber, in einer schwarzen, mit Eisen beschlagenen Lade verwahrt, übergab Kanzleidirektor des Georges noch am selben Tag. Sie wogen zwischen 47 Mark 5 Lot und 69 Mark 14 Lot und zusammen 507 Mark 2 Lot.[106] Zwar ist nicht bekannt, wie hoch der Anteil reinen

[103] RHR Miscellanea Münzwesen 7-3, Bl. 315 f.

[104] Ebd., 10-32, Bl. 1 f.

[105] Ebd., 24-4.

[106] Das Absolutorium des Grafen Gustav behandelt die Akte im StadtA NDH, Best. 1.3./ R Bb 2.1., Bl. 54–87.

Silbers an diesen Silberstücken gewesen ist, aber wenn die Mark Silber fein nur mit 10 Talern berechnet wurde, hätte es sich um einen Geldwert von mehr als 5.000 Reichstalern gehandelt. Der Silberpreis war aber inzwischen bereits auf ca. 12 Taler je Mark Feinsilber gestiegen.

Graf Gustav musste nun das Geld möglichst schnell auftreiben. Allerdings wird er nicht so bedürftig gewesen sein, wie Landeshauptmann von der Ramée behauptet hat. Nach knapp drei Monaten, am 6. August 1690, überbrachte der gräfliche Hofmeister Friedrich Samuel Jesseus die ersten 1.700 Reichstaler in vier versiegelten Beuteln und ließ sich dafür sofort die ersten drei Stück Silber aushändigen. Am 9. September und am 10. November 1690 tauschten Jesseus und der gräfliche Faktor Friedrich Heinrich weitere 2.300 Reichstaler gegen das restliche Silber ein; und die noch fehlenden 1.000 Reichstaler folgten kurz darauf. Etwas anders stellte dem Rat sein Wiener Agent Koch am 13. Oktober 1690 neuen Stils die Lage dar. Am Kaiserhof habe man erfahren, dass von den für das Münzabsolutorium des Grafen Gustav ausgehandelten 5.000 Reichstalern bereits ein Abschlag von 3.600 Talern hinterlegt sei und die noch fehlenden 1.400 Reichstaler demnächst folgen sollten. Der Reichsvizekanzler habe befohlen, das Geld durch Christian Ernst Schmid über Leipzig nach Wien zu befördern. Schmid war jedoch zu dieser Zeit nicht anwesend; und am 14. Oktober alten Stils behauptete der Rat, die vom Grafen bei ihm deponierten Silber sollten solange bei ihm verwahrt bleiben, bis die vereinbarte Summe sicher nach Wien gelangt sei.[107] Am 12. November 1690 behauptete Koch sogar, der Graf habe mit der Herbeischaffung der Gelder allzu lange gewartet und *seine Sach de novo vulneriret*, so dass ihn großes Unheil erwarte. Einen solchen harten Stand werde auch der Graf zu Arnstadt erwarten müssen. Er bezog sich dabei auf den Grafen Anton Günther II. von Schwarzburg zu Arnstadt, gegen den zurzeit ebenfalls ermittelt wurde.

Doch der Rat, der Wiener Hof und Graf Gustav hatten nicht mit dem Widerstand des Kurfürsten von Brandenburg gerechnet.

Wie uns schon bekannt ist, hatte Friedrich III. seit seiner Protestation vom 12. Oktober 1690 die Tätigkeit der kaiserlichen Kommission in seiner Grafschaft mit großem Widerwillen hingenommen. Am 23. September 1691 ließ er durch die Regierung in Halberstadt den Untertanen in der Grafschaft mitteilen: Allen denjenigen, die bei dem gräflichen Münzwesen *bedienet gewesen und damit zu thun gehabt*, wird im Namen und anstatt des hochgebornen Grafen und Herrn Gustaven befohlen, falls sie von der Kaiserlichen Kommission des Münzwesens halber nach Nordhausen oder an andere Orte zitiert werden sollten, sich dessen gänzlich zu enthalten.[108]

---

[107] StadtA NDH, Best. 1.3./ R Ad 6, Bl. 27.
[108] LASA Magdeburg, A 13, Nr. 778, Bl. 23.

Von Gustavs Bemühung um Begnadigung erfuhr die kurfürstliche Regierung sicher erst nach dem Jahreswechsel 1690/91. Denn erst am 28. Mai 1691 erhob der kurbrandenburgische Geheimrat und Hofkammerpräsident Dodo zu Inn- und Knyphausen bei Bürgermeister Fromann scharfen Einspruch und erklärte, der Kurfürst habe die 4.000 Reichstaler *mit Arrest beleget.* Das Geld dürfe nur dem kaiserlichen Gesandten am kurfürstlichen Hof, dem Baron von Fridag, *jedoch sonst an Niemandt anders,* übergeben werden. Knyphausen fügte noch einige Drohungen wegen verschiedener Vorfälle an, welche der Kurfürst höchst ungnädig empfinden dürfte und unangenehme Folgen für die Stadt nach sich ziehen könnten. Christian Ernst Schmid trug seinem Chef Kurtzrock am 22. August 1691 vor, dass der Nordhäuser Magistrat aus Berlin ein scharfes Reskript erhalten habe, worin ihm gedroht wird, sofern die Wittgensteiner Gelder nicht dem Kurfürsten, sondern anderen ausgeliefert würden, dass sich dieser an der Stadt und ihren Bürgern bezahlt machen würde.[109]

Inzwischen hatte auch von Kurtzrock über die in Nordhausen liegenden Gelder des Grafen nach Wien berichtet und bat nun um einen Befehl für das weitere Vorgehen.[110]

Graf Gustav, der mehrmals auf raschen Abschluss gedrungen hatte, glaubte schon, dass all sein Bemühen umsonst war und verlangte *in eventum denegatae solutionis* sein Geld zurück.

Der Rat schaltete jetzt seinen Reichshofratsagenten Koch ein, der am 1. Juli 1691 aus Wien mitteilte, dass wegen des Geldes ein kaiserliches Dehortatorium an Kurbrandenburg ergehen werde. In einer Denkschrift an den Kaiser erklärte Koch am 17. Juli, Graf Gustav habe *bey Dero Kayserl. Gnaden Thron* im vorigen Jahr sich um ein Münz-Absolutorium beworben und, um dieses zu erlangen, bei der Reichsstadt Nordhausen 5.000 Reichstaler hinterlegt. Diese kaiserlichen Gelder nach Wien zu übersenden weigere sich die kurbrandenburgische Regierung in Halberstadt und verlange die Auslieferung des Geldes. Der Nordhäuser Rat wisse nun nicht, wie er sich verhalten solle, zumal Kurbrandenburg diesen Grafen *alß seinen Vasallen in Müntzwesen ohne dem abgestrafet hat.* Hier war Koch schlecht informiert; die Stadt korrigierte ihn am 10. August und betonte, sie wisse nichts davon, dass der Kurfürst den Grafen wegen des Münzwesens abgestraft habe. Vielleicht verstand Koch unter der Abstrafung auch die Zerstörung der Münze. Er bat darum, der Stadt einen Befehl zur Übergabe des Geldes zu erteilen. Inzwischen hatte die Stadt aber vom Kaiser die klare Anweisung erhalten, die vom Grafen Gustav hinterlegten Gelder nicht an Kurbrandenburg zu

109 RHR Miscellanea Münzwesen 20-23.

110 Vgl. ebd.

übergeben.[111] Am 5. September 1691 befahl Kaiser Leopold I. dem Nordhäuser Rat, die 4.500 Reichstaler seinem Kommissar Johann Georg Prior auszuhändigen. Abzüglich des Wechsel-Agios und der kaiserlichen Kanzlei-Taxgebühren flossen wohl 4.000 Reichstaler in die kaiserliche Kasse.[112] Ein weiteres Absolutorium wegen Münzbetruges im Oberrheinischen Kreis erteilte Kaiser Leopold I. dem Grafen gegen eine Geldbuße von 2.000 Gulden am 26. September 1692 und ein drittes ebenfalls wegen seiner Münzdelikte im selben Reichskreis gegen Zahlung von 10.000 Gulden „rheinisch in guten, gangbaren Sorten" am 24. Juli 1695.[113]

Graf Gustav starb am 22. November 1700 in Marburg und wurde in der Familiengruft in Laasphe (heute Bad Laasphe) beigesetzt.[114]

4.7. Nordhäuser Münzuntersuchungen 1697–1698

Das unterwertig geprägte Geld ließ sich nicht von heute auf morgen aus dem Umlauf verdrängen. Käufer und Verkäufer hatten auf der Hut zu sein, wie das folgende Beispiel zeigt. Auf dem Herbstmarkt zu Kelbra 1687 waren mehrere Nordhäuser Handwerker, darunter Bortenwirker, die dort ihre Ware feilboten, mit *bösem, untüchtigem Geld* bezahlt worden, vornehmlich mit 8-Groschen-Stücken. Der schwarzburgische Amtsschösser in Frankenhausen ermittelte gegen die Schuldigen und ließ die Nordhäuser im Juni 1688 als Zeugen im heimischen Rathaus verhören.[115]

Bis zum Mai 1697 war also eine größere Anzahl von Münzbetrügern in der Grafschaft Hohenstein mit Strafgeldern belegt worden. Auch Nordhäuser Handelsleute waren beschuldigt und zum Teil bestraft worden. Da diese sehr daran interessiert waren, im Fürstentum Halberstadt frei und ungehindert Handel treiben und Märkte besuchen zu können, hatten sie sich um eine gütliche Einigung mit der Halberstädter Regierung bemüht. Darunter waren auch die drei Brüder Johann, Georg und Peter Andreas Arens.

---

111 StadtA NDH, Best. 1.1., I D. 73d.: 1691 Juli 27, Wien. Original auf Papier, eigenhändige Unterschrift des Kaisers.

112 Ebd., Best. 1.3./ R Bb 2.1., Bl. 91 und R Ad 6, Bl. 46.

113 Vgl. RHR Miscellanea Münzwesen 11-2, Bl. 296–299 und 7-3, Bl. 274–398.

114 Über sein Todesjahr gab es bis in die jüngste Zeit widersprüchliche Angaben. SPIES, Todesjahr, hat überzeugend nachgewiesen, dass dieses Datum und Marburg als Sterbeort als sicher anzunehmen sind.

115 Ebd., R Ja 27-1, Bl. 75–86.

Im Februar 1690 war Johann Arens beschuldigt worden, er habe sich *wegen Fortbringung falscher Müntz Sorten verdächtig gemacht* und *gleich damahls in solchen Verrichtungen, nebst verdächtiger Compagnie, welche ebenfalls mit dergleichen Dingen umbgienge, durch die Sangerhäusische Ambts Gräntze passirete.*[116] Kurz gesagt, er hatte mit Komplizen schlechtes Geld, das sicher aus der Klettenberger Münze stammte, durch kursächsisches Gebiet über Sangerhausen wahrscheinlich nach Leipzig geschmuggelt. Um seine vermeintliche Unschuld zu beweisen, wandte er sich an Jobst Christian Koch, den Fürstlich Sächsischen Amtsschösser in Sangerhausen, einen Bruder des Reichshofratsagenten Jobst Heinrich Koch, der selbst bestrebt war, gegen Bezahlung der Stadt Nordhausen bei ihrem Bemühen zu assistieren, sich vom Münzbetrug des Jahres 1685 reinzuwaschen. Der Amtsschösser stellte daher dem Johann Arens am 5. März 1690 das Zeugnis aus – und es würde schon sehr verwundern, wenn es anders ausgefallen wäre – Erkundigungen hätten ergeben, dass die oben genannten Beschuldigungen auf einem bloßen Irrtum beruhten.

Die den brandenburgischen Münzkommissaren vorliegenden Beweise waren aber nicht zu widerlegen. Ausgerechnet Christian Ludolph Reinecke, der wegen seiner Tätigkeit für die Klettenberger Münze schwer belastet war, meldete sich bei der Halberstädter Münzkommission wegen seines Schwiegersohnes Georg Arens und dessen beiden Brüdern Johann und Peter Arens und zeigte an, dass diese drei wegen *ehemals getriebener Geldwechselung bei der klettenbergischen und Gothischen Münz* sich in Güte abfinden wollten und dafür 200 Taler offerierten. Das habe der Kurfürst bewilligt.

Am 19. September 1695 wurden die drei Brüder *wegen derer ad protocollum zugestandener Münz Verbrechen halber hierdurch gänzlich absolviret undt entbunden.*[117]

Die Münzmalversationen erregten auch noch 1697 sowohl in Nordhausen als auch in der Grafschaft Hohenstein die Gemüter. Noch immer war schlechte Münze im Umlauf; und Ernst Söldner, der noch immer gegen Münzmalversanten ermittelte, erfuhr von dem Nordhäuser Händler Andreas Moring, dass diesem die Ellricher Bürger Jacob Liebenrott und Thomas Michel im Dezember 1696 für gekaufte Lebensmittel 3 ½ Taler in kurbrandenburgischen, sächsischen und lüneburgischen 2-Groschen-Stücken zahlen wollten, die *gantz bleyechtig und blau*, also für falsch befunden wurden, so dass Moring die Annahme verweigerte. In der Befragung am 14. und 15. Juni 1697 widerrief Moring jedoch seine früheren Aussagen. Der Verdacht, schlechtes Geld in Umlauf zu bringen, fiel schließlich auf den Nordhäuser Bürger Valentin Ludwig, dessen Bruder Christoph in Sondershausen *wegen inculpirten falschen Müntzens* in Haft saß, aber auch Balthasar Schencke schien darin verwickelt zu sein. Am 14. Juni 1697 forderte

116 Ebd., R Hb 6, Bl. 1.

117 Ebd.

Münzkommissar Söldner vom Rat entsprechende Untersuchungen.[118] Am 11. August 1697 beriet der Rat, ob nicht Schencke und Ludwig einen Reinigungseid *(Juramentum purgatorium)* ablegen sollten; die Ratsherren zweifelten jedoch, ob beide den Eid mit gutem Gewissen leisten könnten. Da die Untersuchung gegen Schencke *nichts Hauptsächliches* ergab, stellte ihm der Rat am 23. November 1697 einen Abolitions-Schein aus, ebenso am 30. März 1698 einen Abolitions-Schein für Valentin Ludwig. Beide galten nunmehr wieder als unbescholtene Bürger.[119]

Man gab auch zu bedenken, ob nicht der Handwerksmeister Eberwein einen Eid leisten müsste, um sicher zu sein, dass der Müller Eßiger nicht noch einiges Falschgeld *hinweg gebracht, oder noch bey sich hätte.* Der Rat beschloss, den Eberwein vorzuladen und *mit dem Jurament zu belegen.*

Dem Rat war auch bekannt, dass der Müller Heinrich Balthasar Eßiger gegen eine Strafzahlung von 50 Reichstalern von seinen Münzvergehen freigesprochen worden war. Dennoch hatten ihn die Ratsherren mit der Strafe der *Relegatio Perpetua* belegt, der dauerhaften Verbannung aus der Stadt. Eßiger beantragte, sie in eine *Mulctam in Temporariam,* eine befristete Strafe, umzuwandeln. Der Rat schien nicht ungeneigt zu sein, beschloss dann aber: *Er müßte sich noch auf eine Zeit patientiren, und sodann im andern Regiment anhaltung thun.*[120] Doch nun verbreitete sich das Gerücht, dass Eßiger in der von ihm gepachteten Großen-Werther-Mühle *falsches Geld* versteckt halte. Das kam auch Ernst Söldner zu Ohren. Wie Bürgermeister Krohmann am 28. September 1697 in der Ratsversammlung vortrug, fiel Söldner am zurückliegenden Sonntag mit etlichen Bewaffneten zu Pferd und zu Fuß unter der Vesper in die Großen-Werther-Mühle ein und führte den Eßiger gefangen nach Ellrich ab. Ob Söldner auch schlechtes Geld beschlagnahmt hatte, wusste Krohmann nicht.

Der Rat geriet in eine peinliche Lage. Nach Eßigers Verhaftung wurden in seinen Reihen Stimmen laut, dass die Stadt durch Eßigers Duldung in ein schlechtes Licht geraten sei und es besser gewesen wäre, man hätte ihn rechtzeitig aus der Stadt entfernt und ihn Urfehde schwören lassen. *Es were eine gefährliche Sache daß der Müller sich so lang in der Mühle aufgehalten. Und würde nicht viel fehlen, daß der Rat einer Collusion beschuldiget würde.* Sie beschlossen, folgende Unwahrheit zu verkünden: Eßiger habe sich *contra Uhrphedam* – trotz geschworener Urfehde – heimlich wieder in die Stadt eingeschlichen.[121] In der Wahl ihrer Mittel ist die Stadt wahrhaftig nicht kleinlich und auf Ehrlichkeit bedacht gewesen. Über Eßigers weiteres Schicksal ist nichts bekannt.

---

118 Ebd., R Ja 34-1, Bl. 53–58.

119 Ebd., R Jb 4, Bl. 6 und 8.

120 Ebd., R Cc 2, Bl. 102.

121 Ebd., Bl. 104–107.

Am 19. März 1698 forderte Kurfürst Friedrich III. eine nochmalige gründliche Untersuchung des Münzwesens und der Münzmalversation, weil die bisherigen Bemühungen nicht ausgereicht hätten und man vernehmen musste, *daß nicht allein das schädliche nachmüntzen noch immer heimlich an verschiedenen Orten fortgetrieben, sondern viel andere Müntzmalversationes ausgeführt werden sollen.*[122]

Selbst die Reichsstadt Nordhausen wurde nicht in Ruhe gelassen. Im Juni 1698 ersuchte die kurbrandenburgische zum Hohensteinschen Credit- und Münzwesen verordnete Kommission in Ellrich den Rat, etlichen Bürgern *wegen Abhörung einiger Zeugen einige wenige Fragestücke* vorlegen zu dürfen. Die Stadt sträubte sich dagegen, und erst nach mehrmaligem dringendem Ersuchen und der Versicherung, dass dem Zeugenverhör ein auswärtiger unparteiischer Notar beiwohnen werde, stimmte der Rat einem Verhörtermin am 12. Juli zu. Verhört werden sollten in Halberstadt Georg Friedrich Offney, die drei Brüder Arens, Gottfried Rehse, Wolradt Röder und der Uhrmacher Caspar Ranft. Vergeblich hatten sich die Brüder Arens am 11. Juli an den Rat gewandt und auf das ihnen bereits erteilte Absolutorium verwiesen, das ihnen *unverdienter weise und zur Ungebühr von einigen Malevolis* [Böswilligen] *etwa hiebevor aufgebürdet worden*, sie auch weiter keine Nachricht geben könnten. Sie baten den Rat, die Kommission zu bewegen, dass sie sich damit begnügen solle, *und* [uns] *des uns gegebenen Absolutorii genießen laße.*[123] Den Verhören in Halberstadt am 12. und 13. Juli 1698 wurde der Notar und Bürgermeister von Ellrich Heinrich Reiff zugeordnet.

Die Fragestücke für die nach Halberstadt Vorgeladenen lauteten:

1. Ob er nicht wegen des Müntzwesens, oder Verwechselung geringhaltiger Gelder nach Halberstadt citirt worden?
2. Wan solches geschehen, und wie offte?
3. Ob er sich deshalb gesetzt und verglichen?
4. Durch wehn und bey wehm der Vergleich geschehen?
5. Ob er ein Absolutorium bekommen?
6. Wie viehl geld daß er darfor gegeben?
7. Ob er nicht auch einigen Bedienten Discretion geben müßen?
8. Wie viehl es gewesen?
9. Wie viehl Cantzleygebühr und [Strafe, Discretion] *er gegeben?*
[…]
11. Ob es nicht deshalb geschehen, daß er Liefferung auff die Clettenbergische Müntze gethan oder geringhaltig Geld verwechselt habe?
[…]

122 Ebd., R Hb 6, Bl. 28 f.
123 Ebd., Bl. 26.

16. Ob nicht des nachts die Liefferung von Clettenberg geschehen und man das Thor eröffnen laßen?

Georg Friedrich Offney (39 Jahre alt), der sich gemeinsam mit den anderen bemühte, den verhassten Ernst Söldner in ein schlechtes Licht zu stellen (er behauptete, dem Ernst Söldner hätte er 10 oder 12 Taler Discretion gegeben, dann noch einmal 10 Taler, um seine ihm abgenommenen Waren wiederzubekommen), erklärte, wegen der Lieferung auf die Klettenberger Münze wäre er *doch aber solcher wegen bereits vor der Zeit* [...] *von kaiserlicher Majestät absolviret gewesen.* Ernst Söldner hätte seinen Bruder und die Brüder Arens auf dem Ellricher Jahrmarkt, wo sie ihre Waren feil hielten, als Schelme und Diebe festnehmen und ihre Waren beschlagnahmen lassen.

Georg Arens (31 Jahre alt) sagte aus, sein Schwiegervater Reinecke hätte ihn vor Söldner gewarnt, weil dieser gegen ihn Drohungen vernehmen ließ. Daher habe ihm Reinecke geraten, er solle sich bei der kurbrandenburgischen Kommission angeben, mehr aus dringender Not als aus Schuldigkeit, um ihre Ehre zu salvieren und ihre Kommerzien wieder in Schwang zu bringen. Sie hätten ihm vorgestellt, wie Söldner mit seinem, Georgs, Schwager Georg Friedrich Offney umgegangen (Georg Arens und Christoph Wilhelm Offney hatten Töchter Reineckes geheiratet), indem er jenen als einen Schelm und Dieb auf dem Ellricher Jahrmarkt festnehmen und in sein, Söldners, Haus gefänglich führen ließ, ebenso mit Georg Friedrich Offeney, und beiden die Waren weggenommen.

Johann Arens (30 Jahre alt) behauptete, Ernst Söldner habe ihn und seine Brüder hart bedroht. Daher müssten sie die Grafschaft und überhaupt kurbrandenburgisches Gebiet meiden, so dass sie in ihrer Nahrung sehr geschwächt wurden. So hätten sie sich wohl oder übel bei der Münzkommission in Halberstadt melden müssen und ihre Absolution bekommen. Erst dann hätte er zu seiner Mutter nach Benneckenstein reisen dürfen, denn sonst hätte er in der Grafschaft wenig Handel gehabt. Ernst Söldner hätte wegen des sicheren Geleits 100 Taler haben wollen, schließlich hätte Andreas Moring ihm 8 Taler gezahlt.

Peter Andreas Arens (36 Jahre alt) erklärte, ein kurbrandenburgisches Absolutorium für 130 Reichstaler erhalten zu haben.[124]

Die Zeugen weigerten sich anfangs, sich unter Eid verhören zu lassen und wollten die reine Wahrheit zwar aussagen, jedoch nur soweit, wie die Fragen und Artikel nicht ihre eigene Ehre und Schande betreffen würden oder in dem Punkt, worüber sie Zeugnis und Nachricht geben sollten, ihnen selbst Schande und Schimpf, oder auch Ungelegenheit und Strafe entstehen könnten, was

124 StadtA NDH, Best. 1.3./ R Hb 6, Bl. 59.

ihnen schließlich versprochen wurde. Unter solchen Bedingungen musste die Befragung wenig Sinn ergeben. Wen wundert's, dass sie ergebnislos endete.

Noch bis weit in das erste Jahrzehnt des neuen Jahrhunderts stand die Landschaft um die Reichsstadt Nordhausen, wie von Obernitz formulierte, in dem Verdacht, dass hier *einige Wechßler und straffbahre Liveranten auf verbothene Müntzen* anzutreffen seien.[125] Der Nordhäuser Bürger und Krämer Wolrad Röder, der 1698 von der kurbrandenburgischen Kommission in Halberstadt verhört worden war, geriet 1706 erneut in das Visier der Obrigkeit. Er war bereits 1695 beschuldigt worden, sich bei der Klettenberger Münze am verbotenen Geldwechsel beteiligt zu haben, ebenso wie sein Schwager Heinrich Ludwig, Pfarrer zu Wiedermuth. Beide wurden von Ernst Söldner einige Zeit in Ellrich in Haft gehalten, wo auch einige Klettenberger Münzbedienstete einsaßen, wie der Schlößer Hans Georg Steinmetz oder der Probierer Heinrich Ludwig Reppel.[126]

Kraft seines ihm von Obernitz erteilten Auftrages ersuchte Stressner, Christian Ernst Schmids Nachfolger, voller Tatendrang und selbstbewusst den Nordhäuser Rat am 27. Oktober 1706 um Auskunft, wie die zur Zeit des Münzkommissars Maystetter von Wolrad Röder beim Nordhäuser Rat *wegen deßen von und nach dem Clettenberg gethanen Wechßlung* gestellte Kaution in Höhe von 500 Reichstalern *beschaffen? auch wo und bey Weme solche anjezo würcklich zu befinden?* und ihm, dem Bevollmächtigten, davon gründliche und schriftliche Nachricht zu geben.[127] Eine Antwort des Rates ist nicht überliefert.

4.8. Das Ende der Kommission von Kurtzrocks und die Tätigkeit der kaiserlichen Münzkommissionen unter Johann Hermann Maystetter und Johann Heinrich von Obernitz bis zum Jahr 1708

Theobald von Kurtzrock ist in den wenigen Jahren seiner Tätigkeit als Münzkommissar in Nordhausen weitaus umfangreicher tätig gewesen, als es sein ursprünglicher Auftrag von ihm gefordert hat. So untersuchte er, ob Mühlhäuser Schutzjuden Silber auf die Klettenberger Münze geliefert hätten. Substitutus Schmid und ein kaiserlicher Agent namens Möring[128] forderten am 23. April 1691, diese Juden zum Verhör vorzuladen. Verdächtig war ihnen auch der ange-

125 Ebd., R Ja 28, Bl. 88.
126 Vgl. LASA Magdeburg, A 13, Nr. 1414.
127 StadtA NDH, Best. 1.3./ R Ja 28, Bl. 87.
128 Er ist wohl identisch mit dem Agenten Möring, RHR Miscellanea Münzwesen 20-5.

sehene Mühlhäuser Bürger und Kaufmann Georg Christoph Bernigau.[129] Eine Untersuchung hat es aber offenbar nicht gegeben, sei es, weil der Verdacht sich nicht bestätigte, sei es, dass die Reichsstadt sie mit Erfolg unterdrücken konnte. Sehr bald schon dürften die Grafen von Schwarzburg-Sondershausen erneut ins Visier der Kommission geraten sein. Auch gegen den Geheimen Berg- und Kammerrat Johann Friedrich von Eckart ist bereits 1691 ermittelt worden.

1696 hielt Schmid sich in Hamburg auf und ermittelte gegen den Kaufmann Peter Reese wegen verbotener Münzlieferung und Geldwechselung.[130] Er unterzeichnete als *Kayserl. Postmeister und substituirter Commissarius.* Am 16./26. November 1695 schrieb er an den Reichshofratspräsidenten Wolfgang IV. Graf zu Öttingen-Wallerstein: *Es sind noch viel Münzliveranten und Delinquenten disser orthen, derer sachen noch nicht abgethan, in Goßlar, Mühlhausen und alhir.*[131] Ebenfalls von Hamburg aus berichtete er am 17./27. Februar 1696, er beobachte das Münzwesen in den Hansestädten Hamburg, Bremen und Lübeck. In der Angelegenheit des Kammerrates Wichmannshausen sei er nach Goslar gereist, weil dieser dort 4.600 Reichstaler deponiert habe. Der kaiserliche Agent Möring habe sie aber beschlagnahmt und den kurbrandenburgischen Münzkommissaren ausgehändigt.[132]

Untersuchungen unternahmen Kurtzrock und Schmid auch gegen den Münzbetrug in den ernstinischen Fürstentümern Thüringens. Am 30. September/10. Oktober 1690 wandte sich der fränkische Reichskreis an die Herzöge von Sachsen-Weimar, Sachsen-Gotha, Sachsen-Meiningen und Sachsen-Coburg mit eindringlicher, untertäniger Bitte, das Ausmünzen geringhaltiger Gulden zu beenden. Ansonsten müssten zur Abwendung größeren Schadens andere Mittel ergriffen werden.[133] War mit dieser unterschwelligen Drohung ein Hinweis auf die Tätigkeit der kaiserlichen Münzkommission verbunden?

Unter diesen hier genannten ernestinischen Herzogtümern fehlte Sachsen-Eisenach. Bekannt ist, dass der prachtliebende Herzog Johann Georg II. von Sachsen-Eisenach[134] – er regierte von 1686 bis 1698 – 1689 in Eisenach eine Heckenmünze einrichtete, in der unterwertige Gulden geprägt wurden. Schon im Juli 1689 ergab eine Untersuchung, dass die hier geprägten Gulden einen zu geringen Feingehalt hatten. Unter dem neuen Münzmeister Christian Henning Müller müssen in der Zeit von Dezember 1689 bis Juni 1690 nach BORNE-

---

129 Ebd., 6-1, Bl. 11 und 12-2, Bl. 489–492.

130 Ein Brief Peter Reeses, Hamburg, 12. Juli 1693, an Johann Gottfried Wichmannshausen in Leipzig befindet sich im Gothaer Staatsarchiv: Geheimes Archiv, BB 69, Bl. 127 f.

131 RHR Miscellanea Münzwesen 14-4.

132 Ebd., 20-5.

133 HIRSCH, Münz-Archiv 5, S. 287.

134 Vgl. Johann Georg II., Sachsen-Eisenach, Herzog, Indexeintrag: Deutsche Biographie, https://www.deutsche-biographie.de/pnd104177713.html (letzter Zugriff: 17.04.2023).

MANNS Berechnung 270.000 schlechte Gulden geprägt worden sein. „Im September 1690 wurde dem Herzog hinterbracht, daß ein kaiserlicher Kommissar Theobald von Kurzrock mit einer Anzahl brandenburgischer Soldaten im Reiche umherziehe, um verbotene Münzstätten aufzuheben. Auf nähere Erkundigungen erhielt der Herzog aber die beruhigende Nachricht, der Kommissar hätte es nur auf die Städte und Grafen abgesehen, die Fürsten hätten von ihm nichts zu befürchten. Er münzte also ruhig weiter." Dem Münzmeister Müller aber wurde der Boden unter den Füßen zu heiß; er suchte im April 1691 das Weite.[135] Der neue Münzmeister Eberlin war so vorsichtig, sich in seinem Anstellungspatent ausdrücklich bestätigen zu lassen, dass ihn der Herzog auch gegen die kaiserliche Kommission schützen würde.

Inzwischen wandte sich von Kurtzrock dem Herzogtum Sachsen-Gotha-Altenburg zu, wo er wohl den gravierendsten Fall von obrigkeitsbetriebenem Münzbetrug auf dem Gebiet des heutigen Freistaates Thüringen vorfand. 1684 befahl Herzog Friedrich I., ältester Sohn Herzog Ernsts des Frommen von Sachsen-Coburg-Altenburg, seiner Münzstätte Gotha *verschleierten Münzbetrug*.[136] Dieser begann unter dem Münzmeister Johann Gottfried Wichmannshausen, dem Schwager seines Vorgängers Henning Müller, der bereits in Sondershausen geprägt hatte, und erreichte seinen Höhepunkt im Zeitraum von Mitte April 1690 bis zum 11. Jannuar 1691 unter den Münzmeistern Christian Fischer und Johannes Thun. Letzterer war bekanntlich ebenfalls schon in Sondershausen tätig gewesen. Einzelheiten über den Gothaer Gulden, der auf der Vorderseite nur ein großes F (= Friedrich I.) abbildete, auf der Rückseite aber eine falsche Jahreszahl, 1678 bzw. 1679, trug, sind bereits im Zusammenhang mit der Münzprägung in Walkenried genannt worden. Das dafür benötigte Silber lieferte der kursächsische Hof- und Kammeragent Johann Gabriel Wichmannshausen. Im Prozess gegen dessen Bruder, den Münzmeister, trat zutage, dass der Herzog aus der Guldennachprägung vom 4. Oktober 1689 bis zum 11. Januar 1691 einen Reingewinn in Höhe von 64.612 Reichstalern gezogen hatte. Das blieb in Wien nicht unverborgen. Ein kaiserlicher Befehl, mit den Ermittlungen zu beginnen, ist nicht überliefert. Auch keine Zitation des Herzogs durch den Reichsfiskal nach Wien.

Um Schlimmeres zu verhüten, war Friedrich I. wohl schnell zur Zahlung eines Bußgeldes bereit. Aus der von Christian Ernst Schmid erstellten Liste der erhaltenen Strafgelder entnehme ich, dass es sich um 100.000 Gulden gehandelt

---

135 BORNEMANN, Eisenach, S. 7.

136 STEGUWEIT, Gotha, S. 89. Auch die folgenden Ausführungen fußen vor allem auf dieser ausgezeichneten Arbeit.

haben könnte.[137] Denn noch während des Prozesses gegen Münzmeister Wichmannshausen traf das kaiserliche Absolutorium ein, datiert vom 1. Mai 1691. Von der Freisprechung waren die herzoglichen Münzbedienten ausdrücklich ausgenommen.[138]

Da zur Ausstellung des Absolutoriums gewöhnlich ein längerer Zeitraum benötigt wurde, könnte schon ein Schreiben der kaiserlichen Münzkommission vom 6. September 1688 an Herzog Friedrich einen ersten Anstoß gegeben haben. Am 5. Februar 1688 hatte Kaiser Leopold I. das alte Patent für Anton Sohler umschreiben lassen und als neue Leiter der kaiserlichen Inquisitions-Kommission im Münzwesen den Kurfürsten und Erzbischof von Mainz Anselm Franz von Ingelheim 1634–1695), ferner den Kurfürsten von der Pfalz Philipp Wilhelm Pfalzgrafen bei Rhein und den Landgrafen Karl von Hessen-Kassel (1654–1730) ernannt. Diese drei informierten am 6. September 1688 Herzog Friedrich, dass der Kammerrat des Herzogs Wilhelm Ernst von Sachsen-Weimar (1662–1728) Christian Friedrich Güpner von ihnen wegen des Verdachts der Prägung geringhaltiger Geldsorten unlängst zu Erfurt in Arrest genommen wurde und gegen ihn mit gebührender Ahndung verfahren werde. Sie erklärten auch, dass sie dem kaiserlichen Befehl gemäß durch ihre Subdelegierten die verdächtigen Münzstätten visitieren, die darin aufgefundenen Stempel wegnehmen, die Verleger verhaften und alle geringhaltigen Münzen beschlagnahmen würden.[139] Das waren klare Worte, die ein energisches Vorgehen vermuten ließen und dem Herzog zu denken gegeben haben dürften.

STEGUWEIT warf die Frage auf, was dem kaiserlichen Schulderlass vorausgegangen sei. *Darüber schweigen bezeichnenderweise die Akten.*[140] Die Strafandrohung bestand vor allem im Entzug des Münzregals. Auch in Gotha sind die meisten Akten in der herzoglichen Strafsache vernichtet worden, und so kann auch von Kurtzrocks Untersuchung unter Mitwirkung Schmids nicht näher beleuchtet werden.

Wann von Kurtzrock seine Kommission beendete, kann nicht genau gesagt werden, wohl Ende 1691 oder Anfang 1692, nicht nur aus Altersgründen und wegen der anstrengenden Reisen, wie es hieß, sondern frustriert wegen seiner Ohnmacht und der Beschwerden der Kurfürsten von Kursachsen und Kurbrandenburg beim Kaiser über ihn. Vor allem die im Zusammenhang mit den Grafen von Schwarzburg erwähnte Beschwerde des Kurfürsten Johann Georg III. könnte zu seiner Entlassung geführt haben.

---

137 Schmid gab eine Strafsumme von 100.000 Reichstalern an. Da es sich bei anderen nachweislich um Gulden handelte, setze ich das auch im Falle Gothas voraus.

138 LATh-StA Gotha, Geheimes Archiv, QQ (Y).

139 LATh-StA Gotha, Kammer-Immediate Nr. 537, ohne Blattzählung.

140 STEGUWEIT, Gotha, S. 102.

Johann Hermann Maystetter hatte wohl gerade die Nachfolge Kurtzrocks angetreten, – für den Oberrheinischen Reichskreis ernannte ihn der Kaiser erst Mitte März 1692 zum Münzkommissar,[141] als ihm der Kaiser im Dezember 1691 die Aushebung der Heckenmünze in Eisenach befahl. Am 7. Januar 1692 erging auch an Herzog Johann Georg II. von Sachsen-Eisenach die Zitation vor den Reichshofrat. Die Besetzung der Münze am 17./27. Januar dauerte länger als erwartet, so dass der Herzog Widerstand leisten und die beiden Packwagen mit beschlagnahmtem Geld und Metall zurückgewinnen konnte.[142] Aus Maystetters lebendigem Bericht an den Kaiser sollen hier nur zwei Zitate folgen. Im Gespräch mit dem Münzkommissar beschwerte sich Johann Georg, *daß eben ahn Ihm, undt zwar gantz ungewahrneter Dingen, mit solcher schärffe, dardurch Er vor seinen unterthanen, undt dem gantzen Reich zimblich prostituirt, der ahnfang seye gemacht worden: da doch andere Mehr Hecken Müntzstätte in der nähe weren, die davon den nutzen schon viele jahr gezogen, undt wohl noch geringer, alß Er, gemüntzt hetten.* In den folgenden Verhandlungen wegen der Höhe des Strafgeldes habe Maystetter zunächst auf 30.000, dann auf 20.000 Gulden bestanden. Weil aber dem Herzog *alzuwohl bekant wahr, wie leidentlich hierin Sachsen Weymar, Gotha, undt insonderheidt, der Graf von Wittgenstein, welcher es doch ahm allerärgsten gemacht*, so habe Johann Georg darauf auch gefußt und am Anfang nicht mehr als 3.000 Reichstaler, dann 4.000, schließlich aber 10.000 Gulden geboten. Wenige Tage später zahlte der Herzog an Maystetter 4.000 Gulden bar, der Rest sollte nach eingegangenem Absolutorium folgen.[143] Nachdem die Münze einige Monate stillgelegen hatte, wurde am 1. August 1692 als Münzmeister Johann Matthias Obermüller aus Meiningen angestellt, Andreas Wolfram aus Nordhausen als so genannter Beihelfer und Silberkäufer.[144]

Am 2. Februar 1692 stellte der Kaiser Christian Ernst Schmid als substituierten Münzkommissar an.[145]

---

141 SCHNEIDER, Münzwesen, S. 156.

142 Vgl. BORNEMANN, Eisenach, S. 7. BORNEMANN konnte nur feststellen: „Leider geben die Akten keine Auskunft darüber, wie dieser Streit beendet wurde."

143 RHR Miscellanea Münzwesen 18-3. Über Eisenach vgl. auch SCHRÖTTER, Heckenmünzen, S. 138.

144 BORNEMANN, Eisenach, S. 8.

145 Maystetter hatte zuvor längere Zeit im Auftrag des Kaisers das Münzwesen des Bischofs August Friedrich von Holstein-Gottorf untersucht, der als Münzbetrüger vor den Reichshofrat zitiert wurde. Seit März 1692 war er als kaiserlicher Münzkommissar in Frankfurt am Main auf der Spur von Münzverbrechern. Von seiner Tätigkeit im Oberrheinischen Kreis in diesem Jahr ist wenig bekannt. Im Mai vereinbarte er mit dem Grafen Gustav v. Sayn-Wittgenstein-Hohenstein eine Strafzahlung von 2.000 Gulden. Im November 1692 erteilte ihm der Kaiser eine abermalige Kommission zu Untersuchungen gegen den Bischof des Hochstiftes Lübeck. Er hat also viel praktische Erfahrung als Münzkommissar sammeln können. Vgl. SCHNEIDER, Lübeck, S. 140.

Auf dem Münzprobationstag zu Regensburg am 7. September/28. August 1691 wurde angekündigt, dass gegen die Heckenmünzstätten zu Römhild und Meinigen *nächstens* vorgegangen werde.[146]

Am 4./14. Januar 1692 ersuchte der Fränkische Kreis den Kaiser, die Heckenmünzstätten zu Meiningen und Römhild *ruiniren* zu lassen. Obwohl man mehrmals die Herzöge von Sachsen-Meiningen und Sachsen-Römhild ersucht habe, ihre Heckenmünzen zu schließen, die sie *bis dato zu sehr grosser Summen Ausmünzung bedienet, und darinnen noch immer starck fortfahren.*[147] Ein Nürnberger Bericht von Februar 1692 beschwerte sich, dass noch immer in Meiningen, Römhild, Eisenach *und die neue, welche mit der Jahrzahl 1677. unter Herzog Johann Ernst von Weimar Gepräge, welcher doch vor vielen Jahren schon gestorben, herum laufen.*[148] Neben dem Anziehen der Steuerschraube stellte für diese Herrscher über winzige Territorien die Münzverschlechterung eine gut fließende, wenn auch sehr zweischneidige Einnahmequelle dar.

Sowohl Bernhard I. von Sachsen-Meiningen (1649–1706)[149] als auch der bereits erwähnte Heinrich von Sachsen-Römhild (1650–1710) hatten durch ihre üppigen Hofhaltungen und kostspieligen Passionen die Finanzkraft ihrer Länder erschöpft und versuchten nun durch Münzbetrug auf Kosten ihrer Untertanen ihr luxuriöses Leben weiterzuführen. Sie veranschaulichen besonders deutlich, was ein kursächsisches Münzedikt vom 3. Februar 1680 feststellte, *daß fast im ganzen Heiligen Römischen Reiche das hohe Regal des Münzens zu einem verbottenen Commercio* verkommen war, nach einem *modo augendi aerarii.*[150]

Herzog Heinrich begann in einer von ihm in seiner Residenz Ende 1690 eingerichteten Münzstätte durch Schlagschatz und unterwertige Ausprägung seine Einkünfte zu vermehren. KADE berechnete, dass allein von Beginn der Ausprägung bis zum 28. September 1691 2.768.073 Gulden geschlagen worden sind.[151] Anfang 1692 beauftragte Kaiser Leopold I. den Reichshofrat Maystetter, die Heckenmünze Römhild zu schließen. Das geschah am 14. Februar 1692; doch das Ende war nur ein vorläufiges! Eine ihm auferlegte Strafe von 30.000 Gulden zur Erlangung des kaiserlichen Absolutoriums behauptete Heinrich unmöglich aufbringen zu können. Der Kaiser moderierte sie auf 9.000 Gulden, von denen 3.000 Gulden sofort zu bezahlen waren, der Rest innerhalb von vier Wochen. Im März/April 1692 verhandelte Maystetter mit Herzog Heinrich. Am 2. April 1692 erklärte sich dieser bereit, für das Münzabsolutorium 6.000 Gul-

---

146 HIRSCH, Münz-Archiv 5, S. 305.

147 Ebd., S. 331.

148 Ebd., S. 338.

149 Bernhard I., Indexeintrag: Deutsche Biographie, https://www.deutsche-biographie.de/pnd119549999.html (letzter Zugriff: 17.04.2023).

150 HIRSCH, Münz-Archiv 5, S. 84 und 107.

151 KADE, Römhild, S. 175.

den zu zahlen. Diese Summe ermäßigte der Kaiser später auf 3.000 Gulden. 1695 setzte sich auch Reichshofratsagent Jobst Heinrich Koch beim Herzog für die Zahlung der Restschuld ein. Doch auch für diese relativ geringe Strafe erfolgte bis Anfang 1696 keine Zahlung, so dass Leopold I. im Januar 1696 verärgert befahl, dass die Begleichung der 3.000 Gulden binnen Monatsfrist erfolgen müsse.[152] Erst dann sollte die angedrohte Strafe (sicherlich der Verlust des Münzregals) erlassen und das Absolutorium ausgestellt werden. Eine Zahlung dürfte wohl bald erfolgt sein, denn am 14. September erging von Wien das Absolutorium für die Herzöge Heinrich von Sachsen-Römhild und Bernhard von Sachsen-Meiningen.[153] Doch bald erhärtete sich der Verdacht, dass die Heckenmünze noch immer in Tätigkeit sei. Der Bischof von Bamberg behauptete jedenfalls Ende Januar 1693, es werde in Römhild nicht nur weiter, sondern mehr denn je schlechtes Geld geprägt.[154]

Und am 12. Februar 1693 klagte die Reichsstadt Augsburg, man dürfe nicht zusehen, wie das Übel täglich zunehme, und man müsse mit allem Ernst und Nachdruck erreichen, dass *der Hecken-und unrechtmäßige Ausmünzung auf berechtigten Münzstätten, sonderlich auch bey Sachsen-Eisenach, Weimar, Meiningen, Römhild, woher anjetzo die meiste ringhaltige neue Sorten kommen thuen, sistire.*[155] Unter den sieben Söhnen Herzog Ernsts des Frommen war der fünfte, Herzog Christian von Sachsen-Eisenberg (1653–1707),[156] eine rühmliche Ausnahme. Auch er gründete eine Münzstätte; doch eine Überprüfung seiner Prägungen ergab ihre Übereinstimmung mit des Reiches Schrot und Korn.[157] Maystetter starb in Wien im Dezember 1703.

Maystetters Nachfolge trat der ebenfalls im Münzwesen sehr erfahrene Johann Heinrich von Obernitz an.[158] Er war 1697 zum ersten Mal als Münzkommissar berufen worden. Es ist möglich, dass er als Nachfolger Maystetters auch in Nordthüringen wirksam geworden war. Mit kaiserlichem Patent vom 22. Februar 1706 wurde er also erneut zum Münzkommissar berufen. Auch seine Ernennung folgte einer alten reichshofrätlichen Praxis. Sicher noch mehr als von Kurtzrock war er mit Thüringen verbunden, indem seine Vorfahren dem thüringisch-vogtländischen Uradel entstammten und er hier seinen Wohn-

---

152 RHR Miscellanea Münzwesen 20-22. KADES gründliche Arbeit weicht in einigen Einzelheiten von den Wiener Aussagen ab. KADE, Römhild, S. 178.

153 RHR Miscellanea Münzwesen 12-2.

154 KADE, Römhild, S. 177.

155 HIRSCH, Münz-Archiv 5, S. 358.

156 Vgl. HUSCHKE, Wolfgang, „Christian“, in: NDB 3 (1957), S. 232 [Online-Version]; URL: https://www.deutsche-biographie.de/sfz11245.html#ndbcontent (letzter Zugriff: 17.04.2023).

157 Vgl. GRÄßLER/WALDE, Münzprägungen, S. 7 und 18.

158 Obernitz ist heute ein Stadtteil von Saalfeld im thüringischen Landkreis Saalfeld-Rudolstadt.

sitz hatte. Er wurde 1646 in Liebschütz im heutigen Saale-Orla-Kreis geboren und studierte in Jena und Tübingen. Als Münzkommissar übernahm ihn Kaiser Josef I. nach seinem Regierungsantritt 1705. Dagegen wurde er vom Kaiser als Reichshofrat nicht gebraucht.[159]

Im Mittelpunkt der Kommissionsarbeit des Jahres 1706 standen das Aufsuchen und Vernehmen von Denunzianten, um Beweismaterial für den bevorstehenden Prozess gegen den ehemaligen Amtmann und späteren Geheimen Berg- und Kammerrat der Herzöge und des Kurfürsten von Braunschweig-Lüneburg, auch Geheimen und Kammerdirektor des Herzogs Johann Georg von Sachsen-Weißenfels (1677–1712),[160] Johann Friedrich von Eckart, zusammenzutragen. Kurtzrock hatte schon 1691 gegen ihn ermittelt, und Schmid betonte immer wieder, er habe als erster Denunziant den Beweis gegen Eckart auf seine Kosten zuwege gebracht, wodurch dem Kaiser Eckarts *Captur* ermöglicht wurde. Über diesen Münzbetrüger ist bereits im Zusammenhang mit seinen Silberlieferungen auf die Klettenberger und Sondershäuser Münze berichtet worden.

Als Zeugen wurden vornehmlich in Saalfeld verhört Heinrich Julius Sebastiani aus Goslar, ehemaliger Münzwardein der Heckenmünze Steuerwald unter dem Bischof von Hildesheim, ferner, wie auch schon erwähnt, der Fürstlich Hessen-Kasseler Münzmeister Andreas Dittmar, dem Obernitz ein kaiserliches Protectorium und die Überlassung des dritten Teils der eingebrachten Strafgelder versprach, die Brüder Hans Christoph und Hans Jacob Ludwig sowie Johann Jeremias Ziegler, diese alle aus Nordhausen stammend und ehemals in Sondershausen ansässig.

Am 15. Juli 1706 berichtete von Obernitz dem Kaiser, Eckart wolle sich *per modum abolitionis* gütlich vergleichen. Dann hieß es aber, er habe dies nur vorgeschlagen, um Zeit zu gewinnen, *um die Keyserl. Commission müde zu machen.*[161] Kurz vor seiner Auslieferung und dem Prozessbeginn erklärte sich Eckart zur Zahlung von 100.000 Gulden bereit, um einen *schimpflichen* Inquisitionsprozess zu vermeiden. Das teilte Reichspfennigmeister Christoph Dietrich Bose der Jüngere in einem lesenswerten Briefwechsel – die Originalbriefe sind überliefert – aus Leipzig dem Münzkommissar Obernitz am 21. Oktober 1707 mit.[162] Bose war als Reichspfennigmeister für den Ober- und den Niedersächsischen Reichskreis

---

[159] Vgl. GSCHLIEßER, Reichshofrat, S. 330.

[160] Vgl. VÖTSCH, Jochen, Johann Georg, in: Sächsische Biografie, hg. vom Institut für Sächsische Geschichte und Volkskunde e. V., Online-Ausgabe: https://saebi.isgv.de/biografie/Johann_Georg,_Herzog_von_Sachsen-Wei%C3%9Fenfels_(1677-1712) (letzter Zugriff: 17.04.2023).

[161] RHR Miscellanea Münzwesen 33-2.

[162] Ebd., 19-2, Originalbrief Boses.

zuständig.[163] Doch Eckarts Angelegenheit verzögerte sich immer mehr. Zum Stand der Inquisition gegen diesen erklärte Christoph Dietrich Bose, seit 1707 auch Reichshofrat, im April 1708 Kaiser Josef I., Eckart solle nicht eher in die Freiheit entlassen werden, bevor er dem kaiserlichen Fiskus die zugesagten 100.000 Gulden gezahlt habe.

Am 4. März 1706 wandte sich Christian Ernst Schmid voller Tatendrang mit der Erwartung auf baldige Aufnahme der Kommissionsarbeit an Obernitz, insbesondere wegen des bevorstehenden Prozesses gegen von Eckart. Er unterschrieb jetzt bisweilen auch mit dem Titel Kommerzienrat. Es dürften seine Ermittlungen „über die Münzverbrechen" des kursächsischen Landes-Vizerentmeister Johann Gabriel Wichmannshausen in den Jahren 1695 und 1696 gewesen sein, die König August II. von Polen, als Friedrich August I. Kurfürst von Sachsen, genannt August der Starke (1670–1733), veranlasst haben, ihn mit Urkunde vom 5. Mai 1704 zu seinem Kommerzienrat bestellt und angenommen zu haben.[164] Am 20. April 1706 unterschrieb er gar als *Kayserl. Capitain*.

Schmid erklärte jetzt, es gebe Indizien dafür, dass weiterhin heimlich geringwertige Münzsorten geprägt würden. Doch Obernitz reagierte nicht, denn er hatte sich bereits anders entschieden und unterhielt schon jetzt Kontakte zu einem Nordhäuser Juristen. Am 14. August 1706 bestellte er den Nordhäuser Notar und Juris Practicus Georg Christoph Stressner (in den Quellen auch Strössner), zum substituierten Münzkommissar. Er verordnete kraft seiner ihm aufgetragenen Münzkommission:

Weil ihm glaubwürdig vorgetragen wurde, dass im *District* der Reichsstadt Nordhausen *so wohl alte als neue, dem Publico schädliche Conventicula sich hervor thun, auch einige Wechßler und straffbahre Liveranten auf verbothene Müntzen anzutreffen*, dieses alles untersucht und abgetan werden müsse, er, Obernitz, das wegen anderer wichtiger kaiserlicher Geschäfte nicht selbst erledigen könne, gebe er kraft seiner kaiserlichen Kommission dem Georg Christoph Stressner alle Vollmacht, dass er die Aussagen der sich bei ihm meldenden Denunzianten protokolliere und an ihn übersende. Allenfalls könne er mit den Beschuldigten, sofern sie bereit seien, sich in Güte und *per modum absolutionis* abfinden, *ein ergiebiges Quantum tractiren*, d. h. eine möglichst hohe Summe Strafgeld aushandeln, aber nicht ohne seine, des Kommissars, Einwilligung abschließen, dem er auch alle Akten übersenden müsse. Auch solle er alles streng geheim halten, damit nicht von benachbarten *Potentien* – er dachte wohl an die Grafschaft Hohenstein und

163 Vgl. HEINKER, Christian: Christoph Dietrich von Bose, in: Sächsische Biographie. Online-Ausgabe: https://saebi.isgv.de/biografie/Christoph_Dietrich_von_Bose_d.J._(1664-1741) (letzter Zugriff: 17.04.2023).

164 RHR Miscellanea Münzwesen 20-29; 14-4.

Brandenburg-Preußen – kein Widerspruch entstehe. Abschließend versprach ihm Obernitz gegen etwaige Verfolgungen und Anfechtungen den kaiserlichen Schutz.[165]

Die Berufung Stressners musste das Ende der Laufbahn Schmids bedeuten. Das ist ihm wohl bald klar gewesen, aber er bemühte sich zunächst, dem neuen Münzkommissar zu beweisen, dass er durch seine langjährigen Erfahrungen weiterhin ein wertvoller Gehilfe sein könnte. Schriftlich zeigte er diesem zahlreiche Möglichkeiten auf, wo die neue Münzkommission ihre Arbeit ansetzen sollte (Hildesheim, Goslar, Wittgenstein, Schwarzburg).[166]

Bis zum Sommer 1706 waren Schmid und Stressner noch mit gemeinsamen Untersuchungen beschäftigt, vor allem damit, ob, wieviel und wie oft der Kammerrat von Eckart Silber auf die Münzstätten Klettenberg und Wittgenstein geliefert habe, und sie versuchten, den in Bleicherode lebenden gräflich-wittgensteinschen Rat Johann Christian Mengewein zu Aussagen über die vielfältigen Münzunternehmungen des Grafen Gustav zu bewegen, jetzt insbesondere zu einem Original-Münzkontrakt mit dem Grafen Johann Ernst von Nassau-Weilburg (1664–1719), der seit 1692 geringhaltige kurbrandenburgische und Sayn-Wittgensteiner Gulden prägen ließ.[167]

Schon wenige Tage nach seiner Ernennung begann Stressner in Berichten an von Obernitz Schmids Ruf zu beschädigen. Er behauptete, die Denunzianten wollten mit Schmid nichts mehr zu tun haben. Dieser sei, wie es scheine, allzu sehr auf sein *Privat-Commodum* (seinen eigenen Vorteil) bedacht. Er, Stressner, habe sich sofort nach Empfang seiner Vollmacht nach Zorge im braunschweigischen Unterharz begeben und dort mit Leuten geredet, die einst auf der Münze in Klettenberg gearbeitet hatten. Man habe dort Klagen und Beschwerden wider den alten Schmid geführt. Eine Frau hätte ihn sogar einen *Leuth-Betrüger* genannt.

Im September schrieb Stressner, Schmids *Machinationes* seien allgemein bekannt; man warte in Nordhausen *mit Verlangen uff deßen völlige Cassation und daß ihme das Kayserl. protectorium, deßen er sich zu seinen privat prattiquen mißbrauchet, hinwieder abgenommen werden möge.*

Der Wahrheitsgehalt der Anschuldigungen kann heute nicht mehr überprüft werden. Es scheint aber so zu sein, dass die bloßen Behauptungen Stressners für den Münzkommissar Obernitz völlig ausreichend waren. Denn schon im Oktober 1706 wandte dieser sich an den Kaiser und übernahm fast wörtlich

---

165 StadtA NDH, Best. 1.3., R Ja 28, Bl. 88 f. Die Urkunde liegt nur als vidimierte Kopie vor.

166 Dieser Briefwechsel kann hier nicht im Einzelnen untersucht werden. Vgl. RHR Miscellanea Münzwesen 19-13, unpaginiert.

167 In Weilburg sollen insgesamt 130.000 Wittgensteiner Gulden geprägt worden sein. Vgl. SCHNEIDER, Münzwesen, S. 223–227.

Stressners Argumente. Schmid habe Münzdelinquenten insgeheim mit Anzeige gedroht und ihre Verbrechen dann gegen Geldzahlung verschwiegen. Durch ihn werde die Arbeit der Kommission mehr behindert als befördert. Er habe sich daher der kaiserlichen Gnade als unwürdig erzeigt. Obernitz bat den Kaiser um öffentliche Kassation des schmidischen Kommissariats, um Aufhebung des kaiserlichen Protectoriums sowie des Kommissionsscheines über die Zusicherung des 10. Teils der Strafgelder im Falle von Eckarts.

In Wien richtete am 12. April 1707 der Kaiserliche Bergrat Heinrich Dietrich von Meyern „Vorstellungen" an den Reichsvicekanzler Friedrich Karl von Schönborn, in denen er unter Punkt 5 bat, *Das den Schmit zu Nordhausen die Commission wegen seiner vielen Boßheiten, so Er dabey wieder das Kayserl. interesse verübet, möchte geleget werden.*[168]

Die Entscheidung war im April noch nicht gefallen, als sich Schmid bei Obernitz beklagte, dass Stresser, *der böse Mensch*, ihn durch lauter Lügen ins Unrecht setze und nun *völlige plenipotenz* erhalten habe, doch er hoffe, in der Eckartschen Sache noch etwas zum Erfolg beitragen zu können, *weil Ich der erste Denunciandt bin, Zeugnuß beygetragen und noch beyzutragen mich erbiete.* Abschließend versicherte er: *Ich will gerne wieder Dienste thun.*[169]

Auch die schwarzburgische Regierung, offenbar durch von Obernitz dazu ersucht, schaltete sich ein. Am 28. November 1707 baten die Räte der Kanzlei Arnstadt die Räte der Kanzlei Sondershausen, ihnen belastendes Material gegen Schmid zu überlassen. Dieser habe *frembden Leuthen verdächtige Sachen in die Häuser geworffen*, um sie wegen falscher Münze anklagen zu können. Bei diesen verdächtigen Sachen habe es sich um Silberblech gehandelt. Sicher lasse sich das eine oder andere leicht ausfindig machen, wodurch *der gedachte Commissarius mehr graviret werden möchte.* Die Räte in Sondershausen liehen drei Konvolute Münzakten nach Arnstadt aus. Ob sich darin Material gegen Schmid befand, ist nicht bekannt. Allerdings wurde ein Schreiben zitiert, das den Kommissar stark belastete. Ein Melchior Pfeiffer aus Berga sagte am 14. November 1707 unter Eid aus, Kommissar Schmid und der Bürgermeister Ludwig in Stolberg hätten ihn durch Geldgeschenke zu einem falschen Zeugnis gegen den Berghauptmann Weydemann verleiten wollen.[170]

Der Reichshofrat hatte nur noch etwas mehr als zwei Jahre zu leben. Er starb in Wien am 24. August 1709. Einen Nachfolger als Münzkommissar hat es nicht gegeben.

---

168 RHR Miscellanea Münzwesen 19-13, 20-29, 33-2.

169 Ebd., 19-13.

170 LATh-StA Rudolstadt, Kanzlei Arnstadt, Nr. 1192.

4.9. Das Ende Christian Ernst Schmids

Christian Ernst Schmid, ehemals ein Kaufmann, unterzeichnete unter von Kurtzrock in den ersten Jahren als kaiserlicher Postmeister und substituierter Münzkommissar. 1692 erhielt er von Reichshofrat Maystetter erneut die Substitution, d. h. er spielte unter ihnen die Rolle eines Assistenten. Obernitz nannte ihn 1707 einen, der *von vielen Jahren her die von Röm. Kayserl. May. angeordnet gewesene Müntz Commissionen assistiret hat.* Schmid selbst hat sich in seiner an Kaiser Josef I. 1709 gerichteten Bittschrift als einen Mann gesehen, der den drei von Kaiser und Reich abgeschickten Münzkommissaren *als Substitutus gedienet und an die Hand gangen.*[171] Er hatte sich bei seiner Tätigkeit viele Feinde gemacht. Diese dürften nicht davor zurückgeschreckt sein, ihn zu verleumden und anzuschwärzen. Schon im November 1691, noch unter Kurtzrock, verdächtigte man ihn in Wien, dem kaiserlichen Fiskus Gelder unterschlagen zu haben und dass er unter dem Vorgeben, *als wan* [er] *von Unsertwegen subdelegirt were, von dergleichen Müntz-Verbrechern etliche tausent Gulden hin und wider exigirt, zu sich genommen, und Unß, oder Unserm Fisco die geringste anzeige davon nicht gethan, viel weniger solches geld geliefert, sondern, wie verlauthen will, sich selbst applicirt habe.*[172]

Kurtzrock, der Schmids Arbeit geschätzt hat, dürfte ihm aber dennoch den Rücken freigehalten haben, denn von diesen Anklagen ist später nichts mehr zu hören.

Umso härter trafen ihn die Verdächtigungen durch Herzog Moritz Wilhelm von Sachsen-Zeitz[173] und die danach vom Kaiser verfügte Verfolgung. Von dieser ungerechten, ihn verletzenden Behandlung spricht sein Brief an den Nachfolger Kurtzrocks, *den im Münzwesen hochverordneten Generalkommissar* Johann Hermann Maystetter, vom 9./19. September 1693. Schmid betonte in diesem Schreiben, er habe bei dem zerrütteten Münzwesen nunmehr an die fünf Jahre getreue und nützliche Dienste getan und von den Heckenmünzen und Lieferanten unterschiedliche Gelder eingeliefert, was ihm, Maystetter, vornehmlich aber dem Herrn von Kurtzrock bestens bekannt sei. Jene Expeditionen hätte er mit Hintansetzung seiner häuslichen Nahrung, bei den vielfältigen Reisen, mit Gefahr für Leib und Leben übernommen und sich zugleich bei den benachbarten Reichsständen und also auch bei dieser Stadt Nordhausen *in solche Ungnade, Schimpf und Verfolgung gesetzet,* dass solches zu erzählen ganz unmöglich sei. Doch sei dies alles zu verschmerzen gewesen. Dass aber der Herzog von Sachsen-

---

171 RHR Miscellanea Münzwesen 30-6.

172 Ebd., 8-1.

173 Herzog Moritz Wilhelm v. Sachsen-Zeitz (1664–1718) war der zweite und letzte Herzog der kursächsischen Sekundogenitur Sachsen-Zeitz.

Zeitz beim Kaiser gegen ihn ein *Mandatum arrestatorium* ausgewirkt habe und er nun fast ein Dreivierteljahr, um der schimpflichen Auslieferung zu entgehen, wie einer der grausamsten Übeltäter unstet und flüchtig umherirren müsse, das kränke ihn am allermeisten und fresse ihm gleichsam Herz und Seele zugleich auf. Er habe doch nur zum Wohle des Kaisers, des Heiligen Römischen Reichs und *pro salute publica* gehandelt.

Das von Schmid erwähnte kaiserliche Mandat forderte den Nordhäuser Rat auf, auf Veranlassung des Herzogs Moritz Wilhelm von Sachsen den Kaufmann Schmid, der sich heimlich davongemacht, in Arrest zu nehmen und dem Herzog Moritz auszuliefern.[174]

Am 23. Oktober 1693 setzte sich Maystetter beim Kaiser für Schmid ein, der bis jetzt keine Gelegenheit gehabt habe, zu den Anschuldigungen des Herzogs Stellung zu nehmen und seine Unschuld zu beweisen. Der Kaiser habe ihm aufgetragen, sich in der Münzkommission der Dienste des hiesigen Postmeisters Schmid zu bedienen, um von ihm Informationen über die Münzdelinquenten in hiesiger Gegend zu erhalten. Als er aber dessen Dienste in Anspruch nehmen wollte, habe ihm Schmid erklärt, dass ihn Herzog Moritz Wilhelm von Sachsen verfolge. Am 6. Februar 1693 sei dem Magistrat befohlen worden, den Postmeister zu ergreifen und an den Herzog auszuliefern. Der Magistrat habe sich diese Gelegenheit nicht entgehen lassen, seinen Unwillen über Schmid auszugießen. Von allem dem habe er, Maystetter, nichts gewusst. Da er aber auf des Postmeisters Dienste angewiesen sei, habe er ihn so lange in seine Protektion genommen, bis die Angelegenheit geklärt sei. Er, Maystetter, habe dem Magistrat befohlen, den Schmid wieder als Postmeister anzunehmen, solange, bis der Kaiser nach genauer Prüfung in der Sache erkannt habe, Schmid wolle vor Gericht seine Unschuld erweisen.[175]

Doch die Sache zog sich länger hin. Am 29. Mai 1694 musste Maystetter dem Kaiser mitteilen, dass sich Schmid seit Oktober 1693 vergeblich kaiserliche Manutenenz und Schutz erhoffe. Weil er aber in der Münzinquisition so große Mühe und Arbeit anwende, was er, Maystetter, bezeugen könne, so bitte er den Kaiser, den Herzog Moritz zu veranlassen, Schmids Verfolgung fallen zu lassen.

Eine solche Freisprechung muss auch erfolgt sein, denn Schmid ist weiterhin für die Münzinquisition tätig gewesen. Davon zeugen seine Berichte über die Münzverbrechen des kursächsischen Landes-Vizerentmeisters Johann Gabriel Wichmannshausen 1695–1696 oder über das Münzwesen, den Agenten Möring betreffend, 1696; und er ist wieder in sein Postamt eingesetzt worden.

174 RHR Miscellanea Münzwesen 14-4.

175 Ebd., 17-14.

Erst 1701 trat sein Sohn für kurze Zeit als Postmeister seine Nachfolge an. Wiener Akten bezeugen seine Tätigkeit in den Jahren bis 1709.[176]

Ein letztes Mal wird Christian Ernst Schmid in den Wiener Akten des Reichshofrates zum Leben erweckt. Am 3. Oktober 1709 richtete er eine Petition an Kaiser Josef I., *auß höchst tringender noth*, wie er eingangs betonte. Den Anlass bot aber wohl der Tod Johann Heinrichs von Obernitz im August 1709. Er erinnerte an die dem Kaiser Leopold I. und dessen Kommissaren von Kurtzrock, Maystetter und von Obernitz, *so nun alle verstorben*, geleisteten Dienste und die durch sie eingelaufenen Strafgelder und den Anteil an ihnen, *quinta pars*, der ihm zwar versprochen, aber nicht einmal seine aufgewandte Mühe, Reise- und ausgelegte Unkosten völlig bezahlt habe. In der Münzstrafsache gegen Johann Friedrich Eckart habe er den Hauptanteil der Beweise erbracht, und von den Strafgeldern sei ihm der 10. Teil versprochen worden. Er bat den Kaiser fußfällig, ihm von diesen Strafgeldern – es waren 100.000 Gulden gefordert worden – das ihm Zustehende auszuzahlen, natürlich, damit er imstande sei, dem Kaiser bei der Bekämpfung der Münzmalversanten weiterhin gute Dienste leisten zu können. Denn es würden im Reich noch viele falsche Münzhändel getrieben, *am meisten in hiesigen Thüringischen Quartieren und Reichß Städten.*[177] Nun wissen wir heute, dass sich seit Ausgang des alten Jahrhunderts das Münzwesen im Reich zu stabilisieren begann, das schlechte Geld war eingeschmolzen oder devalviert, die Heckenmünzen zum größten Teil zerstört oder geschlossen worden. Auch mit Bezug auf die beiden Thüringer Reichsstädte Mühlhausen und Nordhausen dürfte Schmid zu schwarz gemalt haben. So behauptete er in einem seiner letzten Briefe an von Obernitz am 1. August 1706: *In Mühlhausen gehet die müntze auch noch immer fort unter der Direction deß Burgermeister Meckbachs alda, und wirdt iezt sehr schlecht geld gemacht.*[178] Wollte er mit seiner Schwarzmalerei die Wichtigkeit seiner Arbeit und seine Unabkömmlichkeit unterstreichen?

Schmid bezifferte das Strafgeld von Eckarts fälschlich mit 100.000 Reichstalern. War es nur ein Irrtum oder hat er bewusst die Unwahrheit gesagt, denn es waren nur 100.000 Gulden. In seiner Aufzählung der mit seiner Mithilfe erbrachten Strafgelder sprach er durchweg nur von Reichstalern. Die Höhe der Gelder hat er ebenfalls teilweise übertrieben hoch angegeben; z. B. zahlte Sachsen-Eisenach nach Schmid 12.000 Reichstaler, aber tatsächlich nur 10.000 Gulden. Sachsen-Römhild zahlte nur 3.000 Gulden, laut Schmid 10.000 Reichstaler.

---

176 Ebd., 19-3: Private Korrespondenz des Johann Heinrich von Obernitz mit Nordhausen, besonders mit Christian Ernst Schmid, Georg Christoph Stressner und Johann Günther Hoffmann betreffend, und 30-6: Bericht des Christian Ernst Schmid, 1709.

177 Ebd., 30-6.

178 RHR Miscellanea Münzwesen 20-29.

Das alles dürfte seiner Glaubwürdigkeit 1709 beim Reichshofrat und seiner Petition an den Kaiser eher geschadet haben.

Johann David Müller, in Nordhausen ansässiger Notar, war Christian Ernst Schmids Schwiegersohn; er hatte dessen Tochter Anne Sophie geheiratet. Über Schmids weiteres Leben sind keine weiteren Nachrichten überliefert. Müller richtete 1720 eine Supplik an den Kaiser. Seinem Schwiegervater sei der zehnte Teil der eingegangenen Strafgelder versprochen worden. Nach Berechnung seiner Nachkommen wären dem kaiserlichen Fiskus durch dessen Tätigkeit 560.500 Reichstaler Strafgelder zugeflossen. Schmid hätte bei dem großen Nordhäuser Stadtbrand 1712 den größten Teil seines Vermögens verloren. Er wäre 1718 bei seinem Schwiegersohn in Nordhausen in Armut verstorben.[179] Wie sein Schwiegersohn erklärte, habe er in seinen letzten Jahren mehrfach versucht, seine Forderung in Wien zu Gehör zu bringen und seine Ansprüche vorzutragen, sei aber auf taube Ohren gestoßen ungeachtet seiner treuen und nützlichen Dienste. Seine Nachkommen und Erben bäten um eine Entschädigung von wenigstens 2.000 Talern. Ob sie dieses Geld erhalten haben, ist nicht bekannt.

Liste der zum kaiserlichen Aerarium eingebrachten Strafgelder durch den Kommissar Schmid

> *Fürstlich Weimar 50 000 Rtl.; Fürstlich Gotha 100 000 Rtl.; Fürstlich Eisenach 12 000 Rtl.; Fürstlich Coburg 10 000 Rtl.; Fürstlich Römhild 10 000 Rtl.; Fürstlich Meiningen 10000 Rtl. (so erlaßen)*
> *Grafen von Schwarzburg 12 000 Rtl.; Graf von Wittgenstein 8 000 Rtl.; Johan Jacob Günther 30 000 Rtl.; Fletzner von Großen 12 000 Rtl.; Frau v. Biebra, Kannberg u. Weidemann 20 0000 Rtl.; an etzlichen Posten 6 500 Rtl.*
> *Summa 560 500 Rtl.*[180]

Nun darf man wohl mit Recht daran zweifeln, dass Schmid diese Summen wirklich erbrachte, zumal seine Glaubwürdigkeit stark gelitten hat. Doch der kaiserliche Fiskus hätte das anhand der vorhandenen Unterlagen leicht überprüfen können.

---

179 Laut Kirchenbucheintrag verschied er am 22. Mai 1718 und wurde am 24. Mai 1718 in der Gemeinde St. Blasii *in der Stille* bestattet. Er wird dort als Commissarius und Witwer bezeichnet (Kirchenbuch der Gemeinde St. Blasii, KB 01, Bl. 231; Kreiskirchenarchiv Niedergebra).

180 RHR Miscellanea Münzwesen 12-2, Bl. 478 f.; ebd., 12-6: Rechnungen über die eingegangenen Strafgelder; 12-10, Akten zu den Forderungen der Erben des Christian Ernst Schmid, ehemaliger Münzkommissar, an den eingenommenen Münzstrafgeldern, 1720–1726, Bl. 244; 18-27: Bitte der Erben des Christian Ernst Schmid, verstorbenen Münzkommissars in Nordhausen, um die versprochene Abfindung an den Münzstrafgeldern, 1720.

5. Resümee und Ausblick

Vorliegende Studie bestätigt die Worte des Münz-Inspektors und Numismatikers Johann Christoph HIRSCH, der 1759 über jene Zeit – das letzte Drittel des 17. Jahrhunderts – äußerte, dass fast im ganzen Heiligen Römischen Reiche das hohe Regal des Münzens zu einem *verbottenen Commercio gemachet,* und ein *Gewinnsichtiger Handel und Wandel damit getrieben, das Münz-Regal inter modos augendi aerarium gerechnet* werde.[1]

Die moderne Forschung spricht von einer „Praxis der obrigkeitsbetriebenen Münzverschlechterung".[2]

Kaiser Leopold I. machte den Anfang und leitete die Zweite Kipperzeit ein, indem er seit 1659 vor allem für die Soldatenlöhnung in den Türkenkriegen ungeheure Mengen geringhaltiger Kreuzerstücke prägen ließ. Noch 1670 waren diese Münzen im Wert von 50 Millionen Gulden in den kaiserlichen Ländern im Umlauf.[3]

In Thüringen sündigten fast alle Wettiner, urteilte v. SCHRÖTTER. Wie gezeigt worden ist, haben fünf Söhne Herzog Ernsts des Frommen von Sachsen-Gotha und Altenburg, die wegen ihres immensen Geldbedarfs, ihrer verschwenderischen Hofhaltung und ihres hohen Schuldenberges berüchtigt waren, in Heckenmünzen Unmengen schlechten Geldes prägen lassen. Das völlige Ausmaß ihres Münzbetruges aufzuklären ist heute schwierig, da wichtige Akten über den Silberankauf, zu Angaben über die Anzahl der geprägten Münzen oder über den an die Hofkasse abgeführten Schlagschatz gezielt vernichtet wurden.

Für die Endzeit steht quasi als pars pro toto Kurfürst Friedrich August I. von Sachsen, als polnischer König August II., heutzutage nur als August der Starke bekannt. Der *Hercules saxonicus*, wie er auf einer Medaille genannt wurde, benötigte gewaltige Geldmengen zur Befriedigung seiner Leidenschaften und Vergnügungen. Eine seiner Methoden, zu Geld zu kommen, war die Prägung minderwertiger 6-Pfennig-Stücke, denen der Volksmund den Spitznamen „Rote Seufzer" gab. „Geprägt in den Jahren 1701 und 1702, bestanden die minderwertigen Sechser fast nur aus Kupfer. Der hauchdünne Silberbezug war beim Umlauf schnell abgerieben. Alten Chroniken zufolge sollen die sogenannten Landmünzen auf königlichen Befehl in Leipzig im Wert von 560 000 Talern, also in riesigen Mengen, geprägt worden sein. Angeblich soll August der Starke mit

---

1 HIRSCH, Münz-Archiv 5, S. 84 und 107.

2 STROBACH, Lehmann, S. 6.

3 Vgl. ARNOLD, Währungsunionen, S. 228; RITTMANN, Geldgeschichte, S. 259; SCHRÖTTER, Heckenmünzen, S. 107.

dem Gewinn aus dieser Aktion Schmuck für seine Mätressen und für seine Juwelensammlung gekauft haben. Den Landeskassen und der Bevölkerung entstand nach dem Verbot des schlechten Kleingelds großer Schaden."[4]

Die Bemühungen der „Väter" des Zinnaischen Münzfußes, diesem Allgemeingültigkeit zu verschaffen, waren zwar in Norddeutschland erfolgreich, aber im Reich insgesamt nicht zufriedenstellend. Die fortschreitende Münzverschlechterung trieb den Silberpreis immer weiter in die Höhe.

RITTMANN musste abschließend feststellen: Das Scheitern des Münzfußes von Zinna lag daran, dass ihn „hochadlige Geschäftemacher vom Schlage der Sayn-Wittgenstein, Hohenlohe und Sachsen-Weißenfels, als Kapital ein ererbtes Münzrecht einsetzend, eigennützig und verantwortungslos, eindeutig rechtswidrig [...] zugrundegerichtet" haben.[5]

Am 26. Januar 1690 nahmen Kursachsen, Kurbrandenburg und Braunschweig-Lüneburg den Leipziger Münzfuß an. Die Mark Feinsilber wurde zu 12 Talern ausgebracht, in 2/3-, 1/3 und 1/6-Talern. Der Speciesreichstaler stieg von 28 auf 32 Groschen und in Reichswährung von 105 auf 120 Kreuzer.

Im Gegensatz zum Zinnaer erwies sich der Leipziger Münzfuß als erfolgreich und langlebig. Kaiser und Reichstag haben ihn 1737 und 1738 als neuen Reichsmünzfuß befürwortet.[6]

Kaiserliche Münzedikte 1676, 1680 und 1689 reagierten auf Münzmalversationen mit scharfen Strafandrohungen, die sich jedoch wie auch andere Maßnahmen als wirkungslos erwiesen. Endlich gingen Kaiser und Reichshofrat 1686/87 dazu über, auch auf dem Gebiet des Münzwesens zu einem bereits seit langem erprobten und bewährten Instrument zu greifen, der Ernennung kaiserlicher *Inquisitions-Commissionen*. Diese boten dem Reichshofrat die Möglichkeit, ein so drängendes Problem wie das *Malum Monetarium* unmittelbar und wirksam zu bekämpfen.

Waren die kaiserlichen Kommissionen besonders geeignete Instrumente der kaiserlichen Reichspolitik, so trifft dies auf die Münzkommissionen in besonderer Weise zu. Auf die Regierungszeit Kaiser Ferdinands III. bezogen, sah Eva ORTLIEB in der Ermittlung einvernehmlicher Konfliktlösungen „das eigentliche Potential, das die Kommissionen dem reichshofrätlichen Umgang mit Konflikten zur Verfügung stellen konnten".[7] Auch die Münzkommissionen, die unter Ferdinands Nachfolger Leopold I. in den 1680er- und 1690er-Jahren wirksam wurden, hatten gleiche Funktionen zu erfüllen wie z. B. die Beweisaufnahme, unterschieden sich jedoch in einem wesentlichen Punkt. Auch ihr Auftrag be-

---

4 CASPAR, Geldmaschine, S. 10.
5 RITTMANN, Geldgeschichte, S. 273.
6 Vgl. ARNOLD, Währungsunionen, S. 227–243.
7 ORTLIEB, Konfliktregelung, S. 348.

zog sich auf einen konkreten Einzelfall, die Münzmalversation einer Stadt, eines Grafen oder Fürsten zu beenden und zu ahnden. Jedoch handelte es sich hier um ein Delikt, einen Verstoß gegen das Reichsrecht, eine Schädigung aller Untertanen des Kaisers. Sogar öffentlich musste eingeräumt werden: Bei Münz-Devalvationen [...] *leidet die Armuth am meisten Schaden, die Großen sehen noch zu, wie sie solches* [Geld] *ohne Nachtheil loß werden.*[8] Die Untertanen wurden gezwungen, das schlechte Geld anzunehmen. Viel zu spät verkündeten Landesherr oder Kreisprobationstage offiziell die Werteinbuße. Devalvationstabellen veranschaulichten den Wertverlust. Der Untertan hatte das Nachsehen. Die Kämmerei-Rechnungen der Städte enthielten noch jahrelang den Posten „Verlust an devalviertem Gelde".

Angesichts des offenen Rechtsbruches konnte sich keine betroffene Partei, insbesondere wenn es sich um einen Reichsstand handelte, der vom Reichshofrat angeordneten Untersuchung entziehen, der Inquisit musste sich mit einer Bestrafung abfinden. Jedoch kam auch jetzt wieder die einvernehmliche Konfliktlösung ins Spiel. Ob Ratsherr, Graf oder Herzog, wer die entsprechenden Mittel besaß, durfte eine „gütliche" Einigung aushandeln, musste ein dem Ausmaß seines Münzbetruges angemessenes Strafgeld akzeptieren, um einem schärferen Vorgehen des Reichshofrates zu entgehen und *fiscalische actionen und proceduren* abzuwenden, etwa den Entzug des Münzregals oder eine bewaffnete Konfrontation.

Auf dem Gebiet mehrerer Reichsstände im heutigen Thüringen, in der Reichsstadt Nordhausen, in der benachbarten Grafschaft Hohenstein, im schwarzburgischen Sondershausen oder in den ernestinischen Herzogtümern sind in den Jahren 1689 bis 1709 kaiserliche Münzkommissionen unter den Kommissaren Theobald von Kurtzrock, Johann Hermann Maystetter und Johann Heinrich von Obernitz im „Münzwesen" tätig gewesen. In ihnen war der Nordhäuser Postmeister Christian Ernst Schmid ein wichtiger Akteur. Dass die Politik der Kommissionen auf einen gütlichen Interessenausgleich gerichtet war, konnte nachgewiesen werden. Kurbrandenburg und Kursachsen haben sich unter von Kurtzrock jede Einmischung verbeten. Das dürfte sich auch unter seinen Nachfolgern nicht geändert haben.

Aus den Quellen geht hervor, dass sich die Untersuchungen gegen den Münzbetrug in Nordthüringen bis in das erste Jahrzehnt des 18. Jahrhunderts hinzogen. Wohl am bekanntesten ist der Münzbetrug des Grafen Gustav von Sayn-Wittgenstein-Hohenstein, einer „der wichtigsten Figuren der Zweiten Kipperzeit".[9] Trotz seiner von Anfang an illegalen Ausprägung fand seine Prägetätigkeit von Anfang an unter Mitwisserschaft und zeitweiliger Duldung der

8 HIRSCH, Münz-Archiv 5, S. 89.

9 CUNZ, Einführung, S. 21.

Halberstädter Regierung und des Kurfürsten von Brandenburg statt, die womöglich sogar Gewinn aus der Münze zogen.

Während die Reichsstadt Mühlhausen nichts zu befürchten hatte – ihr Versuch einer geringerhaltigen Ausmünzung war gescheitert, denn ihre Anfrage in Dresden wegen eines höheren Münzfußes war bei Generalwardein Fischer auf empörte Ablehnung gestoßen – versuchte Nordhausen seine Münzmalversation mit fadenscheinigen Gründen zu entschuldigen. Für ihr schädliches Ausmünzen 1685 wurde die Ratsoligarchie mit nur 200 Reichstalern bestraft. Aufzubringen hatte das Geld die gesamte Einwohnerschaft. Härter traf es Johann Christoph Eilhardt, die Brüder Niebecker und die Handelshäuser Offney und Arens. Nicht verschont blieben auch die Grafen von Schwarzburg-Sondershausen, für die sich Reichshofratsagent Koch in besonderem Maße eingesetzt hat.

Friedrich v. SCHRÖTTER hat bereits 1904 auf diese Entwicklungen hingewiesen, wenn er schrieb, dass außer den Gewinnen der Münzherren, Lieferanten und Münzmeister noch ein anderer Gewinn zu erwähnen sei, „der des Kaisers, der die Strafgelder einzog, die in die tausend, ja zehntausend Gulden gingen". „Gnade für Geld" sei sein Motto gewesen.[10] Konrad SCHNEIDER hat seit den 1970er-Jahren die Tätigkeit kaiserlicher und fürstlicher Münzkommissionen vor allem im Oberrheinischen Reichskreis erforscht. Auch die Arbeiten von MÜLLER-JAHNCKE und VOLZ sowie von ILISCH sollen hier genannt werden. Ähnliche umfassende Untersuchungen zur Münzpolitik des Nieder- und Obersächsischen Reichskreises und der Tätigkeit von kaiserlichen Münzkommissionen in ihren Territorien liegen bisher nicht vor.

Schließlich ist anzumerken, dass der obrigkeitsbetriebene Münzbetrug der zurückliegenden Jahre auch im ersten Jahrzehnt des 18. Jahrhunderts die Einwohnerschaft nicht nur der Reichsstadt Nordhausen stark beschäftigte. Äußerungen wie die bereits erwähnte des Amtmannes aus dem schwarzburgischen Gehren 1680, dass niemand mehr das schlechte Geld annehmen wolle und die Untertanen, die bereits genug leiden, *leicht gar crepiren müsten*, sind für den Südharzer Raum nicht überliefert.

Münzkommissar von Obernitz begründete seinen Auftrag an den Notar Stressner im August 1706 damit, dass im Distrikt der Reichsstadt Nordhausen *so wohl alte als neue, dem Publico schädliche Conventicula sich hervor thun* und dieses alles untersucht und abgetan werden müsse. Primär galt seine Mission wohl nicht mehr dem Münzproblem, sondern der Abwehr innerstädtischer Unruhen.

Die Unruhen gegen das oligarchische Ratsregiment flammten auch im neuen Jahrhundert immer wieder auf; Bürgeranwälte verfassten Gravamina, klagten vor dem Reichskammergericht, Unzufriedene sonderten sich ab, bildeten eigene geheime Konventikel, die propreußische Partei gewann an Einfluss.

---

10 SCHRÖTTER, Heckenmünzen, S. 127, auch Acta Borussica I., S. 81.

Anhang

1. Ausgewählte Quellen

1. Aussage des gräflichen Hofmeisters Friedrich Samuel Jesseus vor dem kurbrandenburgischen Münzkommissar Ernst Söldner während seiner Haft in Ellrich 1695 über Silberlieferungen des Nordhäuser Kaufmannes Georg Friedrich Offney auf die Klettenberger Münze

Demnach bey der Churfürstl. Brandenburg. Müntz Commission, zu ein und des andern malversanten convinirung, Ich zu Endes benandter Fridrich Samuel Jesseus von dem in die Graffschafft Hohenstein zu solchen Ende verordneten Commissario Hern Ernest Söldnern Bedeutung erhalten bey meiner nuhnmero hiesigen Niederlaßung in Branderode solcher gestalt Wie und auf Waß ahrt irgend einige Müntz Malversationes mihr bekandt außzusagen Wie solches allemahl von dem Halberstädtischen ober Commissariat Eydlich erhärtet werden könne.

Alß attestire Ich hiedurch bey meinen Wahren Worten, treu und glauben, daß auff Erforderten Fall einer eydlichen Beytheurung ich wahr sagen und erherten könne.

1. daß Zeit wehrende Clettenbergische Müntze ich von den jungen Friedrich Georg Offney Crahmer in Nohrthusen in 5 biß sechsmahliger Lieferung jedesmahl a 2 biß dritte halb tausend Thaler mehren Theils biß auff ein Weiniges in lauter fein bestehend, auff 16. biß 17000 Thaler, ohne waß durch den damahligen Schicht Meister Seipen, derselbe mich es unwißendt, selbsten nacher Clettenberg an Reppeln und Steinmetzen gebracht, gehohlet und die Marck fein ihme mit Zwolff Thaler 18 ggr. bezahlet undt auff gn. Befehl außgewechselt habe und halte da für daß derselbe Zeit Wehrender solcher Handelung etzl. tausendt thaler profitiret habe wie solches Lorentz Müller so gegenwertig, nebst dem schicht Meister Seipen sattsahm auch bezeugen Wirdt […]
Elrich den 28. Januarij ao 1695[1]

2. Eidesformel der Arbeiter auf der Nordhäuser Münze

Ich schwere zu Gott dem Almächtigen einen Cörperlichen Eyd, daß Ich im Geringsten keinem Menschen, es sey Vater oder Mutter, Bruder, Schwester, weder Frau noch iemande, daß geringste sagen will, waß wir vor geldt machen, oder wer solches gemacht, und die selber darzu gelieffert, sondern alles, waß wir sehen und hören, auch arbeiten, alles bey unß behalten, biß in unser grab. So wahr unß Gott helffe und sein Heiliges worth, durch Jesum Christum, Amen.[2]

1 LASA Magdeburg, A 13 Nr. 1414, Bl. 221.
2 RHR Miscellanea Münzwesen 12-2, Bl. 474.

3. Eidliche Aussage des Münzmeisters Andreas Dittmar

Andreas Dittmar, gewesener Münzmeister zu Mainz und Aschaffenburg, sagte am Samstag, dem 26. September 1693, aus: Er sei bei 35 Jahre alt, aus der Grafschaft Mansfeld gebürtig und von Profession Münzmeister.

Ja, er sei auch Münzmeister in Nordhausen gewesen. Die Münze sei dem Rat gehörig, verpachtet aber dem Amtmann Niebecker und seinen Freunden. Er habe als Münzmeister um seinen Lohn das Direktorium darüber geführt.

Auf die Frage, wer die Münzbedienten entlohnt habe, sagte er: der Amtmann Niebecker zu Neustadt, unter dem Grafen von Stolberg wohnhaftig, und seine Freunde.

Auf was für einen Fuß wäre die kleine und grobe Münze ausgemünzt worden und wie hoch die Mark gewesen sei? Nach dem zinnischen Fuß die grobe und kleine Münze, die Mark zu 10 ½ Reichstaler, und es wären auch ⅔-Stücke ausgemünzt worden.

Ob Sie bei einem Gehalt stets geblieben sind oder ob Sie Schrot und Korn geändert und zuletzt höher ausgemünzt haben als beim Anfang? So lange er dagewesen, habe er den zinnischen Fuß an Schrot und Korn gehalten. Der Amtmann habe ihm zwar zugeredet, solche geringer auszumünzen, er aber habe das verweigert und sei nach Leipzig gereist, um zu sehen, ob er das Silber dort feiler bekommen könnte. Sein Wardein habe in seiner Abwesenheit angefangen, die Münze geringer zu machen. Er, Dittmar, habe sich bei seiner Rückreise beschwert und Kurbrandenburg und Sachsen-Merseburg (das Treiben in der Nordhäuser Münze) hinterbracht, welche ihm darüber Kommission erteilten – laut vorliegender (Dokumente) aus derer Hand und Siegel, der daran beteiligten Münzoffizianten sich zu bemächtigen. Dieselben aber hätten sich mit der Flucht salviert. Das sei anno 1686 vorgegangen.

Auf wessen Geheiß solches geschehen sei, könne er nicht wissen, er vermute aber, von dem Amtmann.

Ob sie außer der Stadt Nordhausen Stempel auch andere Stempel gebraucht und kaiserlich oder brandenburgisch Geld schlagen ließen? Zu seiner Zeit wäre solches nicht geschehen, ob nach seiner Zeit etwas gemünzt worden, wisse er nicht. Des Amtmanns Wardein hätte heimlich gemünzt. Er, Dittmar, habe Kommission gehabt, weil sie aber durchgegangen (geflohen), hätte er nicht können dahinterkommen.

Ob solche Ausmünzung fremder Gelder in der Stadt Nordhausen oder auf dem Land zu Hefferung (Haferungen) oder einem anderen Ort geschehen sei? Zu seiner Zeit wisse er von nichts. Als er aber letztlich in Sachsen gewesen, habe er gehört, ob sollten sie wiederum heimlich zu Salza auf des Amtmanns (Name unleserlich) Güter, Elert genannt, gemünzt haben.

Wer solches zu tun befohlen und wer allemal dieselbe Münz dirigiert und darüber die Aufsicht gehabt, wisse er nicht.

Wer habe auf die Nordhäuser Münze gutes Geld geliefert und neues Geld dafür eingewechselt oder durch andere einwechseln lassen? Zu seiner Zeit hätten sie das Silber kaufen und von Hamburg kommen lassen.

Ob nicht auch aus Goslar, Mühl- und Nordhausen selbst Kaufleute, Christen und Juden, wie auch von anderen Orten, Lieferung getan? Zu seiner Zeit keiner, nach seiner Zeit Juden von Ellrich, dem Grafen von Wittgenstein zuständig, nämlich Seligmann mit seinem Bruder hätten die Lieferung getan.

Ob er die Münzbücher bei seiner Abreise mit sich genommen oder wem er dieselben zurück und in Verwahrung gelassen? Die Bücher seien da verblieben; er habe sie in seiner Münzstube gelassen. Wer sie bekommen, wisse er nicht. Es seien zu seiner Zeit über 4.000 Reichstaler mit gemünzt worden. *Und seye sein Schlag zu mercken, darauf eine Seühl.*

Sein Wardein sei Niclas Altmann gewesen, sein eigener Schwager.

In Eid und Pflicht genommen habe sie der Rat zu Nordhausen.

Ob der Magistrat zu Nordhausen sich bei allen Beschickungen der Münze eine Probe geben ließ? Ja, es sei alle Zeit eine Probe aufgenommen worden. Das gehe den Wardein an. Und Herr Schüßler habe die Münzkommision und Aufsicht gehabt.

Nach seiner Aussage wurde er wieder in Arrest genommen.

Aschaffenburg, 26. September 1693[3]

4. Aussage des Joachim Mann aus Sülzhayn

Joachim Mann aus Sülzhayn sagt über die Nordhäuser Münze von 1685 aus. Aufgenommen von Christian Ernst Schmid am 24. November 1694

Joachim Mann aus Sültzhagen, ein Bergmann und Schmelzer, sagt auf Befragen, ob er auf der Nordhäuser Münze vor etlichen Jahren gearbeitet und was es mit selbiger Münz für eine Beschaffenheit gehabt, summarisch aus:

1. Es wären vor einigen Jahren etliche Münzbediente von den Herren Niebecker in den Wiegerschen Gerichten zur Werna eidlich abgehört worden. Sie hätten aber viel verschwiegen und die Mehrheit nicht ausgesagt, weil sie von den Niebeckern mit Geld wären bestochen worden.

2. Was er, Zeuge, wisse, wolle er willig aussagen und sein Gewissen nicht beschweren.

3. Er hätte von Anfang bis zum Ende auf dieser Münze gearbeitet.

4. Diejenigen, welche auf die Nordhäuser Münze Geld geliefert, wären folgende: Noah und Joachim (Seligman), Juden von Ellrich; Philipp und Levin

3 RHR Miscellanea Münzwesen 6-4, Bl. 412–414.

Meyer von Halberstadt; Aron Witmund und Noah Seligmans Sohn von Halberstadt; die Juden von Mühlhausen und ein Kaufmann von Leipzig, dessen Namen er vergessen habe.

5. Die Arbeiter hätten des Tages über Blatten machen müssen (die ungeprägten Münzstücke hießen Platten), des Nachts aber hätte Christian Wilhelm Niebecker heimlich prägen lassen, dazu wäre niemand kommen als Herr Altmann, der Wardein, der Eisenschneider Heinrich Christoph Heur und ein alberner Kerl, welcher sich noch bei dem Niebecker aufhalte.

6. Das neue Geld, das auf kurfürstlich brandenburgische und gräflich-wittgensteinische Stempel heimlich geprägt worden, hätten die beiden Juden von Halberstadt, nämlich Levin Meyer und Aron Witmund, zu unterschiedlichen Malen abgeholt.

7. Der Eisenschneider wäre jetzt bei der Münze zu Ilmenau, der Wardein Altmann aber zu Danzig.

8. Es hätte Christian Wilhelm Niebecker dem Zeugen 50 Reichstaler versprochen, dass er gegen ihn, wie von der kurfürstlich brandenburgischen Münzkommission wäre inquiriert worden, nichts aussagen möchte, hätte ihm aber nur einige Scheffel Korn gegeben.

9. Die beiden Klapperothe zu Clausthal, die vor diesem auf der Münze in Nordhausen gearbeitet, hätten von den Niebeckern deswegen Geld empfangen und einen Eid abschwören müssen, von ihrer Münze nichts auszusagen.[4]

5. *Verschreibung* von Münzarbeitern der Klettenberger Münze auf die Heckenmünze des Herzogs Johann Georg II. von Sachsen-Eisenach

Gottfried Seifarth, ein Nordhäuser Bürger, wäre in Klettenberg Münzohm gewesen. Hans Steinhoff, ein Tagelöhner aus Sachsa und Münzarbeiter in Klettenberg, sagte in Halberstadt im Verhör vor der kurbrandenburgischen Kommission aus, Seifarth habe ihn und Pilgram auf die Eisenacher Münze *verschrieben*. Dort habe er ein halbes Jahr gearbeitet, *hätte das Geld geglüet und Holz zugetragen, weiln er einen Schaden an der linken Hand, daß er nichts andres thun können*, er hätte die Woche 2 gute Gülden bekommen.

Christoph Urpach, Bürger und Schwarzfärber aus Sachsa, zeigt im Verhör in Halberstadt am 14. August 1691 an: Er sei verwichenen Martini auf die Münze nach Eisenach kommen und wäre daselbst Eisenschläger geworden, wäre fünf Wochen dageblieben, hernach sieben Wochen und dann noch einmal eine kleine Weile.[5]

---

4 Ebd., 12-2, Bl. 475 f.

5 LASA Magdeburg, A 13, Nr. 1414, Bl. 85 f.

2. Abkürzungsverzeichnis

ADB	Allgemeine Deutsche Biographie
a. o.	außerordentlich
AT-OeStA	Österreichisches Staatsarchiv
Bd.	Band
Best.	Bestand
Ders.	Derselbe
Ebd.	ebenda
etl.	etliche
f.	folgende Seite
fl, fl.	Gulden
ggr.	Gute[r]groschen
Gr	Groschen
GStA	Geheimes Staatsarchiv
H.	Heft
Hg./hg.	Herausgeber/herausgegeben
HHStA	Haus-, Hof- und Staatsarchiv
Jg.	Jahrgang
KB	Kirchenbuch
LASA	Landesarchiv Sachsen-Anhalt
LATh	Landesarchiv Thüringen
NDB	Neue Deutsche Biographie
NDH	Nordhausen
NF	Neue Folge
NLA	Niedersächsisches Landesarchiv
o. O.	ohne Ort
PK	Preußischer Kulturbesitz
r	recto, Rückseite
R	Reichsstadt
reg.	regierte
RHR	Reichshofrat
Rthl./rthl.	Reichstaler
StA	Staatsarchiv
StadtA	Stadtarchiv
th./thl.	Taler
v. d.	von der
WO	Wolfenbüttel

3. Abbildungsnachweise

Abbildung 1: Comitatus Hohnstein nec non Dynastiarum Lohra et Clettenberg, Johann Baptist Homan Erben, Nürnberg 1761, Ausschnitt, Vorlage und Reproduktion: Peter Kuhlbrodt.

Abbildung 2: Münzedikt des Herzogs Ernst August von Braunschweig-Lüneburg (Hannover) von 1689, Vorlage: AT-OeStA/HHStA RHR Miscellanea Münzwesen 13-1, Reproduktion: Peter Kuhlbrodt.

Abbildung 3: ⅔-Taler des Grafen Gustav von Sayn-Wittgenstein-Hohenstein, Vorlage und Reproduktion: Dr. Konrad Schneider.

Abbildung 4: Drei Nordhäuser ⅔-Taler mit Darstellung einer sich neigenden Säule, Vorlage: Ernst LEJEUNE, Die neueren Münzen und Medaillen der Reichsstadt Nordhausen, in: Blätter für Münzfreunde, 45. Jg., Dresden 1910, Sp. 4474–4476 und Tafel 187, Nr. 93, 94 und 95b. Digitalisat der Sächsischen Landes- und Universitätsbibliothek Dresden (SLUB), Permalink: http://digital.slub-dresden.de/id383013976-19091200, Reproduktion: Peter Kuhlbrodt.

Abbildung 5: Die Münze in Walkenried nach alter Überlieferung (Foto von 1915, aus Nachlass Karl Helbing), Vorlage und Reproduktion: Fritz Reinboth.

Abbildung 6: Sondershäuser Gulden, Vorlage: Ernst Helmuth BETHE, Schwarzburger Münzen und Medaillen. Sammlung des Schlossmuseums in Rudolstadt, Halle (Saale) 1930, Digitalisat des Thüringer Landesamtes für Denkmalpflege und Archäologie https://www.db-thueringen.de/receive/dbt_mods_00034039, Tafel 33, Reproduktion: Peter Kuhlbrodt.

Abbildung 7: Kaiserliches Patent für Theobald von Kurtzrock, Vorlage: LATh-StA Rudolstadt, Kanzlei Arnstadt, Nr. 1186, Reproduktion: Peter Kuhlbrodt.

4. Quellen- und Literaturverzeichnis

4.1. Quellenverzeichnis

Ungedruckte Quellen

AT-OeStA/HHStA RHR = Österreichisches Staatsarchiv: Haus-, Hof- und Staatsarchiv Wien,
Reichshofrat:
Miscellanea Münzwesen 5-2; 5-3; 5-7; 6-1; 6-4; 7-2; 7-3; 8-1; 8-6; 8-8; 8-9; 10-18; 10-32; 11-2; 11-5; 12-2; 12-6; 12-10; 12-12; 13-1; 14-4; 14-7; 16-1; 16-3; 17-2; 17-4; 17-14; 18-3; 18-7; 19-2; 19-3; 19-12; 19-13; 20-3; 20-5; 20-10; 20-11; 20-22; 20-23; 20-28; 20-29; 24-1; 24-2; 24-4; 24-5; 24-10; 30-6; 33-2; 52-4.

DWUD = Digitale Westfälische Urkunden-Datenbank
http://www.dwud.lwl.org
Fürstliches Archiv Sayn-Wittgenstein-Hohenstein Bad Laasphe
Urkunden-Regesten Nr. 195 und 197 (1689-06-16)
Seiten-URL: http://www.westfaelische-geschichte.de/que13308 und http://www.westfaelische-geschichte.de/que13309

GStA PK = Geheimes Staatsarchiv Preußischer Kulturbesitz Berlin-Dahlem:
I. HA Rep. 33 Halberstadt Nr. 147-2d Paket 2; I. HA Rep. 33 Nr. 109a Paket 10929.

LASA = Landesarchiv Sachsen-Anhalt, Abteilung Magdeburg:
A 13 Nr. 768; 769; 774; 775; 776; 777; 778; 779, 809; 1357; 1370; 1374; 1390; 1398; 1402; 1408; 1412; 1414; 1416; 1416c; 1427; 1449; 1451; 1461c.
A 17 Ik X Nr. 1, A 17 Io Nr. 60
U 12 b1, Nr. 70.

LATh-StA Gotha = Landesarchiv Thüringen, Staatsarchiv Gotha:
Geheimes Archiv (G.A.) BB 64; BB 69; QQ (Y); Kammer Gotha Immediate Nr. 523, 524, 530, 537, 1649a, 1663.
Kammer Insgemein Nr. 1534.

NLA WO = Niedersächsisches Landesarchiv, Abteilung Wolfenbüttel:

1 Alt 31 Hohnstein Nr. 28; Nr. 73; 2 Alt 9703, 5 Blf 12 Münzstätte Walkenried; 112 Alt Nr. 262: Die Münze im Stiftsamt Walkenried 1688–1703; 115 Alt Nr. 12 (alte Archivsignatur 11 Alt Walk 9a 1508–1705).

LATh-StA Rudolstadt = Landesarchiv Thüringen, Staatsarchiv Rudolstadt:
Kanzlei Sondershausen 5-14-1120: Nr. 1320; 1325; 1338; 1339; 1342; 1343; 1344; 1942; 3147
Kanzlei Arnstadt 5-14-1210: Nr. 1170; 1176; 1179, 1184; 1186; 1187, 1188; 1189; 1191; 1192.

StadtA NDH = Stadtarchiv Nordhausen:
Best. 1.1.: I D. 73d.
Best. 1.2.: II X 13; IV H1.
Best. 1.3.: R Ac 6; R Ad 3; R Ad 6; R Ag 9; R Ag 10; R Af 11; R Bb 2.1.; R Bc 4; R C 15-2; R Dc 2; R Ea 3; R Ef 28; R Fa 16-1; R Gb 7; R Hb 5; R Hb 6; R Ja 27-1; R Ja 28; R Ja 34; R Ja 37; R Jb 4.

Kreiskirchenarchiv Niedergebra: Kirchenbücher Nordhausen St. Blasii; Branderode; Haferungen.

Gedruckte Quellen

ACTA BORUSSICA. Die Behördenorganisation und die allgemeine Staatsverwaltung Preußens im 18. Jahrhundert.
1. Bd., Nachdruck, Frankfurt am Main 1986/87.

Extract AVß allen Reichs- vnnd Deputations Abschieden […] Mainz 1597. Online-Ausgabe der Universitäts- und Landesbibliothek Sachsen-Anhalt Halle 2010. URN: urn:nbn:de:gbv:3:1-135912

FROMANN, Conrad: Collectanea Northusana oder Vermischte Nachrichten zur Nordhäuser Geschichte, Bd. II. Nach dem Manuskript im Stadtarchiv Nordhausen bearbeitet von Peter Kuhlbrodt (Schriftenreihe der Friedrich-Christian-Lesser-Stiftung, Bd. 8, Nordhausen 1999

KUHLBRODT, Peter (Bearb.): Die Reichsstadt Nordhausen im Dreißigjährigen Krieg (1618–1648), T. 1 (1618–1639) (Schriftenreihe der Friedrich-Christian-Lesser-Stiftung, Bd. 23), Nordhausen 2021.

Verzeichnis der Online-Quellen

Constitutio criminalis Carolina, Frankfurt am Main 1577.

https://commons.wikimedia.org/wiki/Category:De_Constitutio_criminals_Carolina_(1577)?uselang=de (letzter Zugriff: 23.04.2023)

Der Drey im Müntz-Wesen correspondirender löblicher Reichs-Creisse Francken / Bayern und Schwaben jüngsthin recessirte Müntz-Ordnung [...], Nürnberg 1693.

https://www.digitale-sammlungen.de/de/details/bsb11200401 (letzter Zugriff: 23.04.2023)

Extract Auß allen Reichs vnnd Deputations Abschieden vom Jahr 1356. vnd also von zeiten der gülden Bulla hero [...], Meyntz 1597.

https://www.digitale-sammlungen.de/de/details/bsb11407975 (letzter Zugriff: 23.04.2023)

Fernere Gründliche und wahrhaffte Information und Ausführung / das Bottenwesen der gesamten Reichs-Ständen [...], Regensburg 1686.

http://diglib.hab.de/drucke/ob-183/start.htm (letzter Zugriff: 23.04.2023)

HIRSCH, Johann Christoph, Des Teutschen Reichs Münz-Archiv, Fünfter Theil, Nürnberg 1759.

https://www.digitale-sammlungen.de/de/details/bsb11197788 (letzter Zugriff: 23.04.2023)

Leonhard Wilibald HOFFMANNS Alten und Neuen Müntz-Schlüssels Anderer Theil [...], Nürnberg 1715.

https://www.digitale-sammlungen.de/de/details/bsb10685279 (letzter Zugriff: 23.04.2023)

Leonhard Wilibald HOFFMANNS Alten und Neuen Müntz-Schlüssels Dritter Theil [...], Nürnberg 1715.

https://www.digitale-sammlungen.de/de/details/bsb106852280 (letzter Zugriff: 23.04.2023)

GMOSER, Susanne: Liste der Reichshofratsagenten (November 2016):

www.reichshofratsakten.de/wp-content/uploads/2016/11/RHR-AgentenPdf_Nov2016.pdf (letzter Zugriff: 23.04.2023)

DIES.: Chronologische Liste der Reichshofräte nach Oswald von Gschließer, Wien (Juni 2014):

https://reichshofratsakten.de/wp-content/uploads/2016/11/Reichshofräte Pdf_Überschriften.pdf (letzter Zugriff: 17.04.2023)

KRÜNITZ, Johann Georg, Oekonomische Encyklopädie oder allgemeines System der Staats- Stadt- Haus- u. Landwirthschaft (Oeconomische Encyclopädie online).

URL: https://www.kruenitz1.uni-trier.de (letzter Zugriff: 23.04.2023)

Reichshofratsordnung vom 16. März 1654 (Volltext, PDF).

https://www.lwl.org/westfaelischegeschichte/portal/Internet/finde/lang Datensatz.php?urlID=2641&url_tabelle=tab_quelle (letzter Zugriff: 23.04.2023)

WEISE, Adolph Christoph: Vollständiges Gulden-Cabinet […], Zweiter Theil, Nürnberg 1782.

URL: https://www.digitale-sammlungen.de/de/details/bsb10742319 (letzter Zugriff: 23.04.2023)

ZEDLER, Johann Heinrich: Grosses vollständiges Universal-Lexicon Aller Wissenschafften und Künste […], Bd. 22, Leipzig und Halle 1739, Sp. 245–660 (Müntz-Beamte bis Müntz-Zettel).

URL: https://www.zedler-lexikon.de/index.html?c=blaettern&seitenzahl=2&bandnummer=22&view=100&l=de (letzter Zugriff: 23.04.2023)

Online-Versionen der zitierten Biografien

Biographisches Lexikon der Münzmeister und Wardeine, Stempelschneider und Medailleure (MMLO): https://www.mmlo.de (letzter Zugriff: 23.04.2023)

Arensburg, Johann Leonhard, https://mmlo.de/12222

Bähr, Johann Christoph, https://mmlo.de/12588

Dittmar, Andreas, https://mmlo.de/13341

Friese, Daniel, https://mmlo.de/12497

Hille, Heinrich Christoph, https://mmlo.de/12710

Löhr, Peter, https://mmlo.de/12495

Thun, Johann, https://mmlo.de/13563

Wefer, Julius Zacharias, https://mmlo.de/13547

Allgemeine Deutsche Biographie (letzter Zugriff: 23.04.2023)

ANEMÜLLER, Ernst, „Christian Wilhelm I.“, in: ADB 4 (1876), S. 21 f. https://www.deutsche-biographie.de/pnd121056910.html#adbcontent

FRANCK, Jacob, „Leuckfeld, Johann Georg“, in: ADB 18 (1883), S. 481 f. [Online-Version]:
https://www.deutsche-biographie.de/pnd104268115.html#adbcontent

MEINARDUS, Otto, „Sayn-Wittgenstein-Hohenstein, Johann VIII. Graf zu“, in: ADB 43 (1898), S. 619–623 unter Wittgenstein [Online-Version]; https://www.deutsche-biographie.de/pnd129047015.html#adbcontent

Deutsche Biographie (letzter Zugriff: 23.04.2023)

Bernhard I., Indexeintrag: Deutsche Biographie
https://www.deutsche-biographie.de/pnd119549999.html

Johann Georg II., Sachsen-Eisenach, Herzog, Indexeintrag: Deutsche Biographie
https://www.deutsche-biographie.de/pnd104177713.html

Ludwig Günther II., Schwarzburg-Sondershausen, Graf, Indexeintrag: Deutsche Biographie
https://www.deutsche-biographie.de/pnd102816956.html

Neue Deutsche Biographie (letzter Zugriff: 23.04.2023)

DEETERS, Walter: „Knyphausen, Dodo Freiherr von“, in: NDB 12 (1980), S. 234 f.
https://www.deutsche-biographie.de/pnd11903500.html#ndbcontent

HUSCHKE, Wolfgang, „Christian“, in: NDB 3 (1957), S. 232.
https://www.deutsche.biographie.de/pnd119052520.html#ndbcontent

KLINGER, Andreas, „Schwarzburg, Grafen von“, in: NDB 24 (2010), S. 12–14.
https://www.deutsche-biographie.de/pnd118762990.html#ndbcontent

SPIES, Hans Bernd, „Sayn-Wittgenstein“, in: NDB 22 (2005), S. 482–483.
https://www.deutsche-biographie.de/pnd118854623.html#ndbcontent

Sächsische Biographie (letzter Zugriff: 23.04.2023)

HEINKER, Christian: Christoph Dietrich von Bose,
http://saebi.isgv.de/biografie/Christoph_Dietrich_von_Bose_d.J.(1664-1741)

VÖTSCH, Jochen, Johann Georg,
https://saebi.isgv.de/biographie/Johann_Georg_Herzog_von_Sachsen-Weißenfels_(1677-1712)

Hessische Biographie (letzter Zugriff: 23.04.2023)

„Sayn-Wittgenstein, Johann zu“, in: Hessische Biographie,
https://www.lagis-hessen.de/pnd/129047015

Sonstige

Graf Nils Bielke af Akerö
http://de-academic.com/dic.nsf/dewiki/537906
(letzter Zugriff: 23.04.2023)

Karl Ludwig Graf von Sayn-Wittgenstein-Neumagen
https://www.geni.com/people/Karl-Ludwig-Sayn-Wittgenstein-Neumagen-count-of-Sayn-Wittgenstein-Neumagen/6000000083265508862
(letzter Zugriff: 23.04.2023)

4.2. Literaturverzeichnis

ALPHEI, Cord: Walkenried, in: Die Männer-und Frauenklöster der Zisterzienser in Niedersachsen, Schleswig-Holstein und Hamburg. Bearb. von Ulrich Faust (Germania Benedictina, Bd. XII: Norddeutschland), St. Ottilien 1994, S. 678–742.

ARNOLD, Paul: Die Währungsunionen von Zinna (1667–1690) und Leipzig (1690–1750/1763) unter besonderer Berücksichtigung des kursächsischen Münzwesens, in: Cunz, Reiner (Hg.): Währungsunionen. Beiträge zur Geschichte überregionaler Münz- und Geldpolitik (Numismatische Studien, H. 15), Hamburg 2002, S. 221–248.

BAHRFELDT, Emil: Ellrich und Clettenberg, zwei Harzer Heckenmünzen des Grafen Gustav von Sayn-Wittgenstein, in: Berliner Münzblätter, NF, 46 (1926), S. 359–362, 393–395, 411–414, 428–430, 527–533.

BATTENBERG, J. Friedrich: Die Juden in Deutschland vom 16. bis zum Ende des 18. Jahrhunderts (Enzyklopädie Deutsche Geschichte Bd. 60), München 2001.

BEITRÄGE zur Geschichte des Dorfes Clettenberg in der Grafschaft Honstein, Regierungsbezirk Erfurt, Kreises Nordhausen, gesammelt, bearbeitet und geschrieben 1837 von August Friedrich Gottfried Wernicke d. Z. Pfarrer des genannten Ortes (bearbeitet 2020 von Karl Schmidt, Klettenberg), Nordhausen 2020.

BEHRINGER, Wolfgang: Im Zeichen des Merkur. Reichspost und Kommunikationsrevolution in der Frühen Neuzeit (Veröffentlichungen des Max-Planck-Instituts für Geschichte, Bd. 189), Göttingen 2003.

BERGHAUS, Peter: Numismatiker im Porträt, 10: Johann Georg Leuckfeld. 4. Juli 1668 Heringen–24. April 1726 Gröningen, in: Geldgeschichtliche Nachrichten. Hg. von der Gesellschaft für Internationale Geldgeschichte, Frankfurt am Main, 27 (1992), S. 82–90.

BETHE, Ernst Helmuth v.: Schwarzburger Münzen und Medaillen. Sammlung des Schlossmuseums in Rudolstadt, Halle (Saale) 1930.

BOHNE, Erich Christoph: Nordhäusische Chronica. Zeit- und Geschichtsbuch, Frankfurt und Leipzig 1701, hg. v. Hermann Heineck, Nordhausen 1901.

BORNEMANN, Viktor: Geschichte der Münzstätte Eisenach, Halle (Saale) 1932.

BUCHHOLZ, Wolfgang: Die letzten Münzen der Prägestätte Barby, in: Ders./Rumler, Manfred: Zur Geschichte der Münzstätte Barby-Mühlingen, Magdeburg 1979, S. 53–60.

BUCK, Heinrich/BÜTTNER, Adalbert/KLUGE, Bernd: Die Münzen der Reichsstadt Goslar 1290 bis 1764. Münzgeschichte und Geprägekatalog (Berliner Numismatische Forschungen, NF, Bd. 4), Berlin 1995.

CASPAR, Helmut: Augusts Geldmaschine: womit „Hercules saxonicus" seine Juwelen bezahlte, in: Deutsche Briefmarken-Zeitung, Sammler-Express: DBZ; SE; 95 (2010), 1, S. 10.

CHRISTMANN, Thomas H.: Die Reichsmünzordnungen und deren Umsetzung durch die Reichskreise, in: Cunz, Reiner (Hg.), Währungsunionen. Beiträge zur Geschichte überregionaler Münz- und Geldpolitik (Numismatische Studien, H. 15), Hamburg 2002, S. 197–219.

CUNZ, Reiner: Vom Taler zur Mark. Einführung in die Münz- und Geldgeschichte Nordwestdeutschlands von 1500 bis 1900, Hannover [5]1998.

EHRENPREIS, Stefan: Navigatoren des Imperiums. Die Rolle der Reichshofratsagenten in der politischen Kommunikation des Alten Reichs, in: WENDEHORST (Hg.): Anatomie, S. 245–264.

ELKAR, Rainer S.: Die Juden und das Silber. Eine Studie zum Spannungsverhältnis zwischen Reichsrecht und Wirtschaftspraxis im 17. und 18. Jahrhundert, in: Ehrenpreis, Stefan/Gotzmann, Andreas/Wendehorst, Stephan (Hg.): Kaiser und Reich in der jüdischen Lokalgeschichte (bibliothek altes reich, Bd. 7), München 2013, S. 21–65.

FENGLER, Heinz/GIEROW, Gerhard/UNGER, Willy: transpress Lexikon Numismatik, Berlin 1976.

FISCHER, Ernst: Die Münzen des Hauses Schwarzburg, Heidelberg 1904.

FREDE, Lothar: Geld- und Münzwesen im Herzogtum Sachsen-Jena (Zeitschrift des Vereins für Thüringische Geschichte und Altertumskunde, Beiheft 25), Jena 1942.

DERS.: Das Strafverfahren gegen den Gothaer Medailleur Christian Wermuth 1694, in: Zeitschrift des Vereins für Thüringische Geschichte und Altertumskunde, NF, 37 (1943), S. 109–148.

FREYTAG, Gustav: Bilder aus der deutschen Vergangenheit. Fünfte vermehrte Auflage. Bd. 3: Aus dem Jahrhundert des großen Krieges (1600–1700), Leipzig 1867.

FRIEDENSBURG, Ferdinand: Münzkunde und Geldgeschichte der Einzelstaaten des Mittelalters und der neueren Zeit, München/Wien 1972.

GEHRHARD, Hans-Jürgen: Vom Leipziger Fuß zur Reichsgoldwährung, in: Cunz, Reiner (Hg.): Währungsunionen. Beiträge zur Geschichte überregionaler Münz- und Geldpolitik, Hamburg 2002, S. 249–290.

GITTEL, Udo: Die Aktivitäten des Niedersächsischen Reichskreises in den Sektoren „Friedenssicherung" und „Policey" (1555–1582) (Veröffentlichungen der Historischen Kommission für Niedersachsen und Bremen, Bd. 14), Hannover 1996.

GRÄßLER, Roland/WALDE, Gunter: Die Münz- und Medaillenprägungen des Herzogs Christian von Sachsen-Eisenberg mit einer Betrachtung zur Münzstätte Eisenberg seit ihren Anfängen und ausführlichem Katalogteil der Kipperzeit, o. O. [Wandersleben] 2006.

GROßMANN, Karl: Die Münzprägung des Grafen Gustav von Sayn-Wittgenstein-Hohenstein in der Münze zu Berleburg im Jahre 1675, in: Zeitschrift für Numismatik. Hg. von J. Menadier und K. Regling, Bd. 33, Berlin 1922, S. 250–259.

GSCHLIEßER, Oswald v.: Der Reichshofrat. Bedeutung und Verfassung, Schicksal und Besetzung einer obersten Reichsbehörde von 1559 bis 1806, Wien 1942. Reprint Nendeln/Liechtenstein 1970.

GUTBROD, Werner: Die Andreasmünzen aus dem Harz, in: Geldgeschichtliche Nachrichten, 25. Jg., Heft 138, (Frankfurt am Main) 1990, S. 192–195.

HÄRTER, Karl: Zur Stellung der Juden im frühneuzeitlichen Strafrecht. Gesetzgebung, Rechtswissenschaft und Justizpraxis, in: Juden im Recht. Neue Zugänge zur Rechtsgeschichte der Juden im Alten Reich. Hg. v. Andreas Gotzmann und Stephan Wendehorst (Zeitschrift für Historische Forschung, Beiheft 39), Berlin 2007, S. 347–377.

HAHN, Hans-Werner: Vom reichsstädtischen Schutzjuden zum preußischen Staatsbürger. Wege der deutschen Judenemanzipation am Beispiel Mühlhausen, in: Hessen und Thüringen. Festschrift für Jochen Lengemann zum 75. Geburtstag, Jena 2013, S. 207–224.

HALAMA, Walter: Autonomie oder staatliche Kontrolle – Ansiedlung, Heirat und Hausbesitz von Juden im Fürstentum Halberstadt und in der Grafschaft Hohenstein (1650–1800), Bochum 2005 <zugl. Diss., Ruhr-Universität Bochum, 2004>.

HEINECK, Hermann: Geschichte der Post in Nordhausen. Der Roland von Nordhausen. Heimatgeschichtliche Forschungen, hg. von der Verwaltung des Nordhäuser Museums, Nr. 2, Nordhausen 1926.

DERS.: Beiträge zur Geschichte des Postwesens im Südharz, in: Pflüger. Thüringer Heimatblätter, 4 (1927), H. 5, S. 21–25.

HEUTGER, Nicolaus: 850 Jahre Kloster Walkenried, Hildesheim 1977.

DERS.: Kloster Walkenried. Geschichte und Gegenwart (Studien zur Geschichte, Kunst und Kultur der Zisterzienser, Bd. 27), Berlin 2007.

HINTZE, Otto: Die Hohenzollern und ihr Werk. Fünfhundert Jahre vaterländischer Geschichte, Berlin ^{8}1916.

HOLLMANN, Jenny-E.: Münzgeschichte des Herzogtums Sachsen-Hildburghausen 1680–1826, Hildburghausen 1994.

ILISCH, Peter: Westfälische Münzgeschichte der Neuzeit vom 16. bis zum 18. Jahrhundert (Bildhefte des Westfälischen Landesmuseums für Kunst und Kulturgeschichte Münster, Nr. 19), Münster 1982.

DERS.: Zur Münzprägung des Grafen Gustav von Sayn-Wittgenstein-Hohenstein, in: Berichte aus allen Gebieten der Münzen- und Medaillenkunde, Bd. 28, H. 1, Freiburg/Br. 1986, S. 143–151.

DERS.: Das Kunstwerk des Monats, Dezember 1986. Westfälisches Landesmuseum für Kunst und Kulturgeschichte Münster.

JÄGER, Antonia: Pocken, Pest und Pillen. Gesundheit, Krankheit und Heilende in Nordhausen 1223 bis 1802 (Schriftenreihe der Friedrich-Christian-Lesser-Stiftung, Bd. 42), Petersberg 2022.

JESSE, Wilhelm: Münz- und Geldgeschichte Niedersachsens (Braunschweiger Werkstücke, Bd. 15), Braunschweig 1952.

Juden in Preußen. Ein Kapitel deutscher Geschichte. Hg. vom Bildarchiv Preußischer Kulturbesitz, Dortmund 1981.

KADE, Carl: Die Münzen Herzog Heinrichs von Sachsen-Römhild. Ein Beitrag zur Geschichte der zweiten Kipperzeit, in: 4. Jahrbuch der Coburger Landesstiftung, Coburg 1959, S. 161–196.

KAESTNER, Alexander: Walkenried als sachsen-gothaische Münzstätte, in: Hamburger Beiträge zur Numismatik, 3 (1949), S. 80–90.

KAHL, Hans-Dietrich: Münz- und Geldgeschichte in der Neuzeit, in: Geschichte Thüringens. Hg. von Hans Patze und Walter Schlesinger, 6. Bd. Kunstgeschichte und Numismatik in der Neuzeit, Köln/Wien 1979, S. 161–196.

KRIEG, Martin: Die Juden in der Stadt Minden bis zum Stadtreglement von 1723, in: Westfälische Zeitschrift, 93 (1937), S. 113–196.

KRÜGER, Joachim: Zwischen dem Reich und Schweden. Die landesherrliche Münzprägung im Herzogtum Pommern und in Schwedisch-Pommern in der Frühen Neuzeit (ca. 1580–1715) (Nordische Geschichte, Bd. 3), Berlin 2006.

KUHLBRODT, Peter: Das Alte Ellrich. Geschichte einer Südharzstadt, Nordhausen ^{2}2002.

DERS.: Kaiserhuldigungen der Reichsstadt Nordhausen – ein Beitrag zur 800. Wiederkehr der Erhebung Nordhausens zur Reichsstadt, in: Beiträge zur Geschichte aus Stadt und Landkreis Nordhausen, 45 (2020), S. 111–147.

LAU, Thomas: Die Reichsstädte und der Reichshofrat, in: Sellert (Hg.): Reichshofrat, S. 129–153.

DERS.: Diplomatie und Recht – die Rolle des kaiserlichen Residenten bei innerstädtischen Konflikten in den Reichsstädten der Frühen Neuzeit, in: Amend, Anja/Baumann, Anette/Wendehorst, Stephan/Wunderlich, Steffen (Hg.): Die Reichsstadt Frankfurt als Rechts- und Gerichtslandschaft im Römisch-Deutschen Reich (bibliothek altes Reich, Bd. 3), München 2008, S. 97–106.

DERS.: Reich der Diplomaten – Diplomaten des Reichs: das Netz der habsburgischen Gesandten und Residenten im Heiligen Römischen Reich, in: Wendehorst (Hg.): Anatomie, S. 265–280.

LAUERWALD, Paul: Das Ende der Münzprägung der Freien Reichsstadt Nordhausen, in: Beiträge zur Geschichte und Heimatkunde aus Stadt und Kreis Nordhausen, 1 (1977), S. 23–27.

DERS.: Die Brüder Dittmar – Zur Biografie zweier in Nordthüringen tätiger Münzmeister, in: Mühlhäuser Beiträge, H. 9, Mühlhausen 1986, S. 43–48.

DERS.: Die Nordhäuser Münzprägung 1685, in: Internationales Münzmagazin, 25. Jg., September 1993, S. 18–20.

DERS.: Die unterwertige Münzausprägung 1685 in Nordhausen. Hintergründe und Akteure, in: Münz- und geldgeschichtliche Probleme des 17. Jahrhunderts im Harzraum. Die große und die kleine Kipperzeit (Schriftenreihe der Friedrich-Christian-Lesser-Stiftung, Bd. 12), Nordhausen 2004, S. 115–134.

DERS.: Nordhäuser Münzen. Münzgeschichte und Katalog (Schriftenreihe der Friedrich-Christian-Lesser-Stiftung, Bd. 35), Nordhausen 2017.

LEITZMANN, Johann Jakob: Wegweiser auf dem Gebiete der deutschen Münzkunde (und Oesterreich, Schweiz, Luxemburg und Elsass) oder geschichtliche Nachrichten über das Münzwesen Deutschlands, Weißensee 1869.

LEJEUNE, Ernst: Die neueren Münzen und Medaillen der Reichsstadt Nordhausen, in: Blätter für Münzfreunde. Monatsschrift für Münz- und Medaillenkunde, hg. von Dr. H. Buchenau, Teil 4: XLV. (1910), Nr. 6, Sp. 4474–4479.

LESSER, Andreas: Friedrich Christian Lesser (1692–1754) und seine Vorfahren, insbesondere die Pfarrerfamilien Maior, Rothmaler und Sagittarius und die Familien Neefe und Stromer (Schriftenreihe der Friedrich-Christian-Lesser-Stiftung, Bd. 2), München 1992.

LESSER/FÖRSTEMANN 1860 = Friedr. Chrn. Lesser's Historische Nachrichten von der ehemals kaiserlichen und des heil. röm. Reichs freien Stadt Nordhausen […] umgearbeitet und fortgesetzt von Professor Dr. Ernst Günther Förstemann, Nordhausen 1660, Reprint Horb am Neckar 1999.

LEXIKON, Biographisches, der Münzmeister und Wardeine, Stempelschneider und Medailleure von der Renaissance bis zur Gegenwart (MMLO), hg. von Gerhard Schön. Nur Online verfügbar. Bereitgestellt von der Ludwig-Maximilians-Universität München: https://mintmaster.gwi-uni-muenchen.de (letzter Zugriff: 16. März 2022).

LÜCKEL, Ulf/KROH, Andreas: Das Fürstliche Haus zu Sayn-Wittgenstein-Hohenstein (Deutsche Fürstenhäuser, H. 11), Werl 2004.

MÖLLER, Gerhard: „… am 11. Decembr. 1699. unvermuthlich […] in die Gräffl. Cantzley […] gekommen". Zur Geschichte der Grafschaft Hohenstein zwischen 1647 und 1702, in: Beiträge zur Geschichte aus Stadt und Kreis Nordhausen, 33 (2008), S. 160–186.

MÜLLER-JAHNCKE, Wolf-Dieter/VOLZ, Franz Eugen: Die Münzen und Medaillen der gräflichen Häuser Sayn, Frankfurt/Main 1975.

NEUGEBAUER, Wolfgang: Konfessionelle Klientelpolitik im 17. Jahrhundert. Das Beispiel der Reichsgrafen von Sayn-Wittgenstein, in: Zeitenblicke. Onlinejournal für die Geschichtswissenschaften 4 (2005), Nr. 3 [13.12.2005]. Online-Version: https://zeitenblicke.de/2005/3/Neugebauer/index_html (letzter Zugriff: 17.05.2023).

NICKLAS, Thomas: Macht oder Recht. Frühneuzeitliche Politik im Obersächsischen Reichskreis, Stuttgart 2002.

NIEMANN, Hans-Werner, unter Mitarbeit von Dagmar Niemann-Witter: Die Geschichte des Bergbaus in St. Andreasberg, Clausthal-Zellerfeld 1991.

ORTLIEB, Eva: Reichshofrat und kaiserliche Kommission in der Regierungszeit Kaiser Ferdinands III. (1637–1657), in: Sellert (Hg.): Reichshofrat, S. 47–81.

DIES.: Im Auftrag des Kaisers. Die kaiserlichen Kommissionen des Reichshofrates und die Regelung von Konflikten im Alten Reich (1637–1657), Köln/Weimar/Wien 2001.

PRESS, Volker: Kriege und Krisen. Deutschland 1600–1715 (Neue Deutsche Geschichte, Bd. 5), München 1991.

REDLICH, Fritz: Die deutsche Inflation des frühen Siebzehnten Jahrhunderts in der zeitgenössischen Literatur: Die Kipper und Wipper (Forschungen zur internationalen Sozial- und Wirtschaftsgeschichte, Bd. 6), Köln/Wien 1972.

REICHHARDT, Rudolf: Beitrag zur Geschichte des Hohnsteinschen Münzwesens, in: Zeitschrift des Harzvereins für Geschichte und Altertumskunde, 32 (1899), S. 614–618.

DERS.: Die Grafschaft Hohenstein im 16. und 17. Jahrhundert. Festschrift zur 200jährigen Jubelfeier […], Nordhausen 1899, Faksimile-Druck Nordhausen 1999.

REINBOTH, Friedrich [Fritz]/REINBOTH, Walther sen.: Walkenrieder Zeittafel. Abriß der Orts- und Klostergeschichte (Schriftenreihe des Vereins für Heimatgeschichte Walkenried und Umgebung e.V., H. 16), Selbstverlag des Vereins [3]1994.

REINBOTH Fritz/REINBOTH, Walther sen. (†): Walkenrieder Zeittafel/Abriss der Orts- und Klostergeschichte. Aus urkundlichen und literarischen Quellen zusammengestellt (Schriftenreihe des Vereins für Heimatgeschichte Walkenried/Bad Sachsa und Umgebung e.V., H. 16), [4]1999 (Auszüge).

REINBOTH, Fritz (Bearb.): Der rote Faden. Ein Gang durch das alte Walkenried. Schriftenreihe des Vereins für Heimatgeschichte Walkenried/Bad Sachsa und Umgebung e.V., H. 32, Clausthal-Zellerfeld 2010.

DERS.: Aus der Zeit des Drosten von Münchhausen in Walkenried, in: Unser Harz. Zeitschrift für Geschichte, Kultur und Natur aus dem gesamten Harz, 2 (2022), S. 52–54.

REINHARDT-HORMUTH, Ludwig: Chronik der Stadt und des Post-Amts Nordhausen, Nordhausen 1876.

RITTMANN, Herbert: Deutsche Geldgeschichte 1484–1914, München 1975.

RÖBLITZ, Günther: Abriß der Münzgeschichte Arnstadts, Beiträge zur Heimatgeschichte – Stadt und Kreis Arnstadt, H. 6, Arnstadt 1968.

DERS.: Münzvereinbarungen Thüringer Städte im 14. Jahrhundert und ihre Gepräge, in: Numismatische Beiträge 1975/II, Berlin 1975, S. 26–38.

SAYN-WITTGENSTEIN, Franz Prinz v.: Die Wittgenstein. Geschichten aus einer alten Familie, München 1979.

SCHLOMS, Antje: Reichsstadt unter kaiserlicher Kommission – Reichsständische Schuldentilgung in der Frühen Neuzeit, in: Reichsstadt und Geld. 5. Tagung des Mühlhäuser Arbeitskreises für Reichsstadtgeschichte Mühlhausen 27. Februar bis 1. März 2017 (Studien zur Reichsstadtgeschichte Bd. 5. Hg. vom Mühlhäuser Arbeitskreis für Reichsstadtgeschichte und der Friedrich-Christian-Lesser-Stiftung, Nordhausen), Petersberg 2018, S. 327–344.

SCHMALING, Gottlieb Christoph (Hg.): Sammlung vermischter Nachrichten zur Hohnsteinischen Geschichte, Erdbeschreibung und Statistik […], als Hohnsteinisches Magazin in den Jahren 1788 bis 1791, Halberstadt o. J.

SCHNEIDER, Konrad: Reichshofrat Anton Sohler, ein kaiserlicher Münzkommissar aus Siegen, in: Siegerland. Blätter des Siegerländer Heimat- und Geschichtsvereins e. V., 53 (1976), S. 8–10.

DERS.: Das Münzwesen in den Territorien des Westerwaldes, des Taunus und des Lahngebietes und die Münzpolitik des Oberrheinischen Reichskreises im 17. Jahrhundert, Urbar b. Koblenz 1977.

DERS.: Die Münztätigkeit des Hochstiftes Lübeck unter Bischof August Friedrich von Holstein-Gottorf (1666–1705), in: Zeitschrift des Vereins für Lübeckische Geschichte und Altertumskunde, 66 (1986), S. 119–142.

DERS.: Graf Gustav von Sayn-Wittgenstein-Wittgenstein – der „Vater der Heckenmünzen“, in: NNB Numismatisches Nachrichtenblatt, hg. von der Deutschen Numismatischen Gesellschaft Frankfurt a. M., 11 (2000), S. 13–15.

DERS.: Reichskreise und europäisierter Geldumlauf, in: Wüst, Wolfgang/Müller, Michael (Hg.): Reichskreise und Regionen im frühmodernen Europa – Horizonte und Grenzen im *spatial turn* (Mainzer Studien zur Neueren Geschichte, Bd. 29), Frankfurt a. M. 2011, S. 283–301.

DERS.: Falschgeld aus dem Taschenwerk, in: NNB Numismatisches Nachrichtenblatt, hg. von der Deutschen Numismatischen Gesellschaft Frankfurt a. M., 10/2021, S. 387–389.

DERS.: Zur Hanauer Münze 1737. Ihre Prägungen und die Entwicklung der Münztechnik im 17. und 18. Jahrhundert, in: NNB Numismatisches Nachrichtenblatt, hg. von der Deutschen Numismatischen Gesellschaft Frankfurt am M., 3/2022, S. 97–100.

DERS./KRAHÉ, Peter: Das entlarffte boese Müntz-Wesen, Koblenz 1981.

SCHRÖTTER, Friedrich von: Das Preußische Münzwesen im 18. Jahrhundert. Münzgeschichtlicher Teil. Erster Band. Die Münzverwaltung der Könige Friedrich I. und Friedrich Wilhelm I. 1701–1740, Darstellung von Friedrich Freiherr von Schrötter. Akten bearbeitet von Gustav Schmoller und Friedrich Freiherr von Schrötter (Acta Borussica. Denkmäler der Preußischen Staatsverwaltung im 18. Jahrhundert. Die einzelnen Gebiete der Verwaltung. Münzwesen), Berlin 1904.

DERS.: Das Münzwesen Brandenburgs während der Geltung des Münzfußes von Zinna und Leipzig, in: Hohenzollern-Jahrbuch. Forschungen und Abbildungen zur Geschichte der Hohenzollern in Brandenburg-Preußen, hg. von Paul Seidel, 11 (1907), S. 63–74.

DERS. (Hg.) in Verbindung mit N. Bauer, K. Regling, A. Suhle, R. Vasmer und J. Wilcke: Wörterbuch der Münzkunde, Berlin/Leipzig 1930.

DERS.: Aufsätze zur deutschen Münz- und Geldgeschichte des 16. bis 19. Jahrhunderts. Auswahl und Einleitung von Bernd Kluge, Leipzig 1991.

DERS.: Die Münzstätte zu Stettin unter den Königen Karl XI. und Karl XII. von Schweden. 1660–1710, in: Schrötter, Friedrich von: Aufsätze zur deutschen Münz- und Geldgeschichte des 16. bis 19. Jahrhunderts, Leipzig 1991, S. 187–312.

DERS.: Das deutsche Heckenmünzwesen im letzten Viertel des 17. Jahrhunderts, in: Deutsches Jahrbuch für Numismatik, 1. Jg., München 1938, S. 39–106. Auch in: Ders.: Aufsätze zur deutschen Münz- und Geldgeschichte des 16. bis 19. Jahrhunderts, Leipzig 1991, S. 119–186.

SCHULTEN, Peter N.: Die Münzen der Grafen von Hohnstein von den ersten Anfängen im Mittelalter bis zum Aussterben des gräflichen Hauses 1593, Osnabrück 1997.

SCHULZE, Fabian: Reziprokes Agenda-Setting? Kooperationsformen zwischen Kreistagen und Immerwährendem Reichstag auf den Gebieten des Münzwesens und der „securitas publica“ 1663–1683, in: Rudolph, Harriet/v. Schlachta, Astrid (Hg.): Reichsstadt – Reich – Europa. Neue Perspektiven auf den Immerwährenden Reichstag zu Regensburg (1663–1806), Regensburg 2015, S. 153–177.

SELLERT, Wolfgang (Hg.): Reichshofrat und Reichskammergericht. Ein Konkurrenzverhältnis, Köln/Weimar/Wien 1999.

SELLMANN, M.: Beiträge zur Münzgeschichte der freien Reichsstadt Mühlhausen (Thüringen), Berlin 1941 (Sonderabdruck aus den „Deutschen Münzblättern“, 60 (1940) und 61 (1941).

SILBERBORTH, Hans: Geschichte der freien Reichsstadt Nordhausen. Das tausendjährige Nordhausen, Bd. 1, Nordhausen 1927. Nachdruck Horb am Neckar 1997.

SPIES, Hans-Bernd: Das Todesjahr von Gustav Graf zu Sayn-Wittgenstein-Hohenstein 1700 oder 1701? in: Siegener Beiträge. Jahrbuch für regionale Geschichte, Geschichtswerkstatt, 24 (2019), S. 94–102.

STAUDINGER, Barbara: Von Silberhändlern und Münzjuden. Juden an der kaiserlichen Münze im 17. Jahrhundert. Online-Version URN: www.david.juden.at/kulturzeitschrift/66-70/68-staudinger.htm (letzter Zugriff: 11.11.2021).

STEGUWEIT, Wolfgang: Geschichte der Münzstätte Gotha vom 12. bis zum 19. Jahrhundert, Weimar 1987.

STROBACH, Berndt: Der Hofjude Berend Lehmann (1661–1730): Eine Biografie (bibliothek altes reich, Bd. 26), Berlin/Boston 2018.

STROBACH, Berndt: Hofjuden im Abstieg: Der Bankrott der Leffmann-Behrens-Enkel. Mit der vollständigen Edition der Megillah des Isaak Behrens im jiddischen Original, in Transliteration und Übersetzung. In Zusammenarbeit mit Simon Neuberg, Berlin-Boston 2021.

VOLK, Carl: Die Münzstätte St. Andreasberg, in: Zeitschrift des Harzvereins für Geschichte, 71. Jg. 1938, S. 75–84.

WENDEHORST, Stephan (Hg.): Die Anatomie frühneuzeitlicher Imperien. Herrschaftsmanagement jenseits von Staat und Nation: Institutionen, Personal und Techniken (bibliothek altes reich, Bd. 5), Berlin/München/Boston 2015.

WESTPHAL, Siegrid: Kaiserliche Rechtsprechung und herrschaftliche Stabilisierung. Reichsgerichtsbarkeit in den thüringischen Territorialstaaten 1648–1806 (Quellen und Forschungen zur höchsten Gerichtsbarkeit im Alten Reich, Bd. 43), Köln/Weimar/Wien 2002.

WOLFF, Theodor: Die Heckemünze des Grafen Gustav zu Sayn-Wittgenstein zu Clettenberg 1672–1691, in: Zeitschrift des Harzvereins für Geschichte und Altertumskunde, 12 (1879), S. 299–307.

5. Personenregister

Das Register verzeichnet alle im Text- und Fußnotenteil erwähnten Personen. Jedoch ist darauf verzichtet worden, jene Personennamen aufzunehmen, auf die nur im Kontext der Forschungsdiskussion rekurriert wird und die lediglich in bibliographischen Angaben erscheinen.

Folgende Abkürzungen werden verwendet:
Bgm. = Bürgermeister, Eb. = Erzbischof, Frh. = Freiherr, Gf. = Graf, Gfn. = Gräfin, Gfsch. = Grafschaft, Hz. = Herzog, Jh. = Jahrhundert, Kf. = Kurfürst, Kg. = König, RHR. = Reichshofrat, u. = und, v. = von
A = Personenname in Anmerkungen